JN017125

2024年度版

みんなが欲しかった！

賃貸の不動産経営管理士

TAC賃貸不動産
経営管理士講座

一問一答問題集

TAC出版
TAC PUBLISHING Group

はじめに

　賃貸不動産経営管理士の試験は、令和３年の国家資格化以降、難易度が上昇傾向にあり、しっかり受験対策をしていないと合格することが難しい試験となっています。この試験に合格するためには、**過去に出題された本試験問題（過去問）の内容を検討し、整理・理解しておくことが最低限必要**となります。

　本書は、現在問題が公表されている**過去９年分のすべての過去問を中心**に、重要問題を厳選し、簡潔でわかりやすい解説を加え、一問一答形式に編集した問題集です。本書を繰り返し利用されることで、合格に必要な過去問の知識を、**短期間で効率よくマスター**していただくことができます。

　また、本書は、姉妹書の『みんなが欲しかった！　賃貸不動産経営管理士の教科書』に**準拠しています**ので、合わせて利用いただくことで、より理解が深まり、知識の定着が図れます。

　本書を手にされた皆さんが、合格の栄冠を勝ち取られ、賃貸不動産経営管理士としてご活躍されることを願ってやみません。

令和６年４月
TAC賃貸不動産経営管理士講座

本書の特長と利用法

1　知識の確認に必要な一問一答形式

　本書は、『みんなが欲しかった！　賃貸不動産経営管理士の教科書』（以下、『教科書』とします）』で学んだ知識を効率的に確認するのに適したつくりになっています。問題は『教科書』に記載された知識を中心に出題しています。

> 『教科書』のCHAPTER・Sectionと連動しています。知識があやふやな問題があれば、『教科書』に戻って復習しましょう。

━━ CHAPTER 1　賃貸住宅管理業者・賃貸不動産経営管理士 ━━

Section 3　賃貸住宅管理業法　重要度 A

賃貸住宅管理業法とは

重要度 B

問 15
賃貸住宅管理業法は、賃貸住宅管理業を営む者についての登録制度を設け、また、サブリース事業を規制する法律であり、特定転貸事業者には賃貸住宅管理業の登録を受ける義務が課せられることはない。

賃貸住宅管理業に関する用語の定義

重要度 A

問 16
賃貸住宅とは、賃貸借契約を締結し賃借することを目的とした、人の居住の用に供する家屋又は家屋の部分をいう。

> 間違えた問題、知識があやふやな問題には、必ず「✓」をつけておきましょう。本試験直前まで「✓」の箇所を中心に何度も復習しましょう。

重要度 A

問 17
未入居の住宅は、賃貸借契約の締結が予定され、賃借することを目的とする場合、賃借人の募集前であっても、賃貸住宅に該当する。

> 収録した問題は、重要度に応じて「A・B・C」の3段階に分類しています。
>
> **重要度A** ➡ よく出題されている基本的な問題
> **重要度B** ➡ 比較的重要で、出題の可能性も高い問題
> **重要度C** ➡ 出題頻度は低いものの押さえておきたい問題

重要度 A

問 18
建築中の家屋は、竣工後に賃借人を募集する予定で、居住の用に供することが明らかな場合であっても、賃貸住宅に該当しない。

2　繰り返し問題を解こう！

本書を解く目的は「**知識の漏れ**」を把握して、その漏れを埋めることにあります。あやふやな問題は本試験当日まで、何度も繰り返し解きましょう。

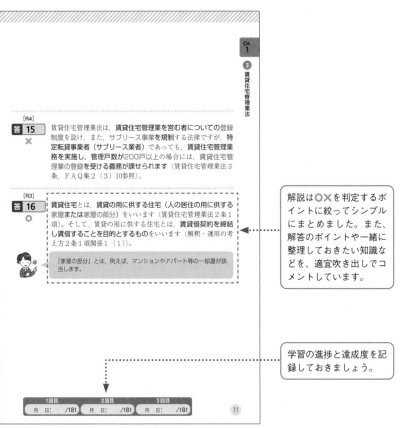

[R4]

答 **15**

✕

賃貸住宅管理業法は、**賃貸住宅管理業を営む者についての登録制度**を設け、また、サブリース事業を規制する法律ですが、特定転貸事業者（サブリース業者）であっても、**賃貸住宅管理業務を実施し、管理戸数が200戸以上の場合には、賃貸住宅管理業の登録を受ける義務が課せられます**（賃貸住宅管理業法3条、ＦＡＱ集2（3）10参照）。

[R3]

答 **16**

○

賃貸住宅とは、**賃貸の用に供する住宅（人の居住の用に供する家屋または家屋の部分）をいいます**（賃貸住宅管理業法2条1項）。そして、賃貸の用に供する住宅とは、**賃貸借契約を締結し賃借することを目的とするもの**をいいます（解釈・運用の考え方2条1項関係1（1））。

「家屋の部分」とは、例えば、マンションやアパート等の一部屋が該当します。

> 解説は○✕を判定するポイントに絞ってシンプルにまとめました。また、解答のポイントや一緒に整理しておきたい知識などを、適宜吹き出しでコメントしています。

> 学習の進捗と達成度を記録しておきましょう。

1回目	2回目	3回目
月 日: ／181	月 日: ／181	月 日: ／181

図はいずれも作成サンプルです。

もくじ contents

※Section❼，❽に該当する問題はありません。

CHAPTER 3 実務に関する法令等

※Section❼に該当する問題はありません。

CHAPTER 1

賃貸住宅管理業者・
賃貸不動産経営管理士

Section

1

賃貸不動産管理の
意義と重要性

重要度
A

賃貸不動産管理をめぐる環境・ニーズの変遷

重要度 B

問 1

もともと賃貸不動産の管理は，貸主の賃貸経営のためという視点が強調されてきた経緯があるので，今日においても，貸主からの委託に基づき，賃料収納を中心に，もっぱら貸主の利益を確保するために行うべきである。

重要度 B

問 2

定期借地制度や定期建物賃貸借制度の創設等，制度的側面において多様な賃貸借の形態が導入され，賃貸不動産の活用に当たり，いかなる契約形態を選択すべきか，専門的な知見に基づく判断が必要となってきた。

重要度 C

問 3

情報化社会の進展により，賃貸不動産の管理に関する情報を，誰でも容易に入手できるようになったので，賃貸不動産管理に関する専門的知識の重要性は，相対的に低下してきた。

消費者保護・地域社会のための管理

重要度 A

問 4

既存の賃貸住宅経営の観点から優良な借主に長く契約を継続してもらうニーズが大きくなり，借主の立場を重視した管理のあり方が要請されているが，借主は借地借家法で保護されていることから，借主を消費者と位置付けて消費者保護の観点から賃貸借関係を捉える必要はない。

[H27]

答 1
✕

貸主の賃貸経営のための管理という視点を基本にすえることは当然としつつも，現在では，貸主の利益を確保するためだけではなく，入居者・利用者・地域社会の利益という視点からの管理を行うことも求められています。

[H29]

答 2
◯

優良な物件を賃貸市場に多く提供する目的で，**多様な賃貸借契約の形態**が導入されました。それに伴って，賃貸不動産の活用の場面でも，**契約形態を選択する**にあたって専門的な知見に基づく判断が必要とされています。

[H29]

答 3
✕

情報化社会の進展によって，**賃貸不動産に関する情報量**が格段に充実してきたという環境変化に伴い，賃貸不動産の管理に対しても，貸主の賃貸経営そのものへの支援や，投資家の存在を前提にした収益確保のための管理運営が基本的視点として重視されてきています。そのため，賃貸不動産の管理全般を総合的に専門家の手に委ねるというニーズ・重要性が高まってきています。

[R4]

答 4
✕

既存の賃貸住宅経営の観点から優良な借主に長く契約を継続してもらうニーズが大きくなり，借主の立場を重視した管理のあり方が要請されています。そして，**個人である借主を消費者**と位置付けて，消費者保護の観点から賃貸借契約を捉えようとする動きも活発化してきています。

問 5 人口減少・成熟型社会の不動産賃貸業・管理業では，入居者の入れ替えに伴って得られる新規入居者からの一時金収入，賃料引上げや手数料収入に期待する考え方ではなく，できるだけ優良な借主に長く借りてもらうことが大切になっている。

問 6 賃貸不動産を良質な状態で長く利用するためには，その所在する環境も重要な要素となることから，管理業者は，街並み景観の維持を含むまちづくりにも貢献していく社会的責務を負っている。

信頼関係の確保の重要性

重要度 B

問 7 コンプライアンスの観点から見ると，管理業者は，貸主や借主との関係において，もっぱら契約に明示的に規定された事項を遵守することに務めるべきである。

管理業者の社会的責務と役割

重要度 A

問 8 賃貸住宅管理業者は，建物管理のプロとしての役割を果たす，循環型社会への移行に貢献する，管理業務に関する専門知識の研鑽と人材育成に努める，といった社会的責務を負うが，貸主の賃貸住宅経営を総合的に代行する資産 運営の専門家というわけではない。

重要度 B

問 9 貸主の資産の適切な運用という観点から，貸主の有するあらゆる資産の組合せの中で，いかに収益を上げるかという視点で賃貸管理のあり方を構成していくことは，管理業者としては越権であり控えるべき姿勢である。

答 5 ○ [R2]

昨今の借手市場のもと，人口減少・成熟型社会の不動産賃貸業・管理業では，**入居者の入れ替えに伴って得られる新規入居者からの一時金収入，賃料引上げや手数料収入に期待する考え方ではなく，できるだけ優良な借主に長く借りてもらうことが重要視**されています。

答 6 ○ [H30]

賃貸不動産は，その物件を含めた**周辺の環境や街並み形成等に資するものとして，広く公共の福祉に貢献するものでもある**ので，貸主の利益だけではなく，地域社会との関係にも配慮した**賃貸不動産の管理を行うべき**といえます。

答 7 ✕ [H28]

管理業者は，**契約に明示的に定められた事項を遵守**することはもちろんのこと，加えて，直接の契約違反にはあたらずとも，**社会規範や契約の趣旨から見て不適切な行為とならない管理業務を遂行することが求められています。**

答 8 ✕ [R3]

資産運営の専門家である管理業者は，「**建物管理のプロとしての役割を果たす**」「**循環型社会への移行に貢献する**」「**管理業務に関する専門知識の研鑽と人材育成に努める**」といった**社会的責務**を負います。そして，**貸主の賃貸住宅経営を総合的に代行する資産運営の専門家としての管理業者が要請されています。**

答 9 ✕ [R2]

貸主の資産の適切な運用という観点から，**貸主の有する**あらゆる資産（金融資産，不動産等）の組合せ（ポートフォリオ）の中で，いかに収益を上げるかという視点で賃貸管理のあり方を構成していこうとする姿勢が管理業者に求められています。

問 10

□□□

借主保持と快適な環境整備，透明性の高い説明と報告，新たな経営管理手法の研究と提案，能動的・体系的管理の継続，非常事態における借主のサポートは，いずれも賃貸住宅管理業者に求められる役割である。

[R3]

答 **10**

○

「借主保持と快適な環境整備」「透明性の高い説明と報告」「新たな経営管理手法の研究と提案」「能動的・体系的管理の継続」「非常事態における借主のサポート」は，いずれも**管理業者に求められる役割**です。

Section 2　賃貸住宅管理の手法等

重要度 **B**

賃貸住宅管理の方法

重要度 B

問 **11**

賃貸人AがBに管理を委託しCに賃貸する管理受託方式と，AがBに賃貸し，BがAの承諾を得てCに転貸するサブリース方式において，AB間の契約について，管理受託方式の場合は借地借家法の適用はなく，サブリース方式の場合は借地借家法の適用がある。

重要度 B

問 **12**

賃貸人AがBに管理を委託しCに賃貸する管理受託方式と，AがBに賃貸し，BがAの承諾を得てCに転貸するサブリース方式において，Cが賃借する契約が終了し，Cに対して建物明渡請求訴訟を提起する場合は，管理受託方式の場合はAが原告となり，サブリース方式の場合はBが原告となる。

重要度 A

問 **13**

賃貸人AがBに管理を委託しCに賃貸する管理受託方式と，AがBに賃貸し，BがAの承諾を得てCに転貸するサブリース方式において，Cの帰責事由により賃貸物件が毀損したときは，管理受託方式の場合，BはAに対して損害賠償責任を負うが，サブリース方式の場合，BはAに損害賠償責任を負わない。

重要度 C

問 **14**

一般的に，空室リスクを管理業者が負担するサブリース方式による場合の管理料は，空室リスクを管理業者が負担しない管理受託方式による場合の管理料と比べ，賃料に対する比率が高い。

[R2]

答 11

⭕

管理受託方式の場合のＡＢ間の契約は**管理受託契約**なので，借地借家法の適用はありません。これに対して，サブリース方式の場合のＡＢ間の契約は**建物を目的とした賃貸借契約**であり，借地借家法の適用があります。

[R2]

答 12

⭕

賃貸借契約が終了し，建物明渡請求訴訟を提起する場合，貸主が原告，借主が被告となります。したがって，**管理受託方式の場合は貸主Ａが原告**となり，**サブリース方式の場合は転貸人（サブリース業者）Ｂが原告**となることができます。

[R2]

答 13

✖

管理受託方式の場合，借主Ｃの帰責事由により賃貸物件が毀損したときは，**Ｃが貸主Ａに対して損害賠償責任を負い**，賃貸借契約の当事者ではない**管理業者Ｂは責任を負いません**（民法400条）。これに対して，サブリース方式の場合，転借人は転貸人の履行補助者とされているため，賃貸物件がＣの帰責事由により毀損した場合，**ＢはＡに対し保管義務違反として債務不履行に基づく損害賠償責任を負う場合**があります。

[H29]

答 14

⭕

一般的に，空室リスクを管理業者が負担するサブリース方式の場合は，空室リスクを賃貸不動産のオーナー自身が負担する管理受託方式の場合の管理料と比べてリスクが大きくなるので，賃料に対する管理料の比率が高くなります。

Section 3 賃貸住宅管理業法

重要度 A

賃貸住宅管理業法とは

重要度 B

問 15

賃貸住宅管理業法は，賃貸住宅管理業を営む者についての登録制度を設け，また，サブリース事業を規制する法律であり，特定転貸事業者には賃貸住宅管理業の登録を受ける義務が課せられることはない。

賃貸住宅管理業に関する用語の定義

重要度 A

問 16

賃貸住宅とは，賃貸借契約を締結し賃借することを目的とした，人の居住の用に供する家屋又は家屋の部分をいう。

重要度 A

問 17

未入居の住宅は，賃貸借契約の締結が予定され，賃借することを目的とする場合，賃借人の募集前であっても，賃貸住宅に該当する。

重要度 A

問 18

建築中の家屋は，竣工後に賃借人を募集する予定で，居住の用に供することが明らかな場合であっても，賃貸住宅に該当しない。

答 15
[R4]

✕

賃貸住宅管理業法は，**賃貸住宅管理業を営む者についての登録**制度を設け，また，**サブリース事業を規制**する法律ですが，**特定転貸事業者（サブリース業者）であっても，賃貸住宅管理業務を実施し，管理戸数が200戸以上の場合には，賃貸住宅管理業の登録を受ける義務が課せられます**（賃貸住宅管理業法3条1項，ＦＡＱ集2（3）10参照）。

答 16
[R3]

○

賃貸住宅とは，賃貸の用に供する住宅（人の居住の用に供する家屋または家屋の部分）をいいます（賃貸住宅管理業法2条1項）。そして，賃貸の用に供する住宅とは，**賃貸借契約を締結し賃借することを目的とするもの**をいいます（解釈・運用の考え方2条1項関係1（1））。

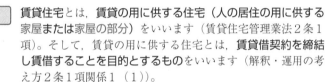

「**家屋の部分**」とは，例えば，**マンションやアパート等の一部屋**が該当します。

答 17
[R3]

○

貸主と借主（入居者）との間で賃貸借契約が締結されておらず，**借主を募集中の家屋等や募集前の家屋等であっても，それが賃貸借契約の締結が予定され，賃借することを目的とする場合は，賃貸住宅に該当します**（2条1項関係1（3））。

答 18
[R3]

✕

家屋等が**建築中**である場合も，竣工後に借主（入居者）を募集する予定であり，居住の用に供することが明らかな場合は，**賃貸住宅に該当します**（2条1項関係1（3））。

重要度 B

問 19

☐☐☐

マンションのように通常居住の用に供される一棟の家屋の一室について賃貸借契約を締結し，事務所としてのみ賃借されている場合，その一室は賃貸住宅に該当しない。

重要度 A

問 20

☐☐☐

管理業務には，賃貸住宅の居室及びその他の部分について，点検，清掃その他の維持を行い，及び必要な修繕を行うことが含まれる。

重要度 B

問 21

☐☐☐

管理業務には，賃貸住宅の維持保全に係る契約の締結の媒介，取次ぎ又は代理を行う業務が含まれるが，当該契約は賃貸人が当事者となるものに限られる。

重要度 A

問 22

☐☐☐

管理業務には，賃貸住宅に係る家賃，敷金，共益費その他の金銭の管理を行う業務が含まれるが，維持保全と併せて行うものに限られる。

[R3]

答 19

○

マンションのように通常居住の用に供される一棟の家屋の一室について賃貸借契約を締結し，事務所としてのみ賃借されている場合，その一室は**賃貸住宅に該当しません**（2条1項関係1（3））。

[R3]

答 20

○

管理業務とは，賃貸住宅の賃貸人から委託を受けて行う次の業務をいいます（賃貸住宅管理業法2条2項）。

① 賃貸住宅の**維持保全**（住宅の居室およびその他の部分について，点検，清掃その他の維持を行い，および必要な修繕を行うことをいいます）**を行う業務**（賃貸住宅の貸主のために維持保全に係る契約の締結の媒介，取次ぎまたは代理を行う業務を含みます）

② 賃貸住宅に係る家賃，敷金，共益費その他の金銭の管理を行う業務（維持保全業務と併せて行うものに限ります）

したがって，「賃貸住宅の居室およびその他の部分について，点検，清掃その他の維持を行い，及び必要な修繕を行うこと」は，①に該当し，**管理業務に含まれます**。

[R3]

答 21

✕

管理業務には，賃貸住宅の貸主のために維持保全に係る契約の締結の媒介，取次ぎまたは代理を行う業務が含まれます。そして，媒介と代理は，貸主が契約当事者となりますが，取次ぎは，**管理業者が「自己の名」で貸主のために法律行為を行うので，貸主ではなく管理業者が契約当事者となります**（解釈・運用の考え方2条2項関係3）。したがって，賃貸住宅の維持保全に係る契約の締結は貸主が当事者となるものに限られていません。

[R3]

答 22

○

管理業務とは，①貸主から委託を受けて行う賃貸住宅の**維持保全を行う業務**，②①の**維持保全業務と併せて行う，賃貸住宅に係る家賃，敷金，共益費その他の金銭の管理を行う業務**をいいます（賃貸住宅管理業法2条2項）。

問 23

□□□

賃貸住宅に係る維持から修繕までを一貫して行う場合であっても，賃貸住宅の居室以外の部分のみについて行うときは，賃貸住宅の維持保全には該当しない。

問 24

□□□

賃貸人から委託を受けて，賃貸住宅の居室，及び共用部分の点検・清掃・修繕を行っているが，入居者のクレーム対応は行わない場合，「賃貸住宅管理業」に該当しない。

問 25

□□□

賃貸人から委託を受けて，金銭の管理のみを行う業務については，賃貸住宅の維持及び修繕（維持・修繕業者への発注を含む。）を行わない場合には，「賃貸住宅管理業」には該当しない。

問 26

□□□

賃貸人から委託を受けて，分譲マンションの一室のみの維持保全を行う業務については，共用部分の管理が別のマンション管理業者によって行われている場合には，「賃貸住宅管理業」には該当しない。

答 23 [R3]

○

賃貸住宅の維持保全とは，「居室」および「居室の使用と密接な関係にある住宅のその他の部分である，玄関・通路・階段等の共用部分，居室内外の電気設備・水道設備，エレベーター等の設備等」について，点検・清掃等の**維持**を行い，これら点検等の結果を踏まえた必要な修繕を一貫して行うことをいいますが，例えば，エレベーターの保守点検・修繕を行う事業者等が，賃貸住宅の「居室以外の部分（エレベーター）のみ」について維持から修繕までを一貫して行う場合，賃貸住宅の維持保全には該当しません（解釈・運用の考え方2条2項関係2）。

答 24 [R5]

✕

賃貸住宅管理業とは，賃貸住宅の賃貸人から委託を受けて，**管理業務（①賃貸住宅の維持保全を行う業務，②①と併せて行う，賃貸住宅に係る家賃等の金銭の管理を行う業務）を行う事業**をいいます（賃貸住宅管理業法2条2項）。管理業務というためには**必ず維持保全業務を行う必要があります**ので，賃貸住宅の居室および共用部分の点検・清掃・修繕（維持保全）を行っている場合は，入居者のクレーム対応を行っていなくても，賃貸住宅管理業に該当します。

答 25 [R4]

○

金銭の管理を行う業務については，賃貸住宅の維持保全を行うことと併せて行うものに限り，管理業務に該当することになるので，**賃貸住宅の維持および修繕を行わない金銭の管理のみを行う事業は，賃貸住宅管理業には該当しません**（同条同項2号，解釈・運用の考え方2条2項関係4）。

答 26 [R4]

✕

賃貸人から委託を受けて，分譲マンションの一室のみの維持保全を行う業務については，共用部分の管理が別のマンション管理業者によって行われている場合でも，**賃貸住宅管理業に該当します**（FAQ集1（2）4）。

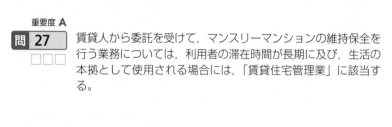

重要度 A

問 27

賃貸人から委託を受けて，マンスリーマンションの維持保全を行う業務については，利用者の滞在時間が長期に及び，生活の本拠として使用される場合には，「賃貸住宅管理業」に該当する。

賃貸住宅管理業の登録

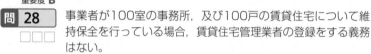

重要度 B

問 28

事業者が100室の事務所，及び100戸の賃貸住宅について維持保全を行っている場合，賃貸住宅管理業者の登録をする義務はない。

重要度 B

問 29

賃貸住宅管理業を営もうとする者は，その業に係る賃貸住宅の戸数が200戸未満の者であっても，賃貸住宅管理業者の登録を受けることが可能であり，登録後に賃貸住宅管理業法の違反行為があった場合は，業務停止等の監督処分や罰則の対象となる。

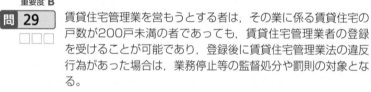

重要度 C

問 30

賃貸人から委託を受けて無償で管理業務を行っている場合，その事業全体において営利性があると認められるときであっても，賃貸住宅管理業者の登録が必要となることはない。

重要度 C

問 31

賃貸住宅管理業者が法人の場合，登録は法人単位でなされ，支社・支店ごとに登録を受けることはできない。

[R4]

答 27 ○

マンスリーマンションなど，利用者の滞在時間が長期に及ぶなど生活の本拠として使用されることが予定されている，施設の衛生上の維持管理責任が利用者にあるなど，その施設が旅館業法に基づく営業を行っていない場合には，**賃貸住宅に該当する**ので，そのような**マンスリーマンションの維持保全を行う業務**については賃貸住宅管理業に該当します（解釈・運用の考え方2条1項関係2（2））。

[R5]

答 28 ○

賃貸住宅管理業を営もうとする者は，賃貸住宅管理業に係る「賃貸住宅」の戸数が200戸未満である場合を除き，国土交通大臣の登録を受けなければなりません（賃貸住宅管理業法3条1項，施行規則3条）。そして，**事務所は「賃貸住宅」に該当しません**ので，本問の事業者の「賃貸住宅」の戸数は100戸となりますから，**賃貸住宅管理業の登録をする義務はありません**（2条1項関係1（1））。

[R5]

答 29 ○

賃貸住宅管理業を営もうとする者は，その業に係る賃貸住宅の戸数が200戸未満の者であっても，**賃貸住宅管理業者の登録を受けることができます**（賃貸住宅管理業法3条1項，施行規則3条，FAQ集2（3）1）。登録を受けた場合は，**賃貸住宅管理業法の規制に服する**こととなり，これに違反した場合，業務停止等の監督処分や**罰則**の対象になります（解釈・運用の考え方3条1項関係1）。

[R5]

答 30 ✕

事業全体において営利性があると認められる場合，委託された管理業務を無償で引き受けていたとしても，その点のみをもって**直ちに営利性がないと判断されるものではない**ことから，賃貸住宅を200戸以上管理している場合は登録を受けることが必要となります（FAQ集2（3）8）。

[R4]

答 31 ○

管理業者が法人の場合，**登録は法人単位**でなされ，支社・支店ごとに登録を受けることはできません（2（3）3）。

問 32

□□□ 賃貸住宅管理業者の登録の有効期間は5年であり，登録の更新を受けようとする者は，現に受けている登録の有効期間の満了の日の90日前までに更新の申請を行う必要がある。

問 33

□□□ 負債の合計額が資産の合計額を超えている場合には，直前2年の各事業年度において当期純利益が生じている場合であっても，「財産的基礎を有しない者」として登録は拒否される。

問 34

□□□ 賃貸住宅管理業者である法人は，役員に変更があったときは，その日から3か月以内に，その旨を国土交通大臣に届け出なければならない。

問 35

□□□ 賃貸住宅管理業者である個人が死亡したときは，その相続人は，死亡日から30日以内に国土交通大臣に届け出なければならない。

[R5]

答 32
✕

賃貸住宅管理業の登録は、**5年ごとにその更新を受けなけれ**ば、その期間の経過によって、その**効力を失います**（賃貸住宅管理業法3条2項）。そして、登録の更新を受けようとする者は、登録の有効期間の満了の日の**90日前から30日前まで**に**更新の申請を行う必要があります**（施行規則4条）。

有効期間の満了日までに更新の申請に対する処分がなされないときは、**従前の登録はそのまま有効**です。有効期間の満了日の後に更新がなされたときは、更新後の有効期間は、**従前の登録の有効期間の「翌日」から起算**します（賃貸住宅管理業法3条3・4項）。

[R4]

答 33
✕

賃貸住宅管理業を遂行するために必要と認められる国土交通省令で定める基準に適合する**財産的基礎を有しない者は登録を拒否されます**（6条1項10号）。国土交通省令で定める基準とは「財産および損益の状況が良好であることとする」とされており、具体的には「登録申請日を含む事業年度の前事業年度において、負債の合計額が資産の合計額を超えておらず、かつ、支払不能に陥っていない状態」をいいます。ただし、**負債の合計額が資産の合計額を超えている場合でも、直前2年の各事業年度において当期純利益が生じている場合**や代表者からの「代表者借入金」を控除した負債の合計額が資産の合計額を超えていない場合には、「財産および損益の状況が良好である」と認めて差し支えないとされており、登録を受けることができます（解釈・運用の考え方6条10号関係）。

[R4]

答 34
✕

管理業者である法人は、**役員に変更があったとき**は、その日から**30日以内**に、その旨を**国土交通大臣に届け出なければなりません**（賃貸住宅管理業法7条1項、4条1項2号）。

[R3]

答 35
✕

管理業者である個人が死亡したときは、その相続人は、死亡の事実を知った日から**30日以内**に、その旨を**国土交通大臣に届け出なければなりません**（9条1項1号）。「死亡日」からではありません。

問 **36**
□□□

賃貸住宅管理業者である法人が合併により消滅したときは，その法人の代表役員であった者が国土交通大臣に届け出なくても，賃貸住宅管理業の登録は効力を失う。

答 36

管理業者である法人が合併により消滅したときは，その法人の代表役員であった者は，合併消滅の日から30日以内に，その旨を国土交通大臣に届け出なければなりません（9条1項2号）。しかし，届出の有無とは関係なく，合併消滅時に管理業者の登録は効力を失います（同条2項）。

Section 4

賃貸住宅管理業者の業務上の義務

重要度 **A**

賃貸住宅管理業者の業務上の義務

重要度 **C**

問 37

賃貸住宅管理業者は，常に賃貸住宅の建物所有者や入居者等の視点に立ち，信義を旨とし，業務に誠実に従事することで，紛争等を防止する必要がある。

重要度 **C**

問 38

賃貸住宅管理業者は，自己の名義をもって，他人に賃貸住宅管理業を営ませてはならず，それに違反した場合は，その他人が賃貸住宅管理業者の登録を受けているか否かにかかわらず罰則の対象となる。

重要度 **C**

問 39

賃貸住宅管理業者は，営業所又は事務所ごとに掲示しなければならない標識について公衆の見やすい場所を確保できない場合，インターネットのホームページに掲示することができる。

重要度 **A**

問 40

賃貸住宅管理業者は，使用人その他の従業者に，その従業者であることを証する証明書を携帯させなければならない。

[R5]

答 37

○

管理業者は，**常に賃貸住宅のオーナーや入居者等の視点に立ち，業務に誠実に従事することで，紛争等を防止する**とともに，賃貸借契約の更新に係る業務，契約の管理に関する業務，入居者への対応に関する業務のうち「維持保全」には含まれないものなど，管理業務以外の賃貸住宅の管理に関する業務を含め，**賃貸住宅管理業の円滑な業務の遂行を図る必要があります**（解釈・運用の考え方10条関係）。

[R5]

答 38

○

管理業者は，自己の名義をもって，**他人に賃貸住宅管理業を営ませてはなりません**（賃貸住宅管理業法11条）。この規定に違反した場合は，その**他人が管理業者の登録を受けているか否かにかかわらず罰則の対象となります**（41条3号）。

> 罰則は「**1年以下の懲役もしくは100万円以下の罰金またはこれを併科**」とされています。

[R3]

答 39

✗

管理業者は，営業所または事務所ごとに，公衆の見やすい場所に，国土交通省令で定める様式の標識を掲げなければなりません（賃貸住宅管理業法19条）。そして，公衆の見やすい場所を確保できない場合でも，**インターネットのホームページに掲載することは掲示に代えることはできません**。

[R3]

答 40

○

管理業者は，国土交通省令で定めるところにより，業務に従事する使用人その他の従業者に，従業者であることを証する証明書を携帯させなければ，その者をその業務に従事させてはなりません（17条1項）。

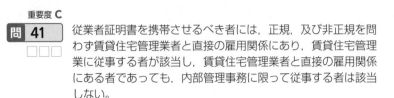

重要度 C

問 41

☐☐☐

従業者証明書を携帯させるべき者には，正規，及び非正規を問わず賃貸住宅管理業者と直接の雇用関係にあり，賃貸住宅管理業に従事する者が該当し，賃貸住宅管理業者と直接の雇用関係にある者であっても，内部管理事務に限って従事する者は該当しない。

重要度 C

問 42

☐☐☐

賃貸住宅管理業者は，営業所又は事務所ごとに，業務に関する帳簿を備え付け，委託者ごとに管理受託契約について契約年月日等の事項を記載して保存しなければならない。

重要度 A

問 43

☐☐☐

賃貸住宅管理業者は，管理受託契約に基づく管理業務において受領する家賃，敷金，共益費その他の金銭を，自己の固有財産及び他の管理受託契約に基づく管理業務において受領する家賃，敷金，共益費その他の金銭と分別して管理しなければならない。

重要度 B

問 44

☐☐☐

家賃等を管理する口座と賃貸住宅管理業者の固有財産を管理する口座の分別については，少なくとも，家賃等を管理する口座を同一口座として賃貸住宅管理業者の固有財産を管理する口座と分別すれば足りる。

[R5]

答 41
○

従業者証明書を携帯させるべき者の範囲は、①正規・非正規を問わず、**管理業者と直接の雇用関係にあって、賃貸住宅管理業の業務に携わる者**、または②派遣事業者より管理業者へ派遣され、**賃貸住宅管理業の業務に携わる派遣社員で、その派遣社員に対して管理業者が直接の指揮命令権を有する者**のどちらかに該当する者となります。また、管理業者と**直接の雇用関係にある者であっても、内部管理事務に限って従事する者は、従業者証明書の携帯の義務はありません**（ＦＡＱ集3（3）8）。

[R3]

答 42
○

管理業者は、国土交通省令で定めるところにより、営業所または事務所ごとに、**業務に関する帳簿**を備え付け、**委託者ごとに管理受託契約について契約年月日その他の国土交通省令で定める事項を記載し、これを保存しなければなりません**（賃貸住宅管理業法18条）。

> **帳簿**には、①委託者の商号、名称または氏名、②管理受託契約を締結した年月日、③契約の対象となる賃貸住宅、④受託した管理業務の内容、⑤報酬の額、⑥特約その他参考となる事項、を記載します（施行規則38条1項）。また、帳簿は各事業年度の末日をもって閉鎖し、**閉鎖後5年間保存**しなければなりません（同条3項）。

[R3]

答 43
○

管理業者は、管理受託契約に基づく**管理業務において受領する家賃、敷金、共益費その他の金銭を、整然と管理する方法**として国土交通省令で定める方法により、自己の固有財産および他の管理受託契約に基づく管理業務において受領する家賃、敷金、共益費その他の金銭と分別して管理しなければなりません（賃貸住宅管理業法16条）。

[R4]

答 44
○

分別管理の方法として、口座については、「**家賃等を管理する口座**」は委託契約ごとに分けずに**同一口座**とし、「**管理業者の固有財産を管理する口座**」と分別すれば足ります（解釈・運用の考え方16条関係）。

問 45 ☐☐☐ 家賃等を管理する帳簿と賃貸住宅管理業者の固有財産を管理する帳簿の分別については，少なくとも，家賃等を管理する帳簿を同一帳簿として賃貸住宅管理業者の固有財産を管理する帳簿と分別すれば足りる。

問 46 ☐☐☐ 家賃等を管理する口座にその月分の家賃をいったん全額預入れし，当該口座から賃貸住宅管理業者の固有財産を管理する口座に管理報酬分の金額を移し替えることは差し支えない。

問 47 ☐☐☐ 家賃等管理口座に預入された金銭は，その全額を直ちに賃貸人に交付しなければならず，賃貸住宅管理業者の固有財産に属する金銭のうちの一定額を，家賃等管理口座に残したままにしておくことはできない。

[R4]

答 45
✕

「家賃等を管理する帳簿」と「管理業者の固有財産を管理する帳簿」は分別しなければならず，また**「家賃等を管理する帳簿」**は，管理受託契約ごとに金銭の出入を区別した帳簿を作成する等により勘定上も分別管理する必要があります。つまり，帳簿は管理受託契約ごとに判別できる状態になっている必要があります。したがって，**「家賃等を管理する帳簿」**を同一帳簿とすることはできません（16条関係）。

財産の分別管理は，次の方法によります。
・**「家賃等を管理する口座」**と**「管理業者の固有財産を管理する口座」**を分ける（口座は2つ）
・**帳簿**は金銭の入出金が**管理受託契約ごとに判別できる状態**にする（帳簿は契約ごと）

[R4]

答 46
○

「家賃等を管理する口座」にその月分の家賃をいったん全額預入れし，その口座から「管理業者の固有財産を管理する口座」に管理報酬分の金額を移し替える等，「家賃等を管理する口座」と「管理業者の固有財産を管理する口座」のいずれか一方に家賃等および管理業者の固有財産が同時に預入れされている状態が生じることは差し支えありません（16条関係）。

[R5]

答 47
✕

賃貸人に家賃等を確実に引き渡すことを目的として，適切な範囲において，**管理業者の**固有財産のうちの一定額を「家賃等を管理する口座」に残しておくことは差し支えありません（16条関係）。

問 48

□□□

賃貸住宅管理業者は，委託者の承諾を得て，管理業務報告書の交付に代えて，委託者に管理業務報告書の内容を電話で伝える方法で提供することができる。

問 49

□□□

賃貸住宅管理業法上，書面による定期報告が義務付けられている事項は，「管理業務の実施状況」，「入居者からの苦情の発生状況」，「家賃等金銭の収受状況」の3つである。

問 50

□□□

秘密を守る義務は，管理受託契約が終了した後は賃貸住宅管理業を廃業するまで存続する。

[R3]

答 48 ✕

管理業者は，管理受託契約を締結した日から1年を超えない期間ごとに，および管理受託契約の期間の満了後遅滞なく，契約期間における**管理受託契約に係る管理業務の状況**について，一定事項を記載した**管理業務報告書を作成し，これを委託者に交付して説明しなければなりません**（施行規則40条1項）。そして，管理業者は，**管理業務報告書の交付に代えて**，委託者の承諾を得て，報告書の記載事項を**電磁的方法により提供することができます**（同条2項）。しかし，この場合において，管理業者から委託者に**管理業務報告書の内容を電話で伝える方法**（内容を読み上げる）は，電磁的方法による提供方法として認められていません。

電磁的方法による提供とは次のものをいいます（40条2項）。
① **電子メール**を利用して必要な事項を交付する方法
② **ウェブサイト上に表示された記載事項を委託者がダウンロード**する方法
③ 管理業者が設置する**委託者専用のインターネットのページ上で記載事項を閲覧させる方法**
④ **CD-ROM等の記録メディアを送付**する方法
なお，管理業務報告書の「説明」については，**方法は限定されていない**ので，電話で説明することはできます（解釈・運用の考え方20条関係4）。

[R5]

答 49 ✕

賃貸住宅管理業法上，書面等による定期報告が義務付けられている事項は，①報告の対象となる期間，②**管理業務の実施状況**，③**管理業務の対象となる賃貸住宅の入居者からの苦情の発生状況および対応状況**の3つとなります（賃貸住宅管理業法20条，施行規則40条1項）。

[R4]

答 50 ✕

管理業者は，**正当な理由**がある場合でなければ，その業務上取り扱ったことについて知り得た秘密を他に漏らしてはなりません。賃貸住宅管理業を営まなくなった後においても，同様です（賃貸住宅管理業法21条1項）。したがって，**廃業後も秘密を守る義務は存続**します。

重要度 B

問 51 賃貸住宅管理業者の従業者として秘密を守る義務を負う者には，アルバイトも含まれる。

重要度 B

問 52 賃貸住宅管理業者は，業務上知り得た秘密を守る義務があるが，管理業務の一部の再委託を受ける者など，賃貸住宅管理業者と直接の雇用関係にない者にも同様の義務が課せられる。

重要度 A

問 53 賃貸住宅管理業者は，管理受託契約において定めがあれば管理業務の再委託を行うことができるが，管理業務の全部を再委託することはできない。

重要度 B

問 54 賃貸住宅管理業者は，再委託先が賃貸住宅管理業者であれば，管理業務の全部を複数の者に分割して再委託することができる。

[R4]

答 51

◯

管理業者の代理人，使用人その他の従業者は，正当な理由がある場合でなければ，賃貸住宅管理業の業務を補助したことについて知り得た秘密を他に漏らしてはなりません（21条2項）。そして，従業者とは賃貸住宅管理業者の指揮命令に服しその業務に従事する者をいうので，**アルバイトも含まれます**（解釈・運用の考え方21条2項関係）。

[R5]

答 52

◯

秘密を守る義務を負う従業者には，再委託契約に基づき管理業務の一部の再委託を受ける者等管理業者と直接の雇用関係にない者であっても含まれます（21条2項関係）。

[R1]

答 53

◯

管理業者は，管理受託契約に再委託に関する事項を定めれば，**管理業務を他の者に再委託することができます**。しかし，**管理業務の全部を，一括して再委託することはできません**（賃貸住宅管理業法15条）。

> 再委託先は**管理業者である必要はありません**が，賃貸住宅の貸主と管理受託契約を締結した管理業者が再委託先の業務の実施について**責任を負う**こととなります（解釈・運用の考え方15条関係2）。

[R3]

答 54

✕

管理業者は，委託者から委託を受けた管理業務の全部を他の者に対し，再委託することはできません（賃貸住宅管理業法15条）。そして，**管理業務を複数の者に分割して再委託して自ら管理業務を一切行わないことは，委託者から委託を受けた管理業務の全部を他の者に対し，再委託する行為に該当し禁止されます**（解釈・運用の考え方15条関係1）。これは，再委託先が管理業者であっても同様です。

業務管理者の設置義務

重要度 C

問 55

□□□

賃貸住宅管理業者は，管理受託契約の締結，維持保全の手配，又は金銭の管理の業務が行われ，継続的に賃貸住宅管理業の営業の拠点となる実態を有する施設には，本店，支店，営業所等の名称を問わず，業務管理者を選任する必要がある。

重要度 A

問 56

□□□

破産手続開始の決定を受けて復権を得ない者は，賃貸住宅管理業者の役員となることはできないが，業務管理者となることができる。

重要度 A

問 57

□□□

禁錮以上の刑に処せられ，又は管理業法の規定により罰金の刑に処せられ，その執行を終わり，又は執行を受けることがなくなった日から起算して5年を経過しない者は，業務管理者になることができない。

重要度 A

問 58

□□□

賃貸住宅管理業者は，従業者証明書の携帯に関し，業務管理者に管理及び監督に関する事務を行わせなければならない。

重要度 A

問 59

□□□

賃貸住宅管理業者は，その業務上取り扱ったことについて知り得た秘密の保持に関し，業務管理者に管理及び監督に関する事務を行わせなければならない。

[R5]

答 55

○

管理業者は，その「営業所または事務所」ごとに，1人以上の業務管理者を選任しなければなりません（賃貸住宅管理業法12条1項）。また，「営業所または事務所」とは，管理受託契約の締結，維持保全の手配，または家賃，敷金，共益費その他の金銭の管理の業務が行われ，継続的に賃貸住宅管理業の営業の拠点となる施設として実態を有するものをいいます。したがって，この要件を満たす施設には，本店，支店，営業所等の名称を問わず，業務管理者を選任する必要があります（解釈・運用の考え方4条1項関係2）。

[R3]

答 56

✕

法人である管理業者の役員のうちに破産手続開始の決定を受けて復権を得ない者がいる場合，その管理業者の登録は取り消されることがあります（賃貸住宅管理業法6条1項2号・8号，23条1項1号）。その意味では，破産手続開始の決定を受けて復権を得ない者は，管理業者の役員になることができません。また，破産手続開始の決定を受けて復権を得ない者は業務管理者になることができません（12条4項）。

[R4]

答 57

○

禁錮以上の刑に処せられ，または管理業法の規定により罰金の刑に処せられ，その執行を終わり，または執行を受けることがなくなった日から起算して5年を経過しない者は，業務管理者になることができません（12条4項，6条1項4号）。

[R4]

答 58

✕

管理業者は，従業者証明書の携帯に関し，業務管理者に管理および監督に関する事務を行わせるものとはされていません（施行規則13条）。

[R4]

答 59

○

管理業者は，その業務上取り扱ったことについて知り得た秘密の保持に関し，業務管理者に管理および監督に関する事務を行わせなければなりません（13条6号）。

重要度 A

問 60 ☐☐☐　賃貸住宅管理業者は，その営業所又は事務所の業務管理者として選任した者のすべてが欠けるに至ったときは，新たに業務管理者を選任するまでの間は，その営業所又は事務所において賃貸住宅管理業を行ってはならない。

重要度 B

問 61 ☐☐☐　Ａ営業所の業務管理者は，Ｂ営業所の業務管理者がやむを得ない事情で業務を遂行することができなくなった場合には，Ｂ営業所の業務管理者を兼務することができる。

重要度 C

問 62 ☐☐☐　業務管理者は，宅地建物取引士としての業務を兼務することはできるが，賃貸住宅管理業者の従業員が行う管理業務について必要な指導，管理，及び監督の業務に従事できる必要がある。

[R4]

答 60 ✕

管理業者は，その営業所もしくは事務所の**業務管理者**として選任した者の全てが登録拒否事由のうち一定のものに該当し，または選任した者のすべてが欠けるに至ったときは，新たに業務管理者を選任するまでの間は，その営業所または事務所において管理受託契約を締結してはなりません（賃貸住宅管理業法12条2項）。しかし，管理受託契約の締結以外の賃貸住宅管理業については，行えないわけではありません。

[R5]

答 61 ✕

業務管理者は，他の「営業所または事務所」の業務管理者を兼任することはできません（12条3項）。これは，他の営業所の業務管理者がやむを得ない事情で業務を遂行できなくなった場合でも同様です。

[R5]

答 62 〇

業務管理者が**宅地建物取引士も兼務する**等他の業務を兼務することは，法律違反ではありません。つまり，業務管理者が**宅建士を兼務することは可能**です。ただし，その場合でも入居者の居住の安定の確保等の観点から管理業者の従業員が行う**管理業務等について必要な指導，管理，および監督の業務に従事できる必要があります**（解釈・運用の考え方12条関係2）。

Section 5

重要事項の説明義務

重要度 A

重要事項の説明義務

重要度 A

問 63

管理受託契約締結前に行う重要事項の説明（以下，各問において「管理受託契約重要事項説明」という。）は，管理受託契約の締結とできるだけ近接した時期に行うことが望ましい。

重要度 A

問 64

管理受託契約重要事項説明は，業務管理者ではない管理業務の実務経験者が，業務管理者による管理，監督の下で説明することができる。

重要度 A

問 65

賃貸住宅管理業者は，賃貸人が管理受託契約重要事項説明の対象となる場合は，その者が管理受託契約について一定の知識や経験があったとしても，書面にて十分な説明をしなければならない。

答 63

管理受託契約重要事項説明については，貸主が契約内容を十分に理解した上で契約を締結できるよう，**説明から契約締結までに１週間程度の期間をおくことが望ましい**とされています（解釈・運用の考え方13条関係１）。また，説明から契約締結までの期間を短くせざるを得ない場合には，事前に管理受託契約重要事項説明書等を送付し，その送付から一定期間後に，説明を実施するなどして，管理受託契約を委託しようとする者が契約締結の判断を行うまでに十分な時間をとることが望ましいともされています。

「１週間程度」というのはあくまで，**「望ましい」として推奨されている期間**であり，賃貸住宅管理業法で「１週間程度おかなければならない」とされているわけではありません。

答 64

管理受託契約重要事項説明は，**必ずしも業務管理者によって行われる必要はありません。**ただし，**業務管理者の管理および監督の下に行われる必要があり，**また，**業務管理者または一定の実務経験を有する者など専門的な知識および経験を有する者によって行われることが望ましい**とされています（賃貸住宅管理業法12条，施行規則13条，解釈・運用の考え方13条関係１）。

答 65

管理業者は，貸主が管理受託契約重要事項説明の対象となる場合は，**その者が管理受託契約について一定の知識や経験があったとしても，重要事項を書面に記載し，十分な説明をしなければなりません**（13条関係１）。

問 66

□□□

管理受託契約重要事項説明は，賃貸住宅の賃貸人の承諾があれば，音声のみによる通信の方法で行うことができる。

問 67

□□□

管理受託契約重要事項説明は，賃貸人本人の申出により，賃貸人から委任状を提出してもらった上で賃貸人本人ではなくその配偶者に説明することができる。

問 68

□□□

「管理業務の内容及び実施方法」は，賃貸住宅管理業者が管理受託契約重要事項説明において説明しなければならない事項である。

問 69

□□□

賃貸住宅管理業者は，管理受託契約重要事項説明において，管理業務の内容について，回数や頻度を明示して具体的に記載し，説明しなければならない。

問 70

□□□

「報酬並びにその支払の時期及び方法」は，賃貸住宅管理業者が管理受託契約重要事項説明において説明しなければならない事項ではない。

問 71

□□□

賃貸住宅管理業者は，管理受託契約重要事項説明において，管理業務の実施に伴い必要となる水道光熱費や，空室管理費等の費用について説明しなければならない。

[R3]

答 66

×

管理受託契約重要事項説明にテレビ会議等のITを活用するに当たっては，説明者および重要事項の説明を受けようとする者が，図面等の書類および説明の内容について十分に理解できる程度に映像が視認でき，かつ，双方が発する音声を十分に聞き取ることができるとともに，双方向でやりとりできる環境において実施する必要があります（13条関係4（2））。本問の場合，「映像」が視認できる必要がありますので，「音声のみによる通信の方法」で行うことはできません。

[R5]

答 67

○

契約の相手方本人（賃貸人）の意思により，委任状等をもって代理権を付与された者に対し，管理受託契約重要事項説明を行った場合は，その説明をしたものと認められます（FAQ集3（2）8）。

[R3]

答 68

○

「管理業務の内容および実施方法」は，管理業者が管理受託契約重要事項説明において説明しなければならない事項です（施行規則31条3号）。

[R4]

答 69

○

管理業者は，管理業者が行う管理業務の内容について，回数や頻度を明示して可能な限り具体的に記載し，説明しなければなりません（解釈・運用の考え方13条関係2（3））。

[R3]

答 70

×

「報酬の額ならびにその支払の時期および方法」は，管理業者が管理受託契約重要事項説明において説明しなければならない事項です（施行規則31条4号）。

[R4]

答 71

○

「報酬に含まれていない管理業務に関する費用であって，管理業者が通常必要とするもの」は，管理業者が管理受託契約重要事項説明において説明しなければならない事項であり，その内容として「管理業務を実施するのに伴い必要となる水道光熱費や，空室管理費等」について説明しなければなりません（31条5号，解釈・運用の考え方13条関係2（5））。

問 72

□□□

賃貸住宅管理業者は，管理受託契約重要事項説明において，管理業務の一部を第三者に再委託する際には，再委託する業務の内容，再委託予定者を説明しなければならない。

問 73

□□□

管理受託契約重要事項説明において，賃貸人に賠償責任保険への加入を求める場合や，当該保険によって補償される損害について賃貸住宅管理業者が責任を負わないこととする場合，その旨の説明は不要である。

問 74

□□□

賃貸住宅管理業者は，管理受託契約重要事項説明において，賃貸住宅管理業者が行う管理業務の内容，実施方法に関して，賃貸住宅の入居者に周知する方法を説明しなければならない。

問 75

□□□

「管理受託契約の更新及び解除に関する事項」は，賃貸住宅管理業者が管理受託契約重要事項説明において説明しなければならない事項ではない。

問 76

□□□

管理受託契約重要事項説明に係る書面（以下，各問において「管理受託契約重要事項説明書」という。）に記載すべき事項を電磁的方法により提供する場合，賃貸住宅の賃貸人の承諾が必要である。

[R4]

答 72

〇

「管理業務の一部の再委託に関する事項」は，管理業者が管理受託契約重要事項説明において説明しなければならない事項であり，管理業務の一部を第三者に再委託することができることを事前に説明するとともに，再委託することとなる業務の内容，再委託予定者を事前に明らかにしなければなりません（施行規則31条6号，解釈・運用の考え方13条関係2（6））。

[R5]

答 73

✕

管理受託契約の締結にあたり，賃貸人に賠償責任保険等への加入を求める場合や，その保険によって保障される損害については管理業者が責任を負わないこととする場合は，その旨を管理受託契約重要事項説明書に記載し，説明しなければなりません（施行規則31条7号，解釈・運用の考え方13条関係2（7））。

[R4]

答 74

〇

「賃貸住宅の入居者に対する管理業務の内容および実施方法の周知に関する事項」は，管理業者が管理受託契約重要事項説明において説明しなければならない事項であり，どのような方法で入居者に対して周知するかについて記載し，説明しなければなりません（施行規則31条10号，解釈・運用の考え方13条関係2（10））。入居者に対する周知の方法としては，対面での説明，書類の郵送，メール送付等があります。

[R3]

答 75

✕

「管理受託契約の更新および解除に関する事項」は，管理業者が管理受託契約重要事項説明において説明しなければならない事項です（施行規則31条11号）。

[R3]

答 76

〇

管理業者は，管理受託契約重要事項説明書の交付に代えて，政令で定めるところにより，管理業務を委託しようとする賃貸住宅の貸主の承諾を得て，書面に記載すべき事項を電磁的方法により提供することができます（賃貸住宅管理業法13条2項）。

重要度 B

問 77
□□□

管理受託契約重要事項説明書を電磁的方法で提供する場合，出力して書面を作成できる方法でなければならない。

重要度 C

問 78
□□□

管理受託契約重要事項説明書を電磁的方法で提供する場合，その提供方法や使用するソフトウェアの形式等，いかなる方法で提供するかは賃貸住宅管理業者の裁量に委ねられている。

重要度 B

問 79
□□□

賃貸住宅管理業者は，賃貸人から管理受託契約重要事項説明書につき電磁的方法による提供を受けない旨の申出があったときであっても，その後改めて承諾を得れば，その後は電磁的方法により提供してもよい。

契約変更時等の重要事項説明

重要度 A

問 80
□□□

管理受託契約に定める報酬額を契約期間中に変更する場合は，事前説明をせずに変更契約を締結することができる。

答 77 [R3]

○

管理受託契約重要事項説明書を電磁的方法で提供する場合，出力して書面を作成でき，改変が行われていないか確認できることが必要です（解釈・運用の考え方13条関係4（1））。

答 78 [R4]

×

管理業者が**管理受託契約重要事項説明書の交付に代えて電磁的方法により管理受託契約重要事項説明書を提供しようとする場合**は，相手方がこれを確実に受け取れるように，**用いる方法**（電子メール，WEBでのダウンロード，CD-ROM等）や**ファイルへの記録方法**（使用ソフトウェアの形式やバージョン等）を示した上で，**電子メール，WEBによる方法，CD-ROM等相手方が承諾したことが記録に残る方法で承諾を得ることが必要と**なります（13条関係4（1））。相手方（貸主）の承諾が必要なので，いかなる方法で提供するかは管理業者の裁量に委ねられているわけではありません。

答 79 [R4]

○

管理業者は，貸主から書面等により電磁的方法による提供を受けない旨の申出があったときは，電磁的方法による提供はすることができません。ただし，その申出の後に**賃貸住宅の貸主から再び承諾を得た場合は，電磁的方法による提供をすることが**できます（施行令2条2項）。

答 80 [R3]

×

契約期間中に重要事項に変更があった場合には，変更のあった事項について，貸主に対して書面の交付等を行った上で説明する必要があります（運用・解釈の考え方13条関係1）。そして，「報酬額」は重要事項に該当するので，これを変更する場合は，**事前に重要事項説明をしなければなりません**（施行規則31条4号）。

ITによる重要事項説明

重要度 A

管理受託契約重要事項説明をテレビ会議等のITを活用して行う場合、管理受託契約重要事項説明書の送付から一定期間後に説明を実施することが望ましい。

電話による管理受託契約変更契約の重要事項説明

管理受託契約変更契約の重要事項説明を電話で行う場合には、賃貸人が、電話による説明をもって管理受託契約変更契約の重要事項説明の内容を理解したことについて、賃貸住宅管理業者が重要事項説明を行った後に確認することが必要である。

[R3]

答 81
○

管理受託契約重要事項説明に**テレビ会議等のＩＴを活用**するに当たっては，説明の相手方に事前に管理受託契約重要事項説明書等を読んでおくことを推奨するとともに，**管理受託契約重要事項説明書等の送付から一定期間後に，ＩＴを活用した管理受託契約重要事項説明を実施することが望ましい**とされています（解釈・運用の考え方13条関係4（2））。

[R5]

答 82
○

管理受託契約**変更契約**の重要事項説明については，「賃貸人が，電話による説明をもって管理受託契約変更契約の重要事項説明の内容を理解したことについて，管理業者が重要事項説明を行った後に確認している」等の一定の要件を満たしている場合には，**電話による説明**をもって**対面による説明と同様に取扱われます**（13条関係4（3））。

> この他の要件としては，次のものがあります。
> ・事前に重要事項説明書等を送付し，送付から一定期間後に説明を実施するなど，賃貸人が**変更契約締結の判断を行うまでに十分な時間をとる**。
> ・賃貸人から管理業者に対し，**電話により管理受託契約変更契約の重要事項説明を行ってほしいとの依頼**がある。
> ・賃貸人が，重要事項説明書等を確認しながら説明を受けることができる状態にあることについて，**管理業者が重要事項説明を開始する前に確認している**。
> なお，**電話による重要事項の説明**が可能なのは，あくまで管理受託「変更」契約が対象である点も注意しましょう。

Section 6

管理受託契約の締結時の書面の交付

重要度 **A**

管理受託契約の締結時の書面の交付

重要度 **A**

問 83

管理受託契約締結時の交付書面は，電磁的方法により提供することはできない。

重要度 **B**

問 84

管理受託契約重要事項説明書と管理受託契約の締結時に交付する書面は，一体の書面とすることができる。

管理受託契約の変更時の書面の交付

重要度 **B**

問 85

管理受託契約を，契約の同一性を保ったまま契約期間のみ延長する内容で更新する場合には，更新時に管理受託契約の書面の交付は不要である。

[R4]

答 83

✕

管理業者は，管理受託契約締結時書面の交付に代えて，政令で定めるところにより，管理業務を委託する**賃貸住宅の貸主の承諾を得て，書面に記載すべき事項を電磁的方法により提供することができます**（賃貸住宅管理業法14条2項，13条2項）。

[R4]

答 84

✕

管理受託契約**重要事項説明書**は，契約締結に先立って交付する書面であり，**管理受託契約締結時書面**とは交付するタイミングが異なる書面であることから，**両書面を一体で交付することはできません**（FAQ集3（2）3）。

[R4]

答 85

○

契約の同一性を保ったままで契約期間のみを延長することや，組織運営に変更のない商号または名称等の変更等，形式的な変更と認められる場合は，**更新時に管理受託契約締結時書面の交付は行わないこととして差し支えありません**（解釈・運用の考え方14条1項関係2）。なお，「同一性を保った変更や形式的な変更」以外の管理受託契約変更契約を締結する場合には，**変更のあった事項について，貸主に対して書面を交付すれば足ります**。

Section
7

賃貸住宅管理業者に対する監督処分

重要度
B

業務を開始しない場合等の登録取消し

重要度 B

問 86

現に賃貸住宅管理業を営んでいなくても登録を行うことはできるが，登録を受けてから1年以内に業務を開始しないときは，登録の取消しの対象となる。

登録の取消し等に伴う業務の結了

重要度 C

問 87

賃貸住宅管理業者が登録の更新をせず，登録が効力を失った場合には，登録に係る賃貸住宅管理業者であった者は，当該賃貸住宅管理業者が締結した管理受託契約に基づく業務を結了する目的の範囲内であっても，その業務を実施することができない。

[R4]

答 86

○

国土交通大臣は，管理業者が登録を受けてから1年以内に業務を開始せず，または引き続き1年以上業務を行っていないと認めるときは，その登録を取り消すことができます（賃貸住宅管理業法23条2項）。

[R5]

答 87

✕

①登録の更新をしなかったとき，②廃業等により登録が効力を失ったとき，③登録が取り消されたときは，登録に係る管理業者であった者は，その管理業者が締結した管理受託契約に基づく業務を結了する目的の範囲内においては，なお賃貸住宅管理業者とみなされます（27条）。したがって，管理受託契約に基づく業務を結了する目的の範囲内であれば，その業務を実施することができます。

Section 8　特定賃貸借契約等

重要度 **A**

特定賃貸借契約とは

重要度 **A**

問 88

特定転貸事業者と，再転貸を行うことを目的とする転借人との間で締結された転貸借契約は，特定賃貸借契約に該当する。

重要度 **C**

問 89

借主が第三者に転貸する目的で賃貸借契約をする場合，転借人から受領する賃料と賃主に支払う賃料が同額であるときは，特定賃貸借契約に該当しない。

重要度 **B**

問 90

借主が，1年間の海外留学期間中，第三者に転貸することを可能とする条件でされた貸主と借主との間の賃貸借契約は，特定賃貸借契約に該当する。

答 88
[R4]

◯

特定賃貸借契約とは，賃貸住宅の賃貸借契約であって，借主が賃貸住宅を第三者に転貸する事業を営むことを目的として締結されるもの（マスターリース契約）をいいます（賃貸住宅管理業法2条4項）。そして，賃貸住宅の貸主との間で特定賃貸借契約を締結した特定転貸事業者から賃貸住宅を借り上げ，第三者への再転貸を行う場合，特定転貸事業者と再転貸を行う事業者との間の賃貸借契約も，特定賃貸借契約に該当します（FAQ集1（3）2）。

> 特定転貸事業者とは，特定賃貸借契約に基づいて賃借した賃貸住宅を第三者に転貸する事業を営む者をいいます。いわゆるサブリース業者のことです。

答 89
[R4]

✕

転借人から受領する賃料と貸主に支払う賃料が同額であるようなサブリース方式をパススルー型といいます。このパススルー型において賃料やその他手数料として控除しているものが無かったとしても，その点のみをもって直ちに営利性がないと判断されるものではなく，特定賃貸借契約に該当することもあります（FAQ集1（3）4）。

答 90
[R4]

✕

個人が賃借した賃貸住宅について，事情により，一時的に第三者に転貸するような場合は，特定賃貸借契約に該当しません（FAQ集1（3）1）。したがって，本問の賃貸借契約は，特定賃貸借契約に該当しません。

問 91
□□□

社宅として使用する目的で賃貸住宅を借り上げた会社が，その従業員との間で転貸借契約を締結し，転貸料を徴収して従業員を入居させる場合は，転貸料の多寡を問わず，貸主と当該会社との間の賃貸借契約は特定賃貸借契約に該当する。

勧誘者とは

重要度 A

問 92
□□□

勧誘者は，特定転貸事業者から委託料を受け取って勧誘の委託を受けた者に限られない。

重要度 B

問 93
□□□

勧誘者が勧誘行為を第三者に再委託した場合，再委託を受けた第三者も勧誘者に該当する。

[R4]

答 91

✕

社宅として使用する目的で賃貸住宅を借り上げた会社とその従業員との間で転貸借契約が締結されている場合であっても，社内規定等に基づき従業員等に利用させる場合や相場よりも低廉な金額を利用料として徴収する場合には，従業員等への転貸により利益を上げることを目的とするものではないことから，その会社は「転貸する事業を営む者」に該当せず，**特定転貸事業者（サブリース業者）には該当しません**（ＦＡＱ集１（４）４）。したがって，賃料が相場より低い場合には，特定賃貸借契約に該当しないので，本問の借上げのための賃貸借契約は，「賃料の多寡を問わず特定賃貸借契約に該当する」とはいえません。

- -

[R3]

答 92

○

「勧誘者」とは，**特定転貸事業者が特定賃貸借契約の締結についての勧誘を行わせる者**をいいます（賃貸住宅管理業法28条かっこ書）。また，「勧誘者」は，**特定の特定転貸事業者と特定の関係性を有する者**であって，特定転貸事業者の特定賃貸借契約の締結に向けた勧誘を行う者であり，この特定の関係性を有する者とは，特定転貸事業者から委託を受けて勧誘を行う者が該当するほか，明示的に勧誘を委託されてはいませんが，特定転貸事業者から勧誘を行うよう依頼をされている者や，勧誘を任されている者が該当し，**依頼の形式は問わず，資本関係も問いません**（解釈・運用の考え方28条関係１）。したがって，特定転貸事業者から**委託料を受け取って勧誘の委託を受けた者に限られません**。

例えば，**建設会社，不動産業者，金融機関等の「法人」やファイナンシャルプランナー，コンサルタント等の「個人」**が，サブリース業者から委託を受けて，自分の顧客にマスターリース契約の内容や条件等を前提とした資産運用の企画提案を行ったり，マスターリース契約を締結することを勧めたりする場合に，これらの**「法人」や「個人」は勧誘者に該当**します。

- -

[R3]

答 93

○

勧誘者が勧誘行為を**第三者に再委託**した場合，**再委託を受けた第三者も**勧誘者に該当します（28条関係１）。

重要度 A

問 94

☐☐☐

特定転貸事業者である親会社との間で特定賃貸借契約を結ぶよう勧める場合の子会社は，勧誘者にあたらない。

重要度 B

問 95

☐☐☐

賃貸住宅管理業法は誇大広告等の禁止，不当な勧誘等の禁止等，特定賃貸借契約の勧誘について規律を定めており，特定転貸事業者だけでなく，建設業者や不動産業者等であっても特定賃貸借契約の勧誘者に該当すれば，法律上の義務が課される。

重要度 B

問 96

☐☐☐

特定転貸事業者からの委託があっても，契約の内容や条件等に触れずに，一般的なサブリースの仕組を説明した者や，単に特定転貸事業者を紹介したに過ぎない者は，賃貸住宅管理業法における勧誘者の規制が適用されない。

重要度 C

問 97

☐☐☐

特定転貸事業者から明示的かつ書面により勧誘を委託されたのではなく，口頭で勧誘を依頼されたに過ぎない者は，賃貸住宅管理業法における勧誘者の規制が適用されない。

[R3]

答 94 ✕

建設業者や不動産業者が，自社の親会社，子会社，関連会社のサブリース業者のマスターリース契約の内容や条件等を説明したり，マスターリース契約を結ぶことを勧めたりする場合，勧誘者に該当します（サブリース事業に係る適正な業務のためのガイドライン3.（3））。したがって，特定転貸事業者である親会社との間で特定賃貸借契約を結ぶよう勧める場合の子会社は，勧誘者に該当します。

[R5]

答 95 ◯

賃貸住宅管理業法は誇大広告等の禁止，不当な勧誘等の禁止等，特定賃貸借契約の勧誘について規律を定めています（賃貸住宅管理業法28条，29条）。そして，誇大広告等の禁止，不当な勧誘等の禁止については，特定転貸事業者だけでなく，勧誘者についても適用されます。したがって，建設業者や不動産業者等であっても特定賃貸借契約の勧誘者に該当すれば，これらの規定に基づいて法律上の義務が課されます。

[R5]

答 96 ◯

「勧誘」とは，特定賃貸借契約の相手方となろうとする者の特定賃貸借契約を締結する意思の形成に影響を与える程度の勧め方をいい，個別事案ごとに客観的に判断されます。契約の内容や条件等に触れずに，一般的なサブリースの仕組みを説明することや，単に事業者を紹介する行為は，「勧誘」に含まれないと考えられます（解釈・運用の考え方28条関係1）。したがって，本問の場合，賃貸住宅管理業法における勧誘者の規制が適用されません。

[R5]

答 97 ✕

問 92 の解説参照。特定転貸事業者から明示的に勧誘を委託されていなくても，特定転貸事業者から勧誘を行うよう依頼をされている者は，「勧誘者」に該当し，その依頼の形式は問いません。したがって，口頭で勧誘を依頼された者も「勧誘者」に該当し，賃貸住宅管理業法における勧誘者の規制が適用されます。

特定転貸事業者と賃貸住宅管理業登録

重要度 B

問 98
□□□

特定転貸事業者は，200戸以上の特定賃貸借契約を締結している場合であっても，賃貸住宅の維持保全を200戸以上行っていなければ，賃貸住宅管理業者の登録をする義務はない。

[R5]

答 98

○

200戸以上を対象とした**賃貸住宅管理業（維持保全業務）を行っていない特定転貸事業者**（サブリース業者）は，賃貸住宅管理業者に該当しないため，**賃貸住宅管理業の登録をする必要がありません**（ＦＡＱ集2（3）10）。したがって，200戸以上の特定賃貸借契約を締結している場合であっても，**賃貸住宅の維持保全を200戸以上行っていなければ**，賃貸住宅管理業者の登録をする義務はありません。

Section 9 特定賃貸借契約の適正化のための措置等

重要度 A

誇大広告等の禁止

重要度 A

問 99

勧誘者には不当な勧誘等が禁止されるが，誇大広告等の禁止は適用されない。

重要度 A

問 100

広告の記載と事実との相違が大きくなくても，その相違を知っていれば通常その特定賃貸借契約に誘引されないと判断される程度であれば，虚偽広告に該当する。

重要度 A

問 101

一定期間一定の額の家賃を支払うことを約束する趣旨で広告に「家賃保証」と表示する場合には，その文言に隣接する箇所に借地借家法第32条の規定により家賃が減額されることがあることを表示しなければ，誇大広告に該当する。

[R3]

答 99

特定転貸事業者または勧誘者は、特定賃貸借契約の条件について広告をするときは、特定賃貸借契約に基づき**特定転貸事業者が支払うべき家賃**、賃貸住宅の維持保全の実施方法、特定賃貸借契約の解除に関する事項等について、「著しく事実に相違する表示（虚偽広告）」をし、または「実際のものよりも著しく優良であり、もしくは有利であると人を誤認させるような表示（誇大広告）」をしてはなりません（誇大広告等の禁止、賃貸住宅管理業法28条）。

[R4]

答 100

○

虚偽広告における「著しく事実に相違する表示」の「著しく」とは、個々の広告の表示に即して判断されるべきものですが、特定賃貸借契約の相手方となろうとする者が、広告に記載されていることと事実との相違を知っていれば通常、その特定賃貸借契約に誘引されないと判断される程度のことをいい、単に事実と当該表示との相違することの度合いが大きいことのみで判断されるものではありません（解釈・運用の考え方28条関係4）。

[R4]

答 101

○

広告において「家賃保証」「空室保証」など、空室の状況にかかわらず一定期間、一定の家賃を支払うことを約束する旨等の表示を行う場合は、「家賃保証」等の文言に隣接する箇所に、定期的な家賃の見直しがある場合にはその旨および**借地借家法32条の規定により家賃が減額されることがあること**を表示しなければ、誇大広告に該当します（サブリース事業に係る適正な業務のためのガイドライン4（3）①）。

問 102

□□□

広告への「〇年間借上げ保証」との表示は，保証期間中であっても特定転貸事業者から解約をする可能性があることが表示されていなければ，禁止される誇大広告等に該当する。

問 103

□□□

良好な経営実績が確保されたとの体験談を用いる広告については，「個人の感想です。経営実績を保証するものではありません。」といった打消し表示を明瞭に記載すれば，誇大広告に該当しない。

問 104

□□□

特定転貸事業者が，借地借家法上の賃料減額請求が可能であるにもかかわらず，その旨を表示せず，「10年家賃保証」と表示したことは，特定賃貸借契約の条件について広告をする際に禁止される行為に当たる。

問 105

□□□

特定転貸事業者が，実際の周辺相場について調査していなかったが，「周辺相場より高い家賃で借り上げ」と表示したことは，特定賃貸借契約の条件について広告をする際に禁止される行為に当たる。

問 106

□□□

「入居者のトラブルにつき24時間対応」との表示は，休日や深夜は実際に賃貸住宅の維持保全は実施せず，受付業務を実施しているに過ぎないときは，禁止される誇大広告等に該当する。

[R5]

答 102
○

広告において，「○年間借上げ保証」など，表示された期間に
解約しないことを約束する旨の表示を行う場合は，その期間中
であっても，**特定転貸事業者から解約をする可能性があること
を表示しなければ，誇大広告に該当します**（4（3）④）。

[R4]

答 103
×

**体験談とは異なる賃貸住宅経営の実績となっている事例が一定
数存在する場合等には，「個人の感想です。経営実績を保証す
るものではありません」といった打消し表示が明瞭に記載され
ていたとしても，問題のある表示となるおそれがあるため，体
験談を用いることは，誇大広告等の禁止に該当する可能性があ
ります**（4（4））。体験談は，顧客がそれを参考にするケース
が多く，影響が大きいため，打消し表示があっても**用いること
ができません。**

[R3]

答 104
○

契約期間内に定期的な家賃の見直しや借地借家法に基づきサブ
リース業者からの減額請求が可能であるにもかかわらず，その
旨を表示せず，「○年家賃保証！」「支払い家賃は契約期間内確
実に保証！一切収入が下がりません！」といった表示をして，
契約期間家賃収入が保証されているかのように誤解されるよう
な表示をしていることは禁止される行為に該当します（4
（7）①）。

[R3]

答 105
○

「実際の周辺相場について調査をしていない場合」等，根拠の
ない算出基準で算出した家賃をもとに，「周辺相場よりも当社
は高く借り上げます」と表示していることは禁止される行為に
該当します（4（7）①）。

[R5]

答 106
○

実際は**休日や深夜は受付業務のみ，**または全く対応されないに
もかかわらず，「弊社では入居者専用フリーダイヤルコールセ
ンターを設け，入居者様に万が一のトラブルも**24時間対応し
スピーディーに解決します**」といった表示をしている場合，**禁
止される誇大広告等に該当します**（4.（7）②）。

問 107
☐☐☐

特定転貸事業者が，大規模修繕積立金として月々の家賃から一定額を差し引く一方，日常修繕の費用負担は賃貸人に求めない予定であったため，「修繕費負担なし」と表示したことは，特定賃貸借契約の条件について広告をする際に禁止される行為に当たる。

・・・

重要度 A

問 108
☐☐☐

特定転貸事業者が，契約を解除する場合には，月額家賃の数か月を支払う必要があるにもかかわらず，その旨を記載せずに，「いつでも借り上げ契約は解除できます。」と表示したことは，特定賃貸借契約の条件について広告をする際に禁止される行為に当たる。

不当な勧誘等の禁止

重要度 C

問 109
☐☐☐

特定転貸事業者の担当者が，特定賃貸借契約の相手方となろうとする者に対し，賃貸人からいつでも中途解約できると誤って告知した場合は，不当勧誘行為には該当しない。

[R3]

答 107

○

実際には，大規模修繕など一部の修繕費はオーナーが負担するにもかかわらず，「修繕費負担なし」と表示していることは禁止される行為に該当します（4（7）③）。

[R3]

答 108

○

実際には，契約を解除する場合は，月額家賃の数か月を支払う必要があるにもかかわらずその旨を記載せずに，「いつでも借り上げ契約は解除できます」と表示していることは禁止される行為に該当します（4（7）④）。

[R5]

答 109

×

特定転貸事業者等は，次の行為をすることができません（不当な勧誘等の禁止，賃貸住宅管理業法29条）

　①　特定賃貸借契約の締結の勧誘をするに際し，**特定賃貸借契約の相手方または相手方となろうとする者**に対し，その特定賃貸借契約に関する事項であって契約の相手方または相手方となろうとする者の**判断に影響**を及ぼすこととなる重要なものにつき，**故意に事実を告げず，または不実のことを告げる行為**

　②　特定賃貸借契約に関する行為であって，**特定賃貸借契約の相手方または相手方となろうとする者の保護に欠ける所定の行為**

上記①の「**故意に**」については，客観的事実によって推認されることとなるほか，**特定転貸事業者であれば当然に知っていると思われる事項**（自社の契約書の内容や借地借家法の内容）を告げないような場合については，「**故意**」の存在が推認されます（ガイドライン5（5））。本問では，賃貸人からいつでも中途解約できると「誤って」告知していますが，賃貸人からの中途解約は正当事由が必要となることは，特定転貸事業者等であれば当然に知っていると考えられますので，「故意」があると推認され，本問の告知は**不当勧誘行為（故意に不実のことを告げる行為）**に該当します。

重要度 B

問 110

□□□

特定転貸事業者が，特定賃貸借契約の相手方になろうとする者に対し，維持保全に係る賃貸人の費用負担があるにもかかわらず，あえて負担なしと告知した場合，その者との間で実際に特定賃貸借契約が締結されなくとも，不当勧誘行為に該当する。

重要度 B

問 111

□□□

賃貸人から特定賃貸借契約の解除の申出があったため，翻意を促そうと賃貸人宅を訪れたところ，賃貸人から面会を拒否されたので，「なぜ会わないのか」と声を荒げて面会を強要する行為は，禁止される。

書類の閲覧

重要度 A

問 112

□□□

特定転貸事業者は，特定賃貸借契約の相手方に当該特定転貸事業者の業務および財産の状況を記載した書類を交付して説明しなければならない。

重要度 C

問 113

□□□

特定転貸事業者が，業務状況調書等を電磁的方法による記録で保存する場合には，電子計算機その他の機器を用いて明確に紙面に表示される状態に置かなければならない。

[R5]

答 110

○

問109の解説参照。特定転貸事業者が，特定賃貸借契約の相手方になろうとする者に対し，維持保全に係る賃貸人の費用負担があるにもかかわらず，あえて「負担なし」と告知した場合，故意に不実のことを告げる行為に該当します。そして，禁止される不当勧誘行為に該当するためには，その者の判断に影響を及ぼすこととなる重要なものについて事実の不告知・不実告知があれば足り，実際に契約を締結したか否かは問いません（5（2），（6）②）。

[R5]

答 111

○

問109の解説参照。特定転貸事業者等は，②の「特定賃貸借契約の相手方または相手方となろうとする者（相手方等）の保護に欠ける行為」として，特定賃貸借契約を締結もしくは更新させ，または特定賃貸借契約の申込みの撤回もしくは解除を妨げるため，相手方等を威迫する行為をしてはなりません（施行規則44条1号）。相手方等に対して，「なぜ会わないのか」，「契約しないと帰さない」などと声を荒げ，面会を強要したり，拘束するなどして相手方を動揺させるような行為は，禁止される相手方等を威迫する行為に該当します（ガイドライン5（7）①）。

[R4]

答 112

×

特定転貸事業者は，国土交通省令で定めるところにより，特定転貸事業者の業務および財産の状況を記載した書類（業務状況調書，貸借対照表および損益計算書またはこれらに代わる書面）を，特定賃貸借契約に関する業務を行う営業所または事務所に備え置き，特定賃貸借契約の相手方または相手方となろうとする者の求めに応じ，閲覧させなければなりません（賃貸住宅管理業法32条）。しかし，書類を交付して説明をする必要はありません。

[R4]

答 113

○

特定転貸事業者が，業務状況調書等を電磁的方法による記録で保存する場合には，電子計算機その他の機器を用いて明確に紙面に表示される状態に置かなければなりません（施行規則49条2項，ＦＡＱ集4（6）4）。

重要度 B

問 114

□□□

特定賃貸借契約の勧誘者は，業務状況調書等の書類を作成・保存し，その勧誘によって特定賃貸借契約を結んだ賃貸人からの求めがあれば，これらを閲覧させなければならない。

重要度 A

問 115

□□□

特定転貸事業者は，業務状況調書等の書類を，事業年度ごとに，その事業年度経過後3か月以内に作成し，主たる事務所にまとめて備え置かなければならない。

重要度 B

問 116

□□□

特定転貸事業者は，特定賃貸借契約の相手方及び入居者（転借人）からの求めがあれば，営業所又は事務所の営業時間中，業務状況調書等の書類を閲覧させなければならない。

[R4]

答 114 ✕

業務状況調書等の保管・閲覧義務は，特定転貸事業者に課される義務であり，勧誘者にはこの義務は課せられていません（賃貸住宅管理業法32条参照）。

・・

[R4]

答 115 ✕

特定転貸事業者は，業務状況調書等の書類を，事業年度ごとに，**その事業年度経過後3か月以内に作成**し，特定賃貸借契約に関する業務を行う営業所または事務所ごとに**備え置かなければなりません**（32条，施行規則49条3項）。主たる事務所にまとめて備え置くことはできません。

・・

[R4]

答 116 ✕

業務状況調書等は，**特定賃貸借契約の相手方または相手方となろうとする者**の求めに応じ，閲覧させなければなりませんが（賃貸住宅管理業法32条），**入居者（転借人）に閲覧させる義務はありません**。

Section 10 特定賃貸借契約の重要事項の説明

特定賃貸借契約の重要事項説明

問 117 重要度 A

特定転貸事業者が，特定賃貸借契約を締結しようとする際に，説明の前に管理業法第30条に規定する書面（以下，各問において「特定賃貸借契約重要事項説明書」という。）等を送付しておき，送付から一定期間後に説明を実施した上で速やかに契約書を取り交わしたことは，適切である。

問 118 重要度 C

特定転貸事業者が，特定賃貸借契約を締結しようとする際に，相手方とは，既に別の賃貸住宅について特定賃貸借契約を締結していたため，その契約と同じ内容について特定賃貸借契約重要事項説明書への記載を省略したことは，適切である。

問 119 重要度 A

特定転貸事業者が，特定賃貸借契約を締結しようとする際に行う相手方への説明（以下，各問において「特定賃貸借契約重要事項説明」という。）を，賃貸不動産経営管理士の資格を有しない従業者に行わせたことは，適切である。

[R3]

答 117

○

特定転貸事業者は，特定賃貸借契約を締結しようとするときは，特定賃貸借契約の相手方となろうとする者に対し，特定賃貸借契約を締結するまでに，特定賃貸借契約の内容およびその履行に関する事項であって国土交通省令で定めるものについて，**書面を交付して説明しなければなりません**（賃貸住宅管理業法30条1項）。説明から契約締結までの期間を短くせざるを得ない場合には，**事前に特定賃貸借契約重要事項説明書等を送付し**，その送付から一定期間後に，説明を実施するなどして，特定賃貸借契約の相手方となろうとする者が**契約締結の判断を行うまでに十分な時間をとることが望ましい**とされています（解釈・運用の考え方30条関係1）。したがって，特定賃貸借契約重要事項説明書等を送付しておき，送付から一定期間後に説明を実施した上で速やかに契約書を取り交わしたことは，適切です。

[R3]

答 118

✕

相手方と既に別の賃貸住宅について特定賃貸借契約を締結していて，契約内容が同じであったとしても，**特定賃貸借契約重要事項説明書への記載を省略する**ことはできません。したがって，本問の行為は不適切です。

[R3]

答 119

○

特定賃貸借契約に関する重要事項説明は，**賃貸不動産経営管理士が行わなければならないものではありません**（賃貸住宅管理業法30条1項参照）。したがって，重要事項説明を賃貸不動産経営管理士の資格を有しない従業者に行わせたことは，適切です。なお，一定の実務経験を有する者や賃貸不動産経営管理士など，専門的な知識および経験を有する者によって行われることが望ましいとされています（解釈・運用の考え方30条関係1）。

問 120

□□□

特定賃貸借契約重要事項説明は3年以上の実務経験を有する者によって行わなければならないが，これを満たす従業員がいない場合には，このような実務経験を有する第三者に委託して行わせることができる。

問 121

□□□

特定賃貸借契約重要事項説明から特定賃貸借契約の締結までに，1週間以上の期間をおかなければならない。

問 122

□□□

特定賃貸借契約の相手方が賃貸住宅管理業者である場合，特定賃貸借契約重要事項説明は省略してもよい。

問 123

□□□

特定賃貸借契約重要事項説明において，特定賃貸借契約において家賃改定日を定める場合はその旨を説明すればよく，これに加えて借地借家法に基づく減額請求について説明する必要はない。

問 124

□□□

特定賃貸借契約重要事項説明において，特定賃貸借契約を賃貸人と特定転貸事業者との協議の上で更新することができることとする場合は，その旨を説明すればよく，更新拒絶に正当な事由が必要である旨を説明する必要はない。

答 120 [R4]

✕

特定賃貸借契約重要事項説明を**3年以上の実務経験を有する者によって行わなければならない**旨の規定は存在しません。

答 121 [R4]

✕

特定賃貸借契約重要事項説明については，特定賃貸借契約の相手方となろうとする者が契約内容とリスク事項を十分に理解した上で契約を締結できるよう，**説明から契約締結までに1週間程度の期間をおくことが望ましい**とされていますが，**義務ではありません**（30条関係1）。

答 122 [R4]

○

特定賃貸借契約重要事項説明は，特定賃貸借契約の相手方となろうとする者が，**賃貸住宅管理業者**，**特定転貸事業者**，宅地建物取引業者**等である場合**は，**書面の交付および説明を省略することができます**（賃貸住宅管理業法30条1項，施行規則45条2号）。

答 123 [R4]

✕

特定賃貸借契約において，家賃改定日が定められていても，その日以外でも，**借地借家法に基づく減額請求が可能であること**について記載し，説明しなければなりません（解釈・運用の考え方30条関係2（3））。

答 124 [R4]

✕

普通借家契約として特定賃貸借契約を締結する場合，借地借家法28条（更新拒絶等の要件）が適用されるため，**貸主から更新を拒絶する場合には，正当の事由があると認められる場合でなければすることができない旨を記載し，説明しなければなりません**（30条関係2（14）②）。

問 125

☐☐☐

特定賃貸借契約重要事項説明において，特定賃貸借契約が終了した場合に賃貸人が特定転貸事業者の転貸人の地位を承継することとする定めを設ける場合は，その旨に加えて，賃貸人が転貸人の地位を承継した場合に正当な事由なく入居者の契約更新を拒むことはできないことを説明しなければならない。

問 126

☐☐☐

特定賃貸借契約重要事項説明において，特定賃貸借契約を定期建物賃貸借契約によらない建物賃貸借とする場合は，その旨に加えて，契約期間中に家賃の減額はできないとの特約を定めることはできないことを説明しなければならない。

問 127

☐☐☐

特定賃貸借契約重要事項説明において，「特定賃貸借契約の対象となる賃貸住宅の面積」は，契約の相手方となろうとする者に説明しなければならない事項である。

問 128

☐☐☐

特定賃貸借契約重要事項説明において，「特定賃貸借契約の相手方に支払う家賃の設定根拠」は，契約の相手方となろうとする者に説明しなければならない事項である。

[R4]

答 125

○

貸主が転貸人の地位を承継した場合に，正当な事由なく入居者の契約更新を拒むことはできないこと，特定転貸事業者の敷金返還債務を承継すること等について貸主が認識できるように説明しなければなりません（30条関係2（13））。

[R4]

答 126

✕

本問のような規定は存在しません。なお，定期建物賃貸借契約として特定賃貸借契約を締結する場合，家賃は減額できないとの特約を定めることにより，借地借家法第32条の適用はなく，特定転貸事業者から家賃の減額請求はできないこと，契約期間の満了により，契約を終了することができること，貸主からの途中解約は原則としてできないことを記載し，説明しなければなりません（30条関係2（14）③）。

[R3]

答 127

○

特定賃貸借契約の対象となる**賃貸住宅**の面積は，特定転貸事業者が特定賃貸借契約を締結しようとするときに契約の相手方となろうとする者に**説明しなければならない事項**です（賃貸住宅管理業法30条1項，施行規則46条2号，解釈・運用の考え方30条関係2（2））。

> **面積**のほか，特定賃貸借契約の対象となる賃貸住宅の「**所在地，物件の名称，構造，住戸部分**(部屋番号，住戸内の設備等)，**その他の部分**(廊下，階段，エントランス等)，**建物設備**(ガス，上水道，下水道，エレベーター等)，**附属設備等**(駐車場，自転車置き場等)」も**説明しなければならない事項**です(30条関係2（2）)。

[R3]

答 128

○

特定賃貸借契約の相手方に支払う家賃の**設定根拠**は，特定転貸事業者が特定賃貸借契約を締結しようとするときに契約の相手方となろうとする者に**説明しなければならない事項**です（賃貸住宅管理業法30条1項，施行規則46条3号，解釈・運用の考え方30条関係2（3））。

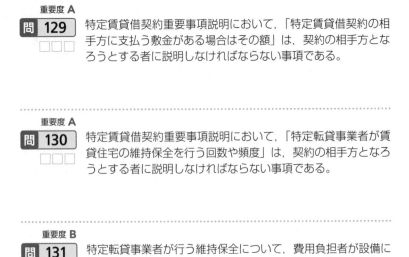

重要度 A

問 129
□□□

特定賃貸借契約重要事項説明において、「特定賃貸借契約の相手方に支払う敷金がある場合はその額」は、契約の相手方となろうとする者に説明しなければならない事項である。

重要度 A

問 130
□□□

特定賃貸借契約重要事項説明において、「特定転貸事業者が賃貸住宅の維持保全を行う回数や頻度」は、契約の相手方となろうとする者に説明しなければならない事項である。

重要度 B

問 131
□□□

特定転貸事業者が行う維持保全について、費用負担者が設備により異なる場合は、特定賃貸借契約重要事項説明書には設備ごとの負担者を記載しなければならない。

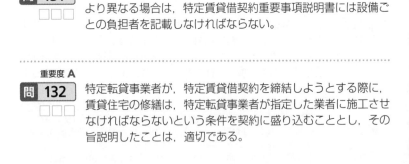

重要度 A

問 132
□□□

特定転貸事業者が、特定賃貸借契約を締結しようとする際に、賃貸住宅の修繕は、特定転貸事業者が指定した業者に施工させなければならないという条件を契約に盛り込むこととし、その旨説明したことは、適切である。

重要度 B

問 133
□□□

特定転貸事業者が行う特定賃貸借契約重要事項説明において、「特定転貸事業者が行う維持保全の実施状況を賃貸人へ報告する頻度」は、特定賃貸借契約重要事項説明書に記載して説明すべき事項である。

答 129
[R3]
○

特定賃貸借契約の相手方に支払う敷金がある場合はその額は，特定転貸事業者が特定賃貸借契約を締結しようとするときに契約の相手方となろうとする者に**説明しなければならない事項**です（賃貸住宅管理業法30条1項，施行規則46条3号，解釈・運用の考え方30条関係2（3））。

答 130
[R3]
○

特定転貸事業者が賃貸住宅の維持保全を行う回数や頻度は，特定転貸事業者が特定賃貸借契約を締結しようとするときに契約の相手方となろうとする者に**説明しなければならない事項**です（賃貸住宅管理業30条1項，施行規則46条4号，解釈・運用の考え方30条関係2（4））。

答 131
[R5]
○

設備ごと費用負担者が変わる場合や，賃貸人負担となる経年劣化や通常損耗の修繕費用など，どのような費用が賃貸人負担になるかについて，**特定賃貸借重要事項説明書に具体的に記載し，説明する必要があります**（30条関係2（5））。

答 132
[R3]
○

修繕等の際に，**特定転貸事業者が指定した業者に施工させなければならない**といった条件を定める場合は，**特定賃貸借契約重要事項説明書に必ずその旨を記載し，説明する必要があります**（賃貸住宅管理業法30条1項，施行規則46条5号，解釈・運用の考え方30条関係2（5））。

答 133
[R5]
○

特定転貸事業者が行う維持保全の実施状況について，**賃貸人へ報告する内容やその頻度**は，**特定賃貸借重要事項説明書に記載し，説明すべき事項**です（30条関係2（6））。

問 134 特定賃貸借契約で定める引渡日に物件を引き渡さないことで建物所有者が負うことになる違約金を定める場合は，その内容を特定賃貸借契約重要事項説明書に記載しなければならない。

問 135 特定転貸事業者が行う特定賃貸借契約重要事項説明において，「賃貸人が賠償責任保険に加入しない場合は，その旨」は，特定賃貸借契約重要事項説明書に記載して説明すべき事項である。

問 136 特定転貸事業者が行う特定賃貸借契約重要事項説明において，「特定賃貸借契約の期間は家賃が固定される期間ではない旨」は，特定賃貸借契約重要事項説明書に記載して説明すべき事項である。

問 137 特定賃貸借契約を，定期建物賃貸借により締結する場合，家賃は減額できない旨の特約を定めていても，特定転貸事業者は家賃の減額請求ができる場合があることを建物所有者に説明しなければならない。

特定賃貸借契約の変更に際しての重要事項説明

問 138 特定賃貸借契約期間中に，特定賃貸借契約重要事項説明を行うべき事項に変更があった場合は，契約更新時にその旨の説明を行わなければならない。

[R5]

答 **134**

〇

特定賃貸借契約で定める**引渡日**に物件を引き渡さない場合や家賃が支払われない場合等の**債務不履行**や契約の解約の場合等の損害賠償額の予定または**違約金を定める場合**は，その内容を**特定賃貸借重要事項説明書に記載し，説明する必要があります**（30条関係2（7））。

[R5]

答 **135**

✕

賃貸人が**賠償責任保険等への「加入をする」**ことや，その保険に対応する損害については特定転貸事業者が責任を負わないこととする場合は，その旨は，**特定賃貸借重要事項説明書に記載し，説明すべき事項**です（30条関係2（8））。しかし，賠償責任保険に「加入しない」場合は，その旨は，**記載し，説明すべき事項ではありません**。

[R5]

答 **136**

〇

契約期間は，**家賃が固定される期間ではないこと**は，**特定賃貸借重要事項説明書に記載し，説明すべき事項**です（30条関係2（9））。

[R5]

答 **137**

✕

定期建物賃貸借契約として特定賃貸借契約を締結する場合，家賃は「**減額できない**」との特約を定めることにより，**借地借家法32条の適用はなく**，特定転貸事業者から家賃の減額請求は「**できない**」こと，契約期間の満了により，契約を終了することができること，賃貸人からの途中解約は原則としてできないことを**特定賃貸借重要事項説明書に記載し，説明する必要があります**（30条関係2（14）③）。

[R4]

答 **138**

✕

特定賃貸借契約期間中に，**特定賃貸借契約重要事項説明を行うべき事項に変更があった場合**は，変更があった事項について，**貸主に対して書面の交付等を行った上で説明すれば足りる**とされています（30条関係1）。契約更新時ではなく，変更があったときに説明を行わなければなりません。

問 139 □□□ 特定賃貸借契約を締結する建物所有者が当該建物を売却し，従前の建物所有者の賃貸人たる地位が同一内容によって新たな賃貸人に移転する場合，新たな賃貸人に特定賃貸借契約の内容が分かる書類を交付することが望ましい。

賃貸住宅管理業法施行前に締結された特定賃貸借契約

問 140 □□□ 賃貸住宅管理業法施行前に締結されたマスターリース契約の契約期間が，同法施行後に満了し，契約を更新する場合，契約の内容に従前と変更がない場合であっても，特定賃貸借契約重要事項説明が必要である。

[R5]

答 139

○

特定賃貸借契約が締結されている家屋等が，契約期間中現賃貸人から売却等されることにより，**賃貸人たる地位が新たな賃貸人に移転し，従前と同一内容によって特定賃貸借契約が承継される**場合，特定転貸事業者は，賃貸人たる地位が移転することを認識した後，遅滞なく，新たな賃貸人に特定賃貸借契約の内容が分かる書類を交付することが望ましいとされています（30条関係3）。

[R5]

答 140

✕

賃貸住宅管理業法施行前に締結された特定賃貸借契約で，法施行後に賃貸人に対して特定賃貸借契約重要事項説明を行っていない場合は，**特定賃貸借契約「変更契約」を締結しようとするときに，全ての重要事項について，特定賃貸借契約重要事項説明を行う必要があります**（30条関係1）。本問では，契約の内容に従前と「**変更がない**」場合なので，**特定賃貸借契約重要事項説明を行う必要はありません**。

Section
11

特定賃貸借契約の
締結時の書面の交付

重要度
A

特定賃貸借契約の締結時の書面の交付義務

重要度 A

問 **141**
□□□

特定転貸事業者が特定賃貸借契約を締結したときに賃貸人に対して交付しなければならない書面(以下,各問において「特定賃貸借契約締結時書面」という。)は,特定賃貸借契約を締結したときは,遅滞なく,交付しなければならない。

重要度 B

問 **142**
□□□

特定賃貸借契約締結時書面を電磁的方法で提供する場合,相手方がこれを確実に受け取ることができるよう,用いる方法について相手方の書面による承諾が必要である。

重要度 B

問 **143**
□□□

特定賃貸借契約書をもって特定賃貸借契約締結時書面とすることはできるが,特定賃貸借契約書と,特定転貸事業者が賃貸住宅の維持保全について賃貸人から受託する管理受託契約書を兼ねることはできない。

[R4]

答 141
○

特定転貸事業者は，特定賃貸借契約を締結したときは，特定賃貸借契約の相手方に対し，遅滞なく，一定事項を記載した書面を交付しなければなりません（賃貸住宅管理業法31条1項）。

[R4]

答 142
✗

特定転貸事業者は，特定賃貸借契約締結時書面の交付に代えて，特定賃貸借契約の相手方の承諾を得て，書面に記載すべき事項を電磁的方法により提供することができます（31条2項，30条2項）。この場合，用いる方法について「相手方の書面または電子情報処理組織を使用する方法等」により承諾を取得する必要があります（施行令3条1項，2条1項）。承諾は「書面」に限られていません。

[R4]

答 143
✗

特定賃貸借契約書をもって特定賃貸借契約締結時書面とすることができます（解釈・運用の考え方31条関係1項関係1）。また，特定賃貸借契約書と，特定転貸事業者が賃貸住宅の維持保全について貸主から受託する管理受託契約書を兼ねることもできます（FAQ集4（4）4）。

問 144 重要度 B

特定賃貸借契約締結時書面は，相手方と契約を締結したときのみならず，相手方と特定賃貸借契約変更契約を更新したときにも，その都度作成しなければならない。

⋯⋯⋯⋯⋯⋯⋯⋯⋯⋯⋯⋯⋯⋯⋯⋯⋯⋯⋯⋯⋯⋯⋯⋯⋯⋯⋯⋯⋯⋯⋯⋯⋯⋯⋯

問 145 重要度 B

特定賃貸借契約締結時書面は，特定賃貸借契約書と同時に賃貸人に交付する必要はない。

特定賃貸借契約の変更に際しての締結時書面の交付

問 146 重要度 A

特定転貸事業者が特定賃貸借契約変更契約を締結する際，賃貸人に支払う家賃を減額するのみでその他の条件に変更がなければ，特定賃貸借契約締結時書面の交付は不要である。

[R4]

答 144

✕

特定賃貸借契約変更契約（期間中または**更新時に契約内容を変更する契約**）を締結する場合には，変更のあった事項について，貸主に対して書面を交付すれば足ります。ただし，契約の同一性を保ったままで契約期間のみを延長することや，組織運営に変更のない商号または名称等の変更等，**形式的な変更**と認められる場合は，**書面の交付をする必要はありません**（解釈・運用の考え方31条１項関係２）。したがって，契約内容に変更がない場合や例外に該当する場合は，書面を作成する必要がありませんから，必ずしもその都度作成しなければならないわけではありません。

[R3]

答 145

◯

特定転貸事業者は，特定賃貸借契約を締結したときは，特定賃貸借契約の相手方に対し，遅滞なく，**一定事項を記載した特定賃貸借契約締結時書面を交付しなければなりません**（賃貸住宅管理業法31条１項）。「**遅滞なく**」交付すればよいのであり，「**同時**」に貸主に交付する必要はありません。

「**特定賃貸借契約書**」と「**特定賃貸借契約締結時書面**」は**本来別物**です。ただし，賃貸住宅管理業法等に規定されている事項が契約書に記載されていれば，その「**特定賃貸借契約書**」をもって「**特定賃貸借契約締結時書面**」を**兼ねることができます**ので，実際には「特定賃貸借契約書」をもって「特定賃貸借契約締結時書面」としていることがほとんどです。

[R3]

答 146

✕

問 144 の解説参照。本問の場合，「**貸主に支払う家賃を減額している**」ので，**例外には該当せず**，特定賃貸借契約締結時書面の交付が必要となります（31条関係１項関係２）。

Section
12

特定転貸事業者等に対する監督処分等

 重要度 B

特定賃貸借契約に関する業務の停止等

重要度 A

問 147 国土交通大臣は，特定転貸事業者が誇大広告等の禁止に違反した場合，違反の是正のための措置をとるべきことを指示できることがある。

重要度 B

問 148 勧誘者が不当な勧誘等の禁止の規定に違反した場合，特定転貸事業者が監督処分を受けることがある。

重要度 A

問 149 国土交通大臣は，特定転貸事業者が国土交通大臣の指示に従わない場合でも，特定賃貸借契約に関する業務の全部の停止を命じることはできない。

重要度 B

問 150 国土交通大臣は，特定転貸事業者に対し業務停止の命令をしたときは，その旨を公表しなければならない。

答 147 [R3]

○

国土交通大臣は，**特定転貸事業者**が，①誇大広告等の禁止，②不当な勧誘等の禁止，③特定賃貸借契約の締結前の書面の交付義務，④特定賃貸借契約の締結時の書面の交付義務の規定に違反した場合，特定賃貸借契約の適正化を図るため必要があると認めるときは，その**特定転貸事業者に対し，その**違反の是正のための措置その他の必要な措置をとるべきことを**指示**することができます（賃貸住宅管理業法33条1項）。

答 148 [R3]

○

国土交通大臣は，**勧誘者**が，①誇大広告等の禁止，②**不当な勧誘等の禁止**の規定に違反した場合，特定賃貸借契約の適正化を図るため必要があると認めるときは，その**特定転貸事業者に対し，その**違反の是正のための措置その他の必要な措置をとるべきことを指示することができます（33条1項）。したがって，**勧誘者が不当な勧誘等の禁止の規定に違反**した場合，特定転貸事業者が監督処分を受けることがあります。

答 149 [R3]

✕

国土交通大臣は，特定転貸事業者が**国土交通大臣の指示に従わ**ないときは，その特定転貸事業者に対し，**1年以内の期間を限**り，特定賃貸借契約の締結について勧誘を行いもしくは勧誘者に勧誘を行わせることを停止し，またはその行う**特定賃貸借契約に関する業務の全部もしくは一部を停止**すべきことを命ずることができます（34条1項，33条1項）。

答 150 [R3]

○

国土交通大臣は，特定転貸事業者に対し**業務停止の命令**をしたときは，その旨を公表しなければなりません（34条3項）。

Section

13 罰則

重要度
B

罰則

重要度 A

問 151

特定転貸事業者が特定賃貸借契約締結時書面の交付を怠った場合，50万円以下の罰金に処される場合がある。

両罰規定

重要度 A

問 152

勧誘者であるA法人（代表者B）は特定転貸事業者であるC法人から委託を受けて特定賃貸借契約の勧誘を行っている。勧誘者であるA法人の従業員Dが，自己の判断により，特定賃貸借契約の相手方となろうとする者に対し，故意に不実のことを告げるという管理業法第29条第1号に違反する行為を行った場合（罰則は「6月以下の懲役若しくは50万円以下の罰金又はこれらの併科」），A法人が罰金に処せられることはない。

重要度 A

問 153

勧誘者であるA法人（代表者B）は特定転貸事業者であるC法人から委託を受けて特定賃貸借契約の勧誘を行っている。勧誘者であるA法人の従業員Dが，自己の判断により，特定賃貸借契約の相手方となろうとする者に対し，故意に不実のことを告げるという管理業法第29条第1号に違反する行為を行った場合（罰則は「6月以下の懲役若しくは50万円以下の罰金又はこれらの併科」），代表者Bが懲役又は罰金に処せられることはない。

[R3]

答 151

○

特定転貸事業者が**特定賃貸借契約締結時書面の交付を怠った場**合，50万円以下の**罰金**に処される場合があります（賃貸住宅管理業法43条）。

[R4]

答 152

✕

特定転貸事業者または勧誘者は，特定賃貸借契約の相手方となろうとする者に対し，**故意に不実のことを告げてはならず**，これに違反したときは，6か月以下の懲役もしくは50万円以下の罰金またはこれらの併科に処せられます（42条2号）。そして，「**法人業者の代表者**」または「**法人業者もしくは個人業者の代理人，使用人その他の従業者**」が，その法人業者または個人業者の業務に関し，**違反行為をしたときは，行為者を罰するほか，その法人業者**または個人業者に対して罰金刑を科します（両罰規定，45条）。したがって，違反行為をした従業員Dが所属するA法人は罰金に処せられます。

[R4]

答 153

○

問 152 解説参照。代表者Bは違反行為をした者ではないので，懲役または罰金に処せられることはありません。

問 154

□□□

勧誘者であるＡ法人（代表者Ｂ）は特定転貸事業者であるＣ法人から委託を受けて特定賃貸借契約の勧誘を行っている。勧誘者であるＡ法人の従業員Ｄが，自己の判断により，特定賃貸借契約の相手方となろうとする者に対し，故意に不実のことを告げるという管理業法第29条第１号に違反する行為を行った場合（罰則は「６月以下の懲役若しくは50万円以下の罰金又はこれらの併科」），Ｃ法人が罰金に処せられることはない。

問 155

□□□

株式会社たる賃貸住宅管理業者の従業者が会社の命令により秘密を漏らしたときは，会社のみが30万円以下の罰金に処せられる。

[R4]

答 **154**
〇

問 152 の解説参照。Ｃ法人はＡ法人に勧誘を委託しただけです。違反行為をしたのはＡ法人の従業員Ｄであり，Ｃ法人の従業員等も違反行為をしていないので，Ｃ法人が罰金に処せられることはありません。

[R4]

答 **155**
✕

株式会社たる管理業者の従業者が会社の命令により秘密を漏らしたときは，会社が守秘義務違反として30万円以下の罰金に処せられるだけでなく，秘密を漏らした従業者も30万円以下の罰金に処せられます（44条7号，45条）。

Section
14

賃貸不動産経営管理士

重要度
A

「倫理憲章」の内容

重要度 **A**

問 156

賃貸不動産経営管理士は，公共的使命を常に自覚し，公正な業務を通して，公共の福祉に貢献しなければならない。

重要度 **A**

問 157

賃貸不動産経営管理士は，法令の遵守と信用保持に関しては，賃貸不動産管理業界全体の社会的信用より自己の所属する管理業者の信用獲得を優先し，自己の所属する管理業者に対する社会的信用を傷つける行為や社会通念上好ましくないと思われる行為を特に慎むべきである。

重要度 **A**

問 158

賃貸不動産経営管理士は，信義誠実の義務に関しては，自己の所属する管理業者の直接の依頼者に対してはもちろんのこと，他の関係者に対しても，同様に，信義に従い，誠実に対応することが必要である。

重要度 **A**

問 159

公正と中立性の保持に関しては，依頼者に対する信義誠実義務や，利益相反行為の禁止の観点から，常に依頼者の立場に立って対応することが必要である。

[H30]

答 156

○

公共的使命（倫理憲章1）に関しては，**賃貸不動産経営管理士
の持つ公共的使命を常に自覚し，公正な業務を通して，公共の
福祉に貢献**しなければなりません。

[R1]

答 157

✕

法令の遵守と信用保持（倫理憲章2）に関しては，自己の所属
する管理業者の立場のみならず，**賃貸不動産管理業界全体に対
する社会的信用を傷つける行為をしてはなりません**。そして，
賃貸不動産経営管理士は，自らの行為について，**関係法令だけ
ではなく，社会通念に照らして妥当性等を判断し，責任ある対
応をすべきこと**も求められます。

[R1]

答 158

○

信義誠実の義務（倫理憲章3）に関しては，自己の所属する管
理業者の**直接の依頼者に対してはもちろんのこと，他の関係者
に対しても，同様に，信義に従い，誠実に対応**することが必要
です。

[H28]

答 159

✕

公正と中立性の保持（倫理憲章4）に関しては，常に公正で中
立な立場で職務を行い，万一紛争等が生じた場合は誠意をもっ
て，その円満解決に努力しなければなりません。「常に公正で
中立な立場であるべき」という使命から，直接の依頼者である
賃貸不動産所有者等**のみに限られず，他の関係者（借主等）の
立場にも十分配慮した対応**を求められます。また，紛争等が生
じた場合には，**関係者の間に入ってその円満解決に努力する**こ
とも求められます。

問 160

賃貸不動産経営管理士が賃貸不動産経営管理士の資格取得後も毎年，賃貸不動産経営管理士試験問題に目を通して勉強していることは，適切である。

問 161

賃貸不動産経営管理士は，業務を引き受ける際には，業務を第三者に再委託することができるかどうかを考える前に，その内容が自らの能力や知識で対応し得るものか否かを十分に精査する必要がある。

問 162

賃貸不動産経営管理士が勤務していた管理業者を退職した後も，賃貸不動産経営管理士として職務上知った関係者の秘密を漏らさないようにしていることは，適切である。

問 163

賃貸不動産経営管理士は，関係する法令やルールを遵守することはもとより，賃貸住宅管理業に対する社会的信用を傷つけるような行為や社会通念上好ましくない行為をしてはならないが，情報化社会の進展を背景として，自らの能力や知識を超える業務を引き受けることも認められる。

[R2]

答 160

○

専門的サービスの提供および自己研鑽の努力（倫理憲章５）に関しては，あらゆる機会を活用し，賃貸不動産管理業務に関する広範で高度な知識の習得に努め，不断の研鑽により常に能力，資質の向上を図り，管理業務の専門家として高い専門性を発揮するよう努力しなければなりません。本問の賃貸不動産経営管理士の資格取得後も毎年，賃貸不動産経営管理士試験問題に目を通して勉強していることは，自己研鑽の努力を遵守しており，倫理憲章の趣旨に照らして適切です。

[H27]

答 161

○

能力を超える業務の引き受けの禁止（倫理憲章６）に関しては，業務を引き受ける際，およびその業務を第三者に再委託する場合には，その内容が，自らの能力や知識で対応し得るかを十分に精査する必要があり，自らの能力や知識を超える**場合には，業務を引き受けてはなりません**。

[R2]

答 162

○

秘密を守る義務（倫理憲章７）に関しては，職務上知り得た秘密を正当な理由なく他に漏らしてはならず，その職務に携わらなくなった後も同様です。勤務していた管理業者を退職した後も，賃貸不動産経営管理士として職務上知った関係者の秘密を漏らさないようにしていることは，秘密保持義務を遵守しており，倫理憲章の趣旨に照らして適切です。

[R4]

答 163

✕

賃貸不動産経営管理士は，関係する法令とルールを遵守し，賃貸不動産管理業に対する社会的信用を傷つけるような行為，および社会通念上好ましくないと思われる行為を厳に慎まなければなりません（倫理憲章２）。また，賃貸不動産経営管理士は，自らの能力や知識を超える業務の引き受けはこれを行ってはなりません（倫理憲章６）。

賃貸不動産経営管理士の役割等

重要度 B

問 164
☐☐☐

賃貸不動産経営管理士は，不動産をめぐる新たな政策課題や賃貸不動産の活用方式の普及に積極的に協力して取り組み，不動産政策の推進とそれに伴う国民生活の安定向上に貢献することが求められる。

重要度 C

問 165
☐☐☐

賃貸不動産経営管理士が賃貸不動産経営に関与するに当たっては，依頼者である賃貸不動産の所有者が不動産を売却して利益の確定を図る場合のように，依頼者の一時点での利益の確定及びその最大化を求めなければならない。

重要度 A

問 166
☐☐☐

賃貸不動産経営管理士は，業務管理者としての事務を適切に実施することに加え，賃貸借関係の適正化を図るために賃貸住宅管理業者が行う業務につき，管理・監督する役割や自ら実施する役割を担う。

重要度 A

問 167
☐☐☐

賃貸不動産経営管理士は業務管理者として，管理受託契約重要事項説明書の交付，維持保全の実施，家賃，敷金，共益費その他の金銭の管理，帳簿の備付け，貸主に対する定期報告，入居者からの苦情の処理に関する事項等を自ら実施する役割を担っている。

重要度 A

問 168
☐☐☐

家賃の改定への対応，家賃の未収納の場合の対応事務については，業務管理者に選任された賃貸不動産経営管理士が行うことが賃貸住宅管理業法で義務付けられている。

[R3]

答 164 ○

賃貸不動産経営管理士は，不動産をめぐる新たな政策課題や賃貸不動産の活用方式の普及に積極的に協力して取り組み，不動産政策の推進とそれに伴う国民生活の安定向上に貢献することが求められています。

[H27]

答 165 ✕

賃貸不動産の経営およびその管理には，一般的にその物件が存在する限り，資産価値の維持保全をする等長期にわたり利益を保持することが求められます。したがって，賃貸不動産経営管理士が賃貸不動産経営に関与するに当たっても，依頼者の一時点での利益の確定およびその最大化を求めるのではなく，「長期にわたる」という時間の要素を加味して利益の実現にあたらなければなりません。

[R3]

答 166 ○

賃貸不動産経営管理士は，業務管理者としての事務を適切に実施することに加え，賃貸借関係の適正化を図るために賃貸住宅管理業者が行う業務につき，管理および監督する役割や自ら実施する役割を担います（賃貸住宅管理業法12条1項参照）。

[R3]

答 167 ✕

賃貸不動産経営管理士は業務管理者として，管理受託契約重要事項説明書の交付，維持保全の実施，家賃，敷金，共益費その他の金銭の管理，帳簿の備付け，貸主に対する定期報告，入居者からの苦情の処理に関する事項等について管理および監督する役割を担っています（施行規則13条参照）。しかし，自ら実施するとはされていません。

[R5]

答 168 ✕

賃貸住宅管理業法では，家賃の改定への対応，家賃の未収納の場合の対応事務については，業務管理者が管理および監督する事務とはされていません（賃貸住宅管理業法12条1項，施行規則13条）。また，業務管理者に選任された賃貸不動産経営管理士が行うことも義務付けられていません。

問 169

□□□

賃貸不動産経営管理士は，賃貸不動産の経営管理の専門家として，重要な政策課題や新しい賃貸住宅の活用のあり方につき，所属する管理業者に助言をして制度設計を進め，実際の業務の管理監督や実施を担うなど，当該課題の解決等に向けて積極的に関与することが期待される。

問 170

□□□

賃貸不動産経営管理士は，所属する賃貸住宅管理業者の積極的な指示がある場合に限り，重要な政策課題や新しい賃貸住宅の活用のあり方について制度設計を進め，実際の業務の管理及び監督や実施を担う等により，課題解決に関与する。

問 171

□□□

賃貸不動産経営管理士は，「住宅セーフティネット法」を踏まえ，住宅扶助費の代理納付制度や残置物の取扱いに係る契約上の取扱いなどを貸主に対して説明して理解を求め，住宅確保要配慮者が安心して暮らせる賃貸住宅の提供に役割を果たすことが期待される。

問 172

□□□

賃貸不動産経営管理士は，所属する管理業者が「残置物の処理等に関するモデル契約条項」（法務省・国土交通省令和３年６月公表）に基づく解除事務受任者・残置物事務受任者である場合において，賃貸借契約中に借主が死亡した際の契約関係の処理につき，借主の相続人の意向による影響を排除する立場で関与することが期待される。

[R4]

答 169

○

賃貸不動産経営管理士は，**賃貸不動産経営・管理の専門家として**，重要な政策課題や新しい賃貸住宅の活用のあり方について，所属する管理業者に助言をし，制度設計を進め，実際の業務の管理および監督や実施を担う等により，課題解決に関与することが期待されています。

- -

[R3]

答 170

✕

問 169 の解説参照。これは，所属する賃貸住宅管理業者の**積極的な指示がある場合に限られません**。

> 賃貸不動産経営管理士が，**業務管理者**として行わなければならないのは，賃貸住宅管理業法で定められた一定の業務に関する「**管理・監督**」であり，これらの業務を賃貸不動産経営管理士が「**自ら実施する**」ことは法律上義務付けられていません（問167，168）。これに対して，**問169や問170**のような賃貸不動産管理の発展に資する賃貸経営の専門家としての一般的な業務については，「**自ら実施する**」ことが期待されています。

- -

[R4]

答 171

○

賃貸不動産経営管理士は，「住宅セーフティネット法」を踏まえ，住宅扶助費の代理納付制度や残置物の取扱いに係る契約上の取扱いなどを貸主に対して説明して理解を求め，住宅確保要配慮者が安心して暮らせる賃貸住宅の提供に役割を果たすことが期待されています。

- -

[R4]

答 172

✕

賃貸不動産経営管理士は，所属する管理業者が「残置物の処理等に関するモデル契約条項」に基づく解除事務受任者・残置物事務受任者である場合において，賃貸借契約中に借主が死亡した際の契約関係の処理につき，借主の相続人の利益にも配慮しながら，適切に対応することが期待されています。「借主の相続人の意向による影響を排除する」立場で関与するのではありません。

重要度 B

問 173

賃貸不動産経営管理士が有する賃貸借契約や賃貸不動産管理に関する専門性が，住宅宿泊事業で必要となる専門性と親和性があることから，賃貸不動産経営管理士は，住宅宿泊事業における専門家としての役割を担う資質と能力を有している。

重要度 A

問 174

賃貸不動産経営管理士は，空き家所有者に対する有効活用の助言，賃貸借に係る情報やノウハウの提供，入居者の募集，賃貸管理の引受けなどの助言を通じ，空き家所有者が安心して賃貸不動産経営に参画できる環境を整備し，空き家問題の解決に役割を果たすことが期待される。

重要度 B

問 175

賃貸不動産経営管理士は，宅地建物取引業者が媒介や代理をしないサブリース方式の転貸借契約において，宅地建物取引業法に準じ，転借人に対して契約締結前の重要事項説明や契約成立時の書面の交付を行うことが期待される。

重要度 A

問 176

賃貸不動産経営管理士が賃貸不動産経営を支援する業務として予算計画書，物件状況報告書や長期修繕計画書を作成した場合には，専門家としての責任の所在を明確にするために文書に記名するとともに，貸主に対して口頭で説明することが望ましい。

重要度 A

問 177

賃貸不動産経営管理士は，管理受託している賃貸不動産について，5～10年程度の将来について，いつ，何を，どの程度，どのくらいの費用で修繕するかを示す長期修繕計画を作成して賃貸人に提案することにより，賃貸不動産経営を支援する役割を担うことが期待される。

答 173

○

[R3]

賃貸不動産経営管理士が有する**賃貸借契約や賃貸不動産管理に関する専門性**は，住宅宿泊事業で必要となる専門性と親和性があることから，賃貸不動産経営管理士は，住宅宿泊事業における専門家としての役割を担う資質と能力を有しています。

答 174

○

[R4]

賃貸不動産経営管理士は，**空き家所有者に対する有効活用の助言**，賃貸借に係る情報やノウハウの提供，入居者の募集，賃貸管理の引受けなどの助言を通じ，空き家所有者が安心して賃貸不動産経営に参画できる環境を整備し，**空き家問題の解決に役割を果たす**ことが期待されています。

答 175

○

[R3]

賃貸不動産経営管理士は，**宅地建物取引業者が媒介や代理をしないサブリース方式の転貸借契約**において，宅地建物取引業法に準じ，転借人に対して契約締結前の重要事項説明や契約成立時の書面の交付を行うことが期待されています。

答 176

○

[R5]

賃貸不動産経営管理士が，賃貸不動産経営の支援業務として①**予算計画書**，②**物件状況報告書**，③**長期修繕計画書**を作成した場合には，専門家としての責任の所在を明確にするために**文書に記名する**とともに，貸主に対して口頭で説明することが望ましいとされています。

答 177

×

[R5]

賃貸不動産経営管理士は，管理受託している賃貸不動産について，10〜30年程度の将来について，いつ，何を，どの程度，どのくらいの費用で修繕するかを示す**長期修繕計画を作成して賃貸人に提案する**ことにより，賃貸不動産経営を支援する役割を担うことが期待されています。

賃貸不動産経営管理士のコンプライアンス

重要度 B

問 178

☐☐☐

賃貸不動産経営管理士は，日頃から人権問題に関心を持ち，人権意識を醸成して自らの専門性を発揮するとともに，貸主に対しては差別が許されないことを十分に理解してもらい，自社の他の従業員に対して積極的に指導を行うなどして，賃貸住宅管理業界全体の社会的役割の実現と人権意識の向上に努めるべきである。

重要度 B

問 179

☐☐☐

所属する管理業者から，賃貸不動産経営管理士としてのコンプライアンスに基づけば選択するべきではない管理業務の手法を要請された場合，その非を正確な法令知識等に基づいて指摘するなど，高度の倫理観に基づき業務を行うべきである。

重要度 B

問 180

☐☐☐

賃貸不動産経営管理士は，管理業者の従業員であったとしても，プロフェッションとしての独立したポジションが求められることから，所属する管理業者が，賃貸不動産経営管理士としては取るべきではない管理業務の手法を取ろうとしたときには，コンプライアンスに従った対応を取るように，求めなければならない。

重要度 B

問 181

☐☐☐

管理業者が，貸主からの委託を受けて行う管理業務は法律的には代理業務にあたることから，管理業者はもとより賃貸不動産経営管理士も当事者間で利益が相反するおそれに留意する必要がある。

[R4]

答 178

⭕

賃貸不動産経営管理士は，日頃から人権問題に関心を持ち，人権意識を醸成して自らの専門性を発揮するとともに，貸主に対しては差別が許されないことを十分に理解してもらい，自社の他の従業員に対して積極的に指導を行うなどして，賃貸住宅管理業界全体の社会的役割の実現と人権意識の向上に努めるべきとされています。

[R4]

答 179

⭕

所属する管理業者から，賃貸不動産経営管理士としてのコンプライアンスに基づけば選択するべきではない管理業務の手法を要請された場合，その非を正確な法令知識等に基づいて指摘するなど，高度の倫理観に基づき業務を行うべきです。

[H27]

答 180

⭕

賃貸不動産経営管理士は，プロフェッションとして，独立したポジションでのコンプライアンスが求められます。貸主や自分が所属する管理業者が，明渡の強要等の不適切な管理業務の手法を行おうとする場合には，正確な法令知識等に基づき，コンプライアンスに従った適切な対応を実現するよう求めなければなりません（倫理憲章2）。

[R4]

答 181

⭕

管理業者が，貸主からの委託を受けて行う管理業務は法律的には代理業務にあたることから，管理業者はもとより賃貸不動産経営管理士も当事者間で利益が相反するおそれに留意する必要があります。

CHAPTER
2

賃貸不動産管理の実務

Section 1

借主の募集・広告等

重要度 A

賃貸管理と宅建業法

重要度 A

問 1

管理業者が貸主から借主の募集業務を受託する場合には，宅地建物取引業法が適用される。

重要度 B

問 2

貸主が自ら行う場合には，借主が入居するまでの募集業務にも，借主入居後の業務にも宅地建物取引業法（宅建業法）は適用されない。

重要度 B

問 3

賃貸住宅管理業者が受託する賃貸不動産の居住が始まった後の業務については，宅地建物取引業法の適用はないので，定期建物賃貸借契約の借主が契約期間終了後も引き続き居住を希望する場合の手続は，その管理業者が行うことができる。

[H29]

答 1 ○

「借主の募集業務」とは，管理業者が貸主に代わって行う，借主を募集してその借主と賃貸借契約を締結する業務をいいます。つまり，募集業務は「賃貸借契約の締結の代理または媒介」に該当するため，**宅建業法が適用されます**（宅建業法2条2号）。

> 貸借については，「貸借契約の締結の代理または媒介を業として行う行為」のみが宅地建物取引業（宅建業）として，**宅建業法上の免許が必要**となります。しかし，建物を「**自ら当事者（貸主・借主）として貸借する行為（転貸借を含む）**」は，宅建業には該当せず，**免許がなくても行うことができます**。

[H29]

答 2 ○

宅建業の免許が必要となるのは，「**賃貸借契約締結の代理または媒介**」を行う場合です（2条2号）。したがって，**借主が入居するまでの募集業務を「貸主が自ら行う」**場合には，**宅建業法は適用されません**。また，借主の入居後の業務（例えば，設備の管理行為や家賃の徴収業務等）は宅建業ではありませんから，そもそも**宅建業法の適用はありません**。

[H27]

答 3 ✕

「賃貸物件の居住が始まった後」の業務には，宅建業法の適用はなく，**管理業者が行うことができます**。しかし，本問の「定期建物賃貸借契約終了後も引き続き住居するための手続」は，**再契約の手続**となり，「**賃貸借契約締結の代理または媒介**」を行う場合に該当し，**宅建業の免許が必要となる**ため，管理業者が行うことはできません（2条2号参照）。

借主（入居者）の募集

重要度 C

問 4

借主の募集を賃貸住宅管理業者が自ら行う場合と宅地建物取引業者に依頼する場合とでは，前者の方が賃貸住宅管理業者の売上げを確保できるから，前者の方法によるべきである。

募集広告に関する制限

重要度 A

問 5

成約済みの物件を速やかに広告から削除せずに当該物件のインターネット広告等を掲載することは，おとり広告に該当する。

重要度 A

問 6

実際には取引する意思のない実在する物件を広告することは，物件の内容が事実に基づくものである限り，おとり広告に該当しない。

重要度 B

問 7

他の物件情報をもとに，賃料や価格，面積又は間取りを改ざんする等して実際には存在しない物件を広告することは，おとり広告に該当する。

重要度 B

問 8

宅地建物取引業法によれば，借主の募集において，重要な事項について，故意に事実を告げず，又は不実（本当でないこと）を告げることは禁止されている。

[H28]

答 4

✕

管理業者が早期に借主を確保し，売上を確保するには，**借主の募集を宅建業者に依頼する方策**も有効です。つまり，必ずしも，募集業務を「管理業者が自ら行う」ことが推奨されているわけではありません。

[R3]

答 5

◯

宅建業者は誇大広告等が禁止されており，**顧客を集めるために売る意思のない条件の良い物件を広告し，実際は他の物件を販売しようとする「おとり広告」**および**実際には存在しない物件等の「虚偽広告」**についても，この規定が適用されます（宅建業法32条，解釈・運用の考え方32条関係1）。そして，**成約済みの物件を速やかに広告から削除せずに当該物件のインターネット広告等を掲載することは，「おとり広告」に該当します**（令和5年1月12日国土交通省通知）。

[R3]

答 6

✕

物件は存在するが，実際には取引する意思がない物件に関する表示は，「おとり広告」に該当します（不動産の表示に関する公正競争規約21条（3））。物件の内容が事実に基づくものであっても，**実際には取引する意思がなければ「おとり広告」に該当します**。

[R3]

答 7

✕

他の物件情報をもとに，**賃料や価格，面積または間取りを改ざんする等して実際には存在しない物件を広告することは，「虚偽広告」であり，「おとり広告」には該当しません**（令和5年1月12日国土交通省通知）。

[H30]

答 8

◯

宅建業法では，借主の募集業務を行う際に，**重要な事項について，故意に事実を告げないこと，または不実（本当でないこと）を告げることは禁止**されています（宅建業法47条1号）。

問 9

□□□

宅地建物取引業法によれば，借主の募集において，借受希望者が一度申し込んだ事実の撤回を妨げるため，借受希望者を脅迫することは禁止されている。

問 10

□□□

宅地建物取引業法によれば，借主の募集において，将来の環境又は交通その他の利便について，借受希望者が誤解するような断定的判断を提供することは禁止されている。

問 11

□□□

賃貸住宅管理業者たる宅地建物取引業者が，不当景品類及び不当表示防止法に基づく公正取引協議会の構成団体に所属する場合であって，当該団体に届け出たときは，宅地建物取引業法及び不当景品類及び不当表示防止法に基づく不動産の表示に関する公正競争規約（以下，各問において「公正競争規約」という。）に従うことなく，募集広告を作成することができる。

問 12

□□□

公正競争規約において，「新築」とは，建築工事完了後 1 年未満であることをいう。

問 13

□□□

公正競争規約によれば，物件は存在するが，実際には取引することができない物件に関する表示をしてはならない。

答 9

〇

宅建業法では，借受希望者が一度した**申込みの撤回**もしくはその解除を妨げるため，借受希望者を威迫（脅迫等）することは**禁止**されています（47条の2第2項）。

答 10

〇

宅建業法では，**将来の環境または交通その他の利便**について，借受希望者が誤解するような**断定的判断を提供**することは禁止されています（47条の2第1項）。

答 11

✕

管理業者でもある宅建業者が，公正取引協議会の構成団体に所属する場合には，景品表示法に基づく**不動産の表示に関する公正競争規約に従わなければなりません**。そして，「当該団体に届け出れば，公正競争規約に従うことなく募集広告を作成可能」という旨の規定は存在せず，本問の行為は認められません。

答 12

✕

公正競争規約において，「**新築**」とは，**建築工事完了後1年未満**であって，かつ，**居住の用に供されたことがないもの**をいいます（不動産の表示に関する公正競争規約18条1項（1））。したがって，**建築工事完了後1年未満**であっても，**居住の用に供されたものは「新築」には該当しません**。

答 13

〇

次の表示については，公正競争規約において，**いずれも「おとり広告」に該当し，禁止**されています（21条）。
　① 物件が存在しないため，実際には取引することができない物件に関する表示
　② **物件は存在するが，実際には取引の対象となりえない物件**に関する表示
　③ 物件は存在するが，実際には取引する意思がない物件に関する表示

重要度 A

問 14

公正競争規約によれば，インターネット広告の場合，不注意により契約済み物件を削除せず広告の更新予定日後も掲載し続けることは，「おとり広告」に該当しないとしている。

重要度 B

問 15

公正競争規約において，「マンション」とは，鉄筋コンクリート造りその他堅固な建物であって，一棟の建物が，共用部分を除き，構造上，数個の部分に区画され，各部分がそれぞれ独立して居住の用に供されるものをいう。

重要度 B

問 16

公正競争規約において，中古賃貸マンションとは，建築後3年以上経過し，または居住の用に供されたことがあるマンションであって，住戸ごとに，賃貸するもののことである。

重要度 C

問 17

公正競争規約において，募集する貸室が集合住宅内である場合，最寄り駅までの所要時間算出の起点は募集対象の貸室の玄関である。

重要度 A

問 18

公正競争規約において，自転車による所要時間は，道路距離250mにつき1分間を要するものとして算出した数値を表示する。この場合において，1分未満の端数が生じたときは1分として算出する。

重要度 B

問 19

公正競争規約において，面積は，メートル法により表示し，1㎡未満の数値は，切り捨てて表示することができる。

[R1]

答 14

✗

契約済み物件を速やかに広告から削除せず，広告の更新予定日が過ぎてもその物件のインターネット広告等を継続することは，故意・過失（不注意）を問わず「おとり広告」に該当します（令和元年11月8日国土交通省通知）。

· ·

[R2]

答 15

◯

公正競争規約において，「マンション」とは，鉄筋コンクリート造りその他堅固な建物であって，一棟の建物が，共用部分を除き，構造上，数個の部分（住戸）に区画され，各部分がそれぞれ独立して居住の用に供されるものをいいます（公正競争規約施行規則3条（8））。

· ·

[R1]

答 16

✗

公正競争規約において，「中古賃貸マンション」とは，建築後1年以上経過し，または居住の用に供されたことがあるマンションであって，住戸ごとに，賃貸するものをいいます（3条（13））。

· ·

[R5]

答 17

✗

公正競争規約において，所要時間を算出する際の物件の起点は，物件の区画のうち駅その他の施設に最も近い地点（マンションまたはアパートにあっては，建物の出入口）としています（9条（7））。募集する貸室が集合住宅内である場合，最寄り駅までの所要時間算出の起点は，募集対象の「貸室の玄関」ではなく，「集合住宅の出入口（玄関）」となります。

· ·

[R2]

答 18

✗

公正競争規約において，「自転車による所要時間」は，道路距離を明示して，走行に通常要する時間を表示します（9条（11））。道路距離250mにつき1分間を要するものとして算出した数値を表示するとはされていません。また，1分未満の端数が生じたときは1分として算出するとはされていません。

· ·

[R2]

答 19

◯

公正競争規約において，「面積」は，メートル法により表示します。この場合において，1㎡未満の数値は，切り捨てて表示することができます（9条（13））。

重要事項の説明（宅建業法）

問 20

重要度 C

□□□

賃貸借契約締結時には，借主に対し，地方公共団体が作成した水害ハザードマップ等に記載された避難所の位置について示すことが望ましい。

問 21

重要度 C

□□□

宅地建物取引業法に基づき，賃貸取引に係るITを活用した重要事項説明を実施する場合，宅地建物取引士及び重要事項の説明を受けようとする者が，図面等の書類及び説明の内容を十分に理解できる程度に映像を視認でき，かつ，双方が発する音声を十分に聞きとり，やり取りができる環境で実施されなければならない。

問 22

重要度 C

□□□

宅地建物取引業法に基づき，賃貸取引に係るITを活用した重要事項説明を実施する場合，宅地建物取引士が記名した重要事項説明書及び添付資料が，重要事項の説明を受けようとする者にあらかじめ送付されていなければならない。

問 23

重要度 C

□□□

宅地建物取引業法に基づき，賃貸取引に係るITを活用した重要事項説明を実施する場合，重要事項の説明を受けようとする者が，重要事項説明書及び添付資料を確認しながら説明を受けることができる状況にあること，及び映像音声の状況について，宅地建物取引士が説明開始前に確認しなければならない。

[R3]

答 20

宅建業者が媒介・代理により賃貸借契約を成立させる場合，**重要事項の説明**として，**水防法に基づき作成された水害ハザードマップを提示し，対象物件の概ねの位置を示す必要があります**（宅建業法施行規則16条の４の３第３号の２）。また，「宅建業法の解釈・運用の考え方」において，説明にあたっては，借主に対し，水害ハザードマップ上に記載された避難所について，**併せてその位置を示すことが望ましい**とされています（35条１項14号関係３の２）。

[R2]

答 21

宅建士および重要事項の説明を受けようとする者が，**図面等の書類および説明の内容を十分に理解できる程度に映像を視認でき，かつ，双方が発する音声を十分に聞きとることができるとともに，双方向でやり取りができる環境において実施**されていなければなりません（解釈・運用の考え方35条１項関係２（１））。

[R2]

答 22

宅建士により**記名された重要事項説明書および添付資料**を，重要事項の説明を受けようとする者にあらかじめ**送付**（電磁的方法による提供を含む）していなければなりません（35条１項関係２（２））。

[R2]

答 23

重要事項の説明を受けようとする者が，**重要事項説明書および添付書類を確認しながら説明を受けることができる状況にあること，ならびに映像および音声の状況**について，**宅建士が説明開始前に確認**しなければなりません（35条１項関係２（３））。

問 24 □□□ 宅地建物取引業法に基づき，賃貸取引に係るITを活用した重要事項説明を実施する場合，重要事項説明を開始した後，映像を視認できず，又は音声を聞き取ることができない状況が生じた場合には，直ちに説明を中断し，当該状況が解消された後に説明を再開しなければならない。

人の死の告知に関するガイドライン

問 25 □□□ 「宅地建物取引業者による人の死の告知に関するガイドライン」（国土交通省不動産・建設経済局令和3年10月公表。以下，各問において「人の死の告知に関するガイドライン」という。）によれば，取引の対象となる不動産における事案の有無に関し，宅地建物取引業者は，原則として，貸主・管理業者以外に自ら周辺住民に聞き込みを行ったり，インターネットサイトを調査するなどの自発的な調査を行ったりする義務がある。

問 26 □□□ 「人の死の告知に関するガイドライン」によれば，入居者が入浴中に溺死したときは，宅地建物取引業者は，次の賃貸借取引の際，原則として，借主に告知する必要がある。

[R2]

答 24

◯

重要事項説明を開始した後，映像を視認できず，または音声を
聞き取ることができない状況が生じた場合には，**直ちに説明を
中断し，その状況が解消された後に説明を再開しなければなり
ません**（35条1項関係2）。

[R4]

答 25

✕

宅建業者は，媒介活動に伴う通常の情報収集を行うべき業務上
の一般的な義務を負っています。ただし，人の死に関する事案
が生じたことを疑わせる特段の事情がないのであれば，**人の死
に関する事案が発生したか否かを**自発的に調査すべき義務まで
は，宅建業法上，**負っていません**（宅地建物取引業者による人
の死の告知に関するガイドライン3（1））。

[R4]

答 26

✕

事故死に相当するものであっても，自宅の階段からの転落や，
入浴中の溺死や転倒事故，食事中の誤嚥など，**「日常生活の中
で生じた不慮の事故による死」**については，そのような死が生
ずることは当然に予想されるものであり，これが借主の判断に
重要な影響を及ぼす可能性は低いと考えられることから，賃貸
借取引の際，「自然死」と同様に，原則として，**告げる必要は
ありません**（ガイドライン4（1）①）。

問 27 「人の死の告知に関するガイドライン」によれば，賃貸借契約の媒介を行う宅地建物取引業者は，日常生活上使用する共用部分において自然死等以外の死があった場合，当該死の発生日から3年以内に賃貸借契約を締結するときは，当該死について告知義務がある。

問 28 「人の死の告知に関するガイドライン」によれば，賃貸借契約の媒介を行う宅地建物取引業者は，居室内において「自然死または日常生活の中での不慮の死」以外の死があった場合，当該死の発生日から3年以内に隣の部屋について賃貸借契約を締結するときは，当該死について告知義務がある。

問 29 「人の死の告知に関するガイドライン」によれば，宅地建物取引業者が人の死について告知する際は，事案の発生時期，場所，死因及び特殊清掃等が行われた場合にはその旨を告げるものとし，具体的な死の態様，発見状況等を告げる必要はない。

[R5]

答 27

○

賃貸借取引の対象不動産（居室）において，「自然死または日常生活の中での不慮の死」以外の死（殺人，自殺等）が発生している場合，または「自然死または日常生活の中での不慮の死」が発生して特殊清掃等が行われた場合には，宅建業者は，人の死が発覚してから概ね3年間を経過した後は，原則として，借主に対して告げなくてもかまいません（ガイドライン4（1）②）。つまり，その死の発生日から3年以内に賃貸借契約を締結するときは，その死について告知する必要があります。このことは借主が日常生活において通常使用する共用部分においてその死があった場合でも同じです（ガイドライン4（1）②）。したがって，本問の場合，その死について告知義務があります。

ただし，事件性，周知性，社会に与えた影響等が特に高い事案（社会的に影響のある事件など）場合は，その死の発生日から3年を経過したときでも，賃貸借契約を締結する際，その死について告知する必要があります。

[R5]

答 28

×

賃貸借取引の対象不動産の隣接住戸において「自然死または日常生活の中での不慮の死」以外の死が発生した場合，原則として，その死について告知義務がありません（ガイドライン4（1）③）。

[R4]

答 29

○

宅建業者が人の死について告げる場合は，借主に対して事案の発生時期（特殊清掃等が行われた場合には発覚時期），場所，死因（不明である場合にはその旨）および特殊清掃等が行われた場合にはその旨を告げる必要があります。ただし，その際には，亡くなった方やその遺族等の名誉および生活の平穏に十分配慮し，これらを不当に侵害することのないようにする必要があることから，氏名，年齢，住所，家族構成や具体的な死の態様，発見状況等を告げる必要はありません（ガイドライン4（2）（4））。

契約成立時の書面交付（宅建業法）

重要度 B

問 30
□□□

宅地建物取引業者は，宅地又は建物の貸借に関し，その媒介により契約が成立したときは，当該契約の各当事者に，契約内容に係る書面を交付しなければならない。

媒介報酬額の制限

重要度 A

問 31
□□□

宅地建物取引業法が定める居住用建物の賃貸借の媒介報酬は，借主と貸主のそれぞれから賃料の0.5か月分とこれに対する消費税を受け取ることができるのが原則だが，借主及び貸主双方の承諾がある場合には，それぞれから報酬として賃料の1か月分と消費税を受け取ることができる。

重要度 C

問 32
□□□

複数の宅地建物取引業者が入居者募集業務に関与する場合，宅地建物取引業法が定める報酬額の上限額を当該複数の業者が分配して受領することができる。

重要度 B

問 33
□□□

宅地建物取引業法が定める賃貸物件の媒介の報酬とは別に受領することのできる広告料とは，報酬の範囲内で賄うことが相当でない多額の費用を要する特別の広告の料金である。

重要度 B

問 34
□□□

宅地建物取引業者が入居者募集業務として物件の広告や入居希望者への重要事項説明を行ったにもかかわらず，賃貸借契約の直前に入居希望者が契約を断念した場合，貸主に対し，既に行った広告及び重要事項説明書作成に要した費用を報酬として請求することはできない。

[H27]

答 30

○

宅建業者は，媒介（仲介）を行ったことにより**宅地・建物の賃貸借契約を成立**させた場合は，契約の各当事者に，契約内容に係る書面（契約成立時の書面，いわゆる「37条書面」）を交付しなければなりません（宅建業法37条2項）。

[R2]

答 31

✕

居住用建物の場合，原則として，貸主・借主のそれぞれから0.5か月分の賃料に相当する額を上限として報酬を受け取ることができます。つまり，報酬の上限は合計1か月分となります。また，借主・貸主双方の承諾があれば，どちらか一方から1か月分の賃料に相当する額を上限として報酬を受け取ることができます（報酬告示第4）。しかし，本問のように**貸主・借主それぞれから賃料の1か月分に相当する額（合計2か月分）を報酬として受け取れるわけではありません**。

[R2]

答 32

○

複数の宅地建物取引業者が入居者募集業務に関与する場合でも，報酬額の上限額は賃料の1か月分です。そして，この上限額を関与した**複数の宅建業者が分配して受領**することになります。

[R2]

答 33

○

貸主から**特別の依頼を受けたことによる広告料**は，報酬とは別に実費の範囲で依頼者に請求することができます（第9①）。この広告料とは，例えば，新聞広告の掲載等の報酬の範囲内で賄うことが相当でない多額の費用を要する特別の広告の料金のことです。

[R2]

答 34

○

募集業務の報酬は，**成功報酬**（成約に至った時だけ報酬をもらえる制度）ですので，宅建業者は契約が成立しなければ，**報酬を請求することはできません**。

Section 2

物件の調査・入居審査

物件の事前調査の必要性

重要度 C

問 35

賃貸住宅管理業者は，借主の募集業務を他の業者に委託する場合には，物件に法的な問題がないかどうかの確認を行う必要はない。

重要度 B

問 36

物件の権利関係の調査のために登記記録を閲覧するときは，乙区に基づき，登記上の名義人と貸主が異ならないかを確認する必要がある。

重要度 C

問 37

不動産登記において建物の床面積は，区分所有建物の専有部分の場合を除き，各階ごとに壁その他の区画の中心線で囲まれた部分の水平投影面積により計算する。

重要度 C

問 38

物件の所在を特定する手段として，不動産登記法に基づく地番と住居表示に関する法律に基づく住居表示とがある。

[R1]

答 35

✕

物件に法的な問題等がないかどうか，管理業者が自分で募集する場合はもちろん，**外部の宅建業者等に依頼（委託）する場合でも，入居者を募集する前に物件を調査・確認しておくことが必要**になります。

[R1]

答 36

✕

物件の権利関係の調査のために**登記記録を閲覧**し，登記上の名義人と貸主が異ならないかを確認する場合，登記記録の**甲区**を調査します（乙区ではありません）。**所有権に関する事項（所有者の住所，氏名等）は甲区に記録**されるからです（不動産登記法15条，規則４条４項）。

乙区は**所有権以外に関する事項**が記録されます。例えば，物件に**抵当権が設定**されているかどうかを確認する場合には，**乙区を調査**します。

[R3]

答 37

◯

不動産登記において**建物の床面積**は，各階ごとに**壁その他の区画の中心線で囲まれた部分の水平投影面積**により計算します。これに対して，区分所有建物の専有部分（分譲マンションの部屋）の場合には，**壁その他の区画の内側線で囲まれた部分の水平投影面積**により算出します（115条）。

[R3]

答 38

◯

土地は，１筆（土地の単位）の土地ごとに番号が付されており，これが**地番**です（不動産登記法35条）。**住居表示**は，**市街地にある住所，居所，事務所，事業所その他これらに類する施設の所在する場所を示すためのもの**です（住居表示法２条）。通常，物件の所在を特定する手段として，**地番または住居表示**が用いられます。

重要度 B

問 39 □□□

未登記の不動産について，初めてする権利に関する登記をするときの登記を所有権の保存の登記という。

重要度 A

問 40 □□□

不動産の表示に関する登記において，1個の建物は必ず1筆の土地の上に存在し，複数の筆の土地の上に存することはない。

重要度 A

問 41 □□□

公的な土地の価格である固定資産税評価額は，公示価格の水準の6割程度とされている。

重要度 A

問 42 □□□

公的な土地の価格である路線価（相続税路線価）は，公示価格の水準の8割程度とされている。

重要度 A

問 43 □□□

基準地の価格（基準価格）は，国土利用計画法による土地取引規制の価格審査を行うなどの目的で都道府県知事が決定し，毎年7月1日時点の価格が公表される。

重要度 B

問 44 □□□

分譲マンション（区分所有建物）の1住戸を賃貸する場合，当該マンションの管理組合が定めた管理規約等，借主が遵守しなければならない事項について確認する必要がある。

重要度 B

問 45 □□□

分譲マンションの1住戸の賃貸管理を受託する場合，賃貸住宅管理業者は借主に当該マンションの共用部分に関する管理規約の内容を提示する必要はない。

[R1]

答 39

〇

未登記の不動産に，**初めてする権利に関する登記**を所有権の保存の登記といいます（不動産登記法74条）。

[R1]

答 40

✕

1個の建物が1筆の土地ではなく，複数の筆の土地の上にまたがって存在することもあります。

[R3]

答 41

✕

公的な土地の価格である**固定資産税評価額（固定資産税課税標準額）**は，固定資産税を課税するための価格であり，総務大臣が定めた固定資産評価基準により，**市町村長が決定**します。公示価格の水準の「**7**」割程度とされています。

[R3]

答 42

〇

公的な土地の価格である**路線価（相続税路線価）**は，相続税・贈与税における宅地の評価を行うために設定される価格で，国税庁（国税局長）が決定し，毎年1月1日時点の価格が発表されます。路線価は，**公示価格の水準の8割程度**とされています。

[R1]

答 43

〇

基準地の価格（基準価格）は，国土利用計画法による土地取引規制に際しての価格審査を行うなどの目的で都道府県知事が**決定**し，毎年7月1日時点の価格が公表されます。

[R1]

答 44

〇

分譲マンション（区分所有建物）の1住戸を賃貸する場合，そのマンションの**管理組合が定めた管理規約**等，借主が遵守しなければならない事項について確認する必要があります。

[R1]

答 45

✕

管理業者が分譲マンションの中の1住戸の賃貸管理を受託する場合，その借主も共用部分の管理等に関する管理規約上のルールに従う必要があります。したがって，あらかじめ**管理規約のコピーを渡す等して内容を提示し理解してもらい，その遵守を契約書に明記すること**が望ましいとされています。

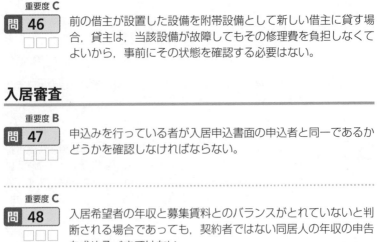

重要度 C

問 46

前の借主が設置した設備を附帯設備として新しい借主に貸す場合，貸主は，当該設備が故障してもその修理費を負担しなくてよいから，事前にその状態を確認する必要はない。

入居審査

重要度 B

問 47

申込みを行っている者が入居申込書面の申込者と同一であるかどうかを確認しなければならない。

重要度 C

問 48

入居希望者の年収と募集賃料とのバランスがとれていないと判断される場合であっても，契約者ではない同居人の年収の申告を求めるべきではない。

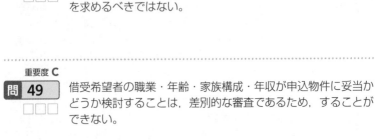

重要度 C

問 49

借受希望者の職業・年齢・家族構成・年収が申込物件に妥当かどうか検討することは，差別的な審査であるため，することができない。

重要度 B

問 50

借主である本人，又は借主が法人である場合は法人の関係者が，反社会的勢力でないかどうかの確認が重要である。

[H28]

答 46 ✕

前の借主が設置した設備を附帯設備として新しい借主に貸す場合でも，貸主と借主は当該設備を含めて賃料等の契約条件を決めています。したがって，その設備に故障がある場合は，貸主は，その修理費を負担しなければなりません。そのため，貸主は，事前にその状態を確認する必要があります。

- -

[H30]

答 47 ◯

入居審査において，実際に申込みを行っている人物が，入居申込書等の書類上の申込者と同一であるかどうかを確認することは重要です。

- -

[R4]

答 48 ✕

入居希望者の年収と募集賃料とのバランスがとれていないと判断される場合，同居人との合算で年収を考慮・判断することもあります。したがって，その場合には契約者ではない同居人の年収の申告を求めることが必要となるので，「申告を求めるべきではない」とまではいえません。

- -

[H30]

答 49 ✕

賃貸借契約には，信頼関係を基盤として長期にわたって継続するという特性がありますので，入居審査においては，借受希望者の職業・年齢・家族構成・年収等が申込物件に合った妥当なものかについて，確認をしなければなりません。

- -

[H27]

答 50 ◯

入居審査においては，借主である本人，または，借主が法人である場合はその法人の関係者が，反社会的勢力でないかどうかの確認も，当然に重要です。

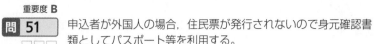

重要度 B

問 51
□□□

申込者が外国人の場合，住民票が発行されないので身元確認書類としてパスポート等を利用する。

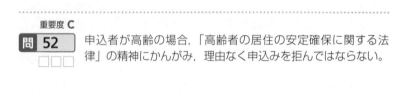

重要度 C

問 52
□□□

申込者が高齢の場合，「高齢者の居住の安定確保に関する法律」の精神にかんがみ，理由なく申込みを拒んではならない。

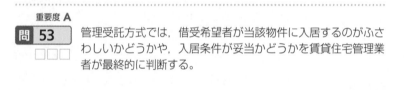

重要度 A

問 53
□□□

管理受託方式では，借受希望者が当該物件に入居するのがふさわしいかどうかや，入居条件が妥当かどうかを賃貸住宅管理業者が最終的に判断する。

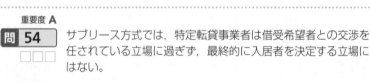

重要度 A

問 54
□□□

サブリース方式では，特定転貸事業者は借受希望者との交渉を任されている立場に過ぎず，最終的に入居者を決定する立場にはない。

重要度 C

問 55
□□□

借受希望者に対する入居可否の通知は，書面で行う。

重要度 B

問 56
□□□

入居審査のため借受希望者から提出された身元確認書類は，入居を断る場合には，本人に返却する必要がある。

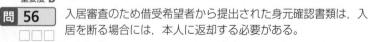

[H27]

答 51 ✕

外国人登録制度の廃止に伴い，**外国人にも住民票が発行される**ため，入居審査の際，申込者が外国人の場合でも，日本人の場合と同様に，**居住地の市区町村役場で発行される住民票を利用することが可能**です。

> 外国人の身元確認書類として，他にも**「パスポート」「就労資格証明書」「資格外活動許可証」**が利用できます。

[H27]

答 52 ◯

申込者が高齢の場合，「高齢者の居住の安定確保に関する法律」の精神にかんがみ，**入居審査の際に，理由なくその申込みを拒んではなりません**。自治体の「高齢者入居賃貸住宅制度」等を確認し，入居の促進に努めることが望ましいとされています。

[H29]

答 53 ✕

管理受託方式では，通常，管理業者に委託されているのは，①借受希望者の調査，②借受希望者との交渉であり，借受希望者が当該物件に入居するのを認めるべきか否か，あるいは入居条件の妥当性などを最終的に判断するのは，管理業者ではなく**貸主**です。

[R4]

答 54 ✕

入居者の最終決定は貸主が行うべきですが，サブリース方式の場合，特定転貸事業者（サブリース業者）が転貸人（貸主）として，**入居者の最終決定権者**となります。

[H29]

答 55 ◯

借受希望者への入居可否の決定は，**速やかに借受希望者へ通知**します。その場合，まずは，電話等で連絡するのが一般的ですが，**最終的には書面で通知することが，その確実性から望ましい**とされています。

[R4]

答 56 ◯

入居審査のため借受希望者から提出された身元確認書類は，入居を断る場合には，**個人情報保護の観点から，借受希望者本人に返却する必要があります**。

Section

3

鍵の管理

重要度

B

重要度 **C**

問 57

貸主からの依頼又は承諾を受けて管理業者が各部屋の鍵を一括管理する場合，借主に対し，その目的を説明する。

重要度 **A**

問 58

新規入居の場合は，借主が鍵を紛失した場合と同様に，鍵の交換に要する費用を借主負担とする。

重要度 **B**

問 59

従前の借主が退去した後，貸主が鍵を交換せずに，新しい借主に賃貸した場合，従前の借主が鍵を使用して当該貸室に侵入するという盗難事件が発生したとしても，貸主が新しい借主に損害賠償責任を負うことはない。

重要度 **C**

問 60

ロータリー（U9）シリンダー鍵は，以前は広く普及していたが，ピッキング被害が増加したため，現在は製造が中止されている。

重要度 **C**

問 61

何らかの方法で鍵を入手し，盗難品の受渡しを行う等，空室の賃貸住宅が犯罪に利用されるケースが発生している。

[H30]

答 57

◯

管理業者が，**貸主からの依頼・承諾を受けて各部屋の鍵を一括管理**する場合は，後日のトラブル防止のため，**その旨と一括管理の目的を借主に説明しておいた方がよい**とされています。

[H30]

答 58

✕

新規入居の際の鍵交換の費用は，原則として，借主が安全に居住できる物件を賃貸する責任を負う**「貸主」が負担すべき**とされています。

[H27]

答 59

✕

鍵の交換を怠った管理物件で，合鍵を作っていた前の借主による盗難や傷害などの犯罪が発生した場合，借主が安全に居住できる物件を賃貸する責任を怠ったとして，**貸主は借主に対し，損害賠償責任を問われる**ことにもなりかねません。

[H28]

答 60

✕

「ディスクシリンダー鍵」は，以前は広く普及していましたが，ピッキングに対して脆弱であり，その被害が増加したため，**現在は製造が中止**されています。**ロータリー（Ｕ９）シリンダー鍵**は，ディスクシリンダー鍵の製造中止後，**現在最も普及しており**，ピッキングに対する防犯性能も向上しています。

[H28]

答 61

◯

「空き家」に関する問題の１つに，空室となっている賃貸住宅の鍵を何らかの方法で入手し，盗難品の受渡し場所として使用する等，**空室の賃貸住宅が犯罪に利用される**ケースが挙げられます。

問 62

□□□

管理業者にて賃貸不動産の鍵を保管せず，万一のときには専門の解錠業者に解錠させるという賃貸管理の方法もある。

問 63

□□□

ピッキングに対応した鍵への交換費用については，原則として借主・貸主のうち交換を申し出た方が負担すべきである。

問 64

□□□

借主の入れ替えに伴う鍵交換のタイミングは，新しい借主が決定した後ではなく，従前の借主が退去したときが望ましい。

[H28]

答 62

〇

鍵の管理には盗難・紛失の危険が伴うため，**鍵を全部借主に交付して**，そもそも管理業者においては賃貸不動産の鍵を保管せず，やむを得ない場合に限り専門の解錠業者に解錠させるという賃貸管理の方法もあります。

[H27]

答 63

〇

通常の鍵以上の性能を持つとされる**ピッキングに対応した鍵への交換費用**については，**借主・貸主のうち，交換を申し出たほうが負担するのが一般的慣行として定着**しつつあります。

[R3]

答 64

✕

鍵交換のタイミングは，従前の借主の退去後にリフォームが終了し，その後入居希望者に対する案内も終えて，**実際に入居する借主が決定した後とすることが望ましい**とされます。

Section
4

クレーム処理

重要度 B

問 65 借主から管理業者に対し，クレームやトラブルが発生したとの電話連絡があった場合には，電話で状況を聞くことよりも，まずは現場へ駆けつけることを優先すべきである。

重要度 C

問 66 入居者同士のトラブルの相談を受けた場合には，一方の言い分を鵜呑みにするのではなく，関係者の話をそれぞれよく聞き，公平な立場で処理に当たることが重要である。

重要度 B

問 67 管理業務で生じるクレームやトラブルの内容やその対応方法は数多く存在するので，会社である賃貸住宅管理業者が，過去の相談事例等を蓄積した社内マニュアルを作成して社内で情報を共有することは重要ではない。

重要度 C

問 68 管理員が置かれていない建物では，自動火災報知器の発報や借主からの通報で火災の発生を感知後，通報を受けた者は直ちに現場へ駆けつけ，火災を確認し借主等の避難誘導を行った後に消防署へ通報しなければならない。

答 65 [H28]

✕

借主から管理業者に対し，**クレームやトラブルに関する電話連絡があった場合には，まずは電話で状況をよく聞くこと**が求められます。また，それが，借主による簡単な処置で解決するクレームの場合は，管理業者は，電話で状況を聞き出しながら，**解決方法をアドバイスすることが有効**です。したがって，「まずは現場へ駆けつけることを優先すべき」とはいえません。

・・・

答 66 [H28]

◯

入居者同士のトラブルの場合，両者それぞれに言い分があります。そのため，相談を受けた場合には，**一方の言い分を鵜呑みにするのではなく，関係者の話をそれぞれよく聞き，公平な立場で処理にあたることが重要**です。

・・・

答 67 [H28]

✕

管理業務において多く発生するクレームやトラブルについては，経験の浅い担当者でも一定の適切な対応ができるように，また同じ間違いを繰り返さないためにも，会社である管理業者が，**過去の相談事例を蓄積したものや他社の事例，参考文献等をベースに自社独自の対応マニュアルを作成しておき，社内研修等により，社内で情報を共有することは重要**です。

・・・

答 68 [H30]

✕

火災発生時に管理員が**不在の**建物では，警報盤や借主からの通報で火災の発生を感知後，**通報を受けた者は，まずは消防署へ通報し，その後できるだけ早く現場に駆け付け，被害の拡大防止に協力**します。したがって，現場へ駆けつけ，火災を確認し借主等の避難誘導を行うよりも，**消防署への通報が先になるべき**です。

問 69 □□□

地震発生時，管理員が置かれていない建物では，震災後できるだけ早く賃貸物件を訪れて被害状況を把握し，復旧や後片付けを行う。

問 70 □□□

上階がある居室の天井からの漏水の発生を入居者から知らされた場合，管理員が置かれている建物であっても，「急いで上階に行き，下階に水が漏っている旨を告げて下さい。」と入居者に伝え，修理業者と共に現場へ行く。

[H30]

答 69

〇

地震発生時に管理員が不在の建物では，震災後できるだけ早く対象建物を訪れて被害状況をつかみ，その復旧や後片付けを行う必要があります。なお，管理員がいる建物では，揺れが収まった後，管理員が建物内外の点検を行い，また，危険性が生じている場合には，まずは建物内に残っている人を建物外へ退避させ，その後避難場所へ誘導します。

. . . .

[H30]

答 70

✕

上階がある居室の天井からの漏水の発生を入居者から知らされた場合，管理員がいる建物であっても，電話で「急いで上の階に行き，下階に水が漏っている旨を告げてください」と入居者に告げ，**まずは**できるだけ早く現場に急行し，**現状を確認し**その後あらためて**修理会社に連絡**します。したがって，修理業者と「共に」現場に行くのではありません。

Section
5

住環境の整備

重要度
C

植栽の管理

重要度 C

問 71
□□□

除草剤の散布に当たっては，入居者などはもとより，近隣へも事前通知を行い，洗濯物やペットの室内への一時移動など協力を求めるべきである。

駐車場・駐輪場・共用部分・ゴミ置き場の管理

重要度 C

問 72
□□□

駐車場内の車やバイクにカバーを設ける場合は，不燃性のものを使用すべきである。

重要度 A

問 73
□□□

建物共用部分の廊下や階段に借主の私物が放置されている場合，賃貸住宅管理業者は発見後，直ちに自らその私物の移動や撤去をする必要がある。

清掃業務

重要度 C

問 74
□□□

共用部分の清掃に関し，年間の清掃計画と定期点検計画を借主に事前に知らせることは，賃貸住宅管理業者の重要な役割である。

重要度 B

問 75
□□□

台風シーズン前にはドレイン回りの掃除を行うべきである。

[H29]

答 71

○

除草剤の散布に当たっては，**入居者などに対してはもとより**，近隣へも**事前通知**を行い，洗濯物やペットの室内への一時移動など協力を求め，**クレーム発生を予防**する必要があります。

[R2]

答 72

○

防火対策として，共同住宅の周囲を放火しにくい環境に整備する管理が求められます。その際のポイントの1つとして「**駐車場内の車やバイクにカバーを設ける場合は，不燃性のものを使用すること**」があります。

[R3]

答 73

✕

建物共用部分の廊下や階段，玄関ホールなどに借主（入居者）の私物が置かれていると，緊急時の避難の妨げになるため，入居者に注意し，**撤去を求める必要があります**が，原則として，管理業者が，**直ちに自ら入居者の私物を移動や撤去をすることはできません**。

[R3]

答 74

○

共用部分の清掃に関し，**年間の清掃計画と定期点検計画を借主に事前に知らせる**ことは，管理業者の重要な役割です。

[H29]

答 75

○

台風シーズン前には，ドレイン（排水口）の詰まりによって下階に雨水が漏れる等の**排水トラブルを防止**するために，ドレイン回りの掃除を行うべきです。

問 76 ブロック塀の耐震診断や除去・改修等を行う場合，地方公共団体が設ける助成金制度の活用を検討することが望ましい。

問 77 空室は，劣化や傷みをできるだけ防ぐため，室内に立ち入ることは望ましくない。

防犯対策等

問 78 空き巣被害が発生した後は，警察の巡回も厳しくなり，しばらくは犯人も警戒するので，掲示板等に空き巣被害が発生した旨の掲示さえすれば，賃貸住宅管理業者の対応として足りる。

問 79 近隣で発生した犯罪情報をいち早く掲示板などで知らせ，深夜帰宅や部屋の施錠に注意を促すことが大切である。

問 80 賃貸物件に鍵保管用キーボックスを設ける場合には，適宜その暗証番号の変更や更新が必要である。

問 81 入居希望者に鍵の暗証番号を伝え，管理業者が立会うことなく室内を内見させることは，空室が犯罪に利用されることにつながる可能性があるため，慎むべきである。

答 76

[R3]

○

所有者等がブロック塀などの耐震診断や除去・改修等を行う場合，助成金制度の活用を検討することが望ましいとされています。地震時の避難経路（通学路を含む）沿道の倒壊の恐れのあるブロック塀などの除去・改修等に対して，各地方公共団体による支援制度が創設され，防災・安全のための助成金が準備されています。

答 77

[R3]

✕

空室は，劣化や傷みをできるだけ防ぐため，室内に立ち入り，換気や清掃を行うことが望ましいとされています。

答 78

[H30]

✕

空き巣は再発する傾向があるので，管理業者は，侵入経路の遮断や非常警報装置の設置等，貸主と相談して対策を早急に講じつつ，今後の防犯を呼びかける掲示をして借主に注意を促す必要があります。したがって，掲示板等に空き巣被害が発生した旨の掲示を行うだけでは，管理業者の対応として不十分です。

答 79

[R2]

○

防犯対策として，所轄の警察署や近隣住民，入居者同士，管理業者間の良好なコミュニケーションが重要であり，近隣で発生した犯罪情報をいち早く掲示板などで知らせ，深夜帰宅や部屋の施錠に注意を促すことも大切です。

答 80

[R2]

○

防犯対策として，空き家の不正使用を防ぐために，賃貸物件に鍵保管用キーボックスを設ける場合には，暗証番号を同じ番号で使い続けることは避け，適宜その暗証番号の変更や更新をすることが必要です。

答 81

[R1]

○

入居希望者に鍵の暗証番号を伝え，管理業者が立会うことなく，室内を内見させることは，空室が犯罪に利用されることにつながる可能性があるため，慎むべきです。

問 82

☐☐☐

「防犯に配慮した共同住宅に係る設計指針」（国土交通省住宅局平成13年3月23日策定）において，新築される共同住宅のエレベーターのかご内には，防犯カメラを設置するものとされている。

・・・

問 83

☐☐☐

「防犯に配慮した共同住宅に係る設計指針」において，新築される共同住宅の住戸の玄関扉について，ピッキングが困難な構造を有する錠の設置までは不要とされている。

・・・

問 84

☐☐☐

「防犯に配慮した共同住宅に係る設計指針」において，新築される共同住宅に防犯上，接地階に存する住戸の窓で，バルコニー等に面するもの以外のものは，面格子の設置等の侵入防止に有効な措置を行うものとされている。

・・・

問 85

☐☐☐

「防犯に配慮した共同住宅に係る設計指針」において，新築される共同住宅に防犯上，共用玄関の照明設備の照度は，その内側の床面においては概ね50ルクス以上とされている。

答 82 [R3]
○

「防犯に配慮した共同住宅に係る設計指針」において，共用部分のうちエレベーターのかご内について，防犯カメラを設置するものとされています。

答 83 [R3]
✕

「防犯に配慮した共同住宅に係る設計指針」によれば，専用部分の住戸の玄関扉について，破壊およびピッキングが困難な構造の錠の設置，補助錠の設置が必要であるとされています。

答 84 [R3]
○

「防犯に配慮した共同住宅に係る設計指針」によれば，専用部分について，共用廊下に面する住戸の窓および接地階に存する住戸の窓のうち，バルコニー等に面するもの以外のものは面格子の設置等の侵入防止に有効な措置を行うものとされています。

答 85 [R3]
○

「防犯に配慮した共同住宅に係る設計指針」によれば，共用部分である共用出入口のうち共用玄関の照明設備の照度（明るさ）は，その内側の床面において概ね50ルクス以上とされています。

このほか，共用部分で必要とされる**照度**は次のように定められています。
エレベーターのかご内　50ルクス以上
共用廊下・共用階段　20ルクス以上
駐輪場・オートバイ置き場　3ルクス以上

Section 6

アウトソーシング

重要度 **C**

重要度 **B**

問 86

協力業者に業務をアウトソーシングすることにより，人的資源を補い，自らの専門性や付加価値を高めることができる。

重要度 **B**

問 87

協力業者を活用することで自社の専門性を高めることができるので，自社内に業務のノウハウが蓄積されないということはない。

重要度 **B**

問 88

設備等のハード面のクレーム対応に比べ，騒音問題等のソフト面のクレーム対応の方がアウトソーシングしにくい。

重要度 **C**

問 89

エアコン故障やテレビが映らない等のクレームへの対応は，緊急性が高いため，アウトソーシングしなければならない。

重要度 **C**

問 90

複数の物件について同一の協力業者にアウトソーシングしている場合には，新規物件について契約をする際に，細部まで検討してからする必要はない。

[H28]

答 86

○

アウトソーシング（外部委託）には，協力業者を活用することで人的資源を補い，自社の専門性や付加価値を高めることができるというメリットがあります。

[H27]

答 87

✕

アウトソーシングには，自社でその業務を行わないため自社内に業務のノウハウが蓄積されません。

外注先に入居者の情報等を提供することもあるので，情報漏洩のリスクが高まるというデメリットもあります。

[H28]

答 88

○

ハード面の業務（設備の故障・不具合等への対応）はアウトソーシングしやすく，ソフト面の業務（騒音問題・迷惑駐車等への対応）はアウトソーシングしにくいとされています。

[H27]

答 89

✕

エアコン（部屋に設置されているエアコンの故障）や放送・通信設備（テレビが映らない等）のクレームへの対応は，ハード面の業務であるためアウトソーシングしやすいですが，「アウトソーシングしなければならない」というものではありません。また，緊急に対応しなければならない設備の故障とはいえません。

[H28]

答 90

✕

複数の物件について同一の協力業者にアウトソーシングしている場合でも，物件ごとに状況が異なるため，協力業者と新規物件について委託契約をする際に，事前に細部までよく検討しておくことが必要です。

問 91

□□□

ロボットによる自動清掃等の技術革新を用いたアウトソーシングを活用することにより，管理業務を従来の労働集約型産業から知的集約型産業に転換させることが期待されている。

※Section❼，❽に該当する問題はありません。

答 91

◯

今後，ロボットによる自動清掃や防犯対策等，**ハイテク技術を駆使した機材の開発により，管理業務のあり方も一新される**可能性があります。これらの技術革新を用いたアウトソーシングを活用することにより，管理業務を**従来の労働集約型産業**（労働力による業務の割合が大きい産業）**から知的集約型産業**（人間による知的生産による業務の割合が大きい産業）**に転換させる**ことが**期待**されています。

未収賃料の回収手続

重要度
A

賃料の滞納対策

重要度 A

問 92

賃貸借契約書に「借主が契約終了後1か月以内に退去しない場合には，貸主は鍵を交換することができる。」という規定がある場合，貸主は，借主が契約終了後1か月以内に退去しないときは，鍵を交換することができる。

重要度 A

問 93

賃貸借契約書に「賃料を滞納した場合，賃貸借契約は直ちに解除され，貸主は貸室の鍵を交換することができる。」と定められていても，貸主がこの規定を根拠に貸室の鍵を交換すれば損害賠償責任を負うことがある。

[H27]

答 92
✕

司法手続を経ることのない**実力行使**を，自力救済といい，原則
として，**禁止**されています。本問の「契約終了後1か月以内に
退去しない場合には，貸主は鍵を交換することができる」とい
う規定は，自力救済を認めるものであり，公序良俗に反するた
め**無効**となります（民法90条）。したがって，貸主は，借主が
契約終了後1か月以内に退去しないときでも，鍵を交換するこ
とはできません。

[H28]

答 93
◯

「借主が賃料を滞納した場合には，賃貸借契約は直ちに解除さ
れ，貸主は鍵を交換することができる」という賃貸借契約書上
の規定は，自力救済を認めるものであり，公序良俗に反するた
め無効となります（90条）。そして，貸主が，借主が賃料を滞
納したために鍵を交換することは，**不法行為（故意・過失で他
人に損害を与えること）**として借主に対して**損害賠償責任**を負
うことがあります（709条）。

未収賃料を回収する目的で，**賃貸住宅管理業者が借主の承諾を得ずに
ドアの鍵部分にカバーをかけ**，借主の入室が困難な状態にした場合，
管理業者だけでなく，**貸主も不法行為に対する損害賠償責任**を負いま
す（判例）。

問 94 賃貸人AがBに管理を委託しCに賃貸する管理受託方式と，AがBに賃貸し，BがAの承諾を得てCに転貸するサブリース方式において，BのCに対する立退交渉は，管理受託方式もサブリース方式もいずれも弁護士法に抵触し違法となるおそれがある。

問 95 賃料不払のある借主が死亡した場合，賃貸住宅管理業者は，連帯保証人に対しては未収賃料の請求ができるが，同居中の配偶者に対しては請求することができない。

問 96 賃貸借契約を解除する場合，内容証明郵便で解除通知を送付しなければ効力が生じない。

問 97 貸主が支払期限を知っている通常の場合，賃料債権は，5年の消滅時効に服する。

答 94
×

[R2]

管理受託方式により賃貸管理を行っている**管理業者**（本問の
B）が，借主に対して立退交渉を行うことは，弁護士法72条
（弁護士でない者は訴訟等に関し報酬を得る目的で他人を代理
等をしてはならない）に抵触する可能性があります。これに対
して，**サブリース方式**により賃貸管理を行っているBは，転貸
人（当事者）の立場になりますから，自ら立退交渉を行っても
弁護士法に抵触しないと考えられます。

管理受託方式により賃貸管理を行っている管理業者が，貸主に代わり，
管理業者自身の名義で，**内容証明郵便**を発信することも**弁護士法72
条に抵触する可能性が高い**ため，認められないとされています。

答 95
×

[R2]

管理業者は，借主や保証人に未収賃料の支払いを請求すること
ができます。また，借主の同居の配偶者に対しても**日常家事の
連帯債務**として請求が可能です（判例）。日常家事の連帯債務
とは，夫婦の一方が日常の家事に関して第三者と契約等をした
ときは，他方も契約等から生じる債務を負担しなければならな
いという義務です。

答 96
×

[H29]

契約解除の意思表示は，口頭で行うことや，書面の提示によっ
て行うことも可能であり，必ずしも内容証明郵便を用いなくて
も効力は生じます。なお，解除の効果は，相手方に意思表示が
到達することにより発生することから，到達時を明らかにする
ために配達証明付きの内容証明郵便で行うことが一般的です。

答 97
○

[R4]

債権は，債権者が①権利を行使することができることを知った
時から5年間，または②権利を行使することができる時から
10年間のいずれか早い時の経過で**消滅時効**が成立します
（166条1項）。賃料の支払期限を定めた場合，通常貸主は権利
行使できる時（この場合は賃料の支払期限）を知っているの
で，賃料債権は①に該当し，**支払期限（支払日）から5年**で消
滅時効に服します。

問 98 賃料債権は，時効期間が経過しても消滅時効を援用する旨の意思表示がなければ消滅しない。

□□□

問 99 借主が滞納賃料の一部を支払う場合であって，弁済充当の合意がないときは，支払時に貸主が指定した債務に充当され，借主はこれに従わなければならない。

□□□

問 100 賃貸人Aは賃借人Bに対して，賃料（共益費込み）月額金10万円，当月分前月末日払い，遅延した場合は年10％の遅延損害金を請求できる旨の約定でアパートの一室を賃貸した。Bは，令和6年10月分，同年11月分及び同年12月分の賃料を滞納したが，同年12月15日，Aに金20万円を持参した。この場合，Aは，Bが充当を指定しない場合，金20万円を受領時に，いずれの債務に充当するかを指定することができる。

□□□

問 101 借主が滞納賃料の一部を支払った場合で，弁済充当の合意がないときは，支払われた賃料は費用，利息，元本の順番で充当される。

□□□

答 98 [R4]

○

賃料債権は、時効により消滅します（166条１項参照）。ただし、時効期間の経過により当然に消滅するわけではなく、**時効の完成によって利益を受ける者**（本問では借主）による**消滅時効を援用する**（時効の利益を受ける）旨の意思表示が必要です（145条、判例）。

答 99 [R4]

✕

借主が**滞納賃料の一部を支払った場合、次の順で充当**されます（488条、490条）。

①　当事者間の**合意（特約等）**によって決めた債務に充当（合意充当）

②　当事者間に**弁済充当の合意がないときは、借主**（弁済者）が支払時に指定した債務に充当（指定充当）

③　**借主が指定しないときは、貸主**（弁済を受領する者）が指定した債務に充当（指定充当）

④　**借主・貸主ともに指定しないときは、民法で定める債務に充当**（法定充当）

したがって、**弁済充当の合意がないときは、「借主」が指定した債務に充当**されるのであり、貸主が指定するのではありません。

答 100 [R2]

○

弁済の充当は、まず当事者に**合意があればそれに従います**（合意充当、490条）。次に弁済の充当に関する合意がない場合には、**弁済者（借主、本問のＢ）が、弁済時に、その弁済を充当すべき債務を指定**できます（指定充当、488条１項）。また、**弁済者が指定をしないときは、**原則として、**弁済を受領する者（貸主、本問のＡ）が、受領時に、その弁済を充当すべき債務を指定**できます（指定充当、同２項）。

答 101 [R1]

○

当事者間に弁済充当の**合意がないときは、支払われた賃料は、費用、利息、元本の順番で充当**されます（489条）。

問 102

内容証明郵便は，いつ，どのような内容の郵便を誰が誰に宛てて出したかを郵便局（日本郵便株式会社）が証明する制度であり，文書の内容の真実性を証明するものではない。

問 103

賃料滞納を理由として賃貸借契約を解除する場合，配達証明付き内容証明郵便を用いて催告を行うと，催告を行ったことについて裁判上の証拠となる。

問 104

公正証書が作成されると，証書の原本は郵便局（日本郵便株式会社）に送られ，内容証明郵便とともに郵便局において保管される。

問 105

賃貸借契約を公正証書で作成すると，借主の賃料不払を理由に建物の明渡しを求める場合，公正証書を債務名義として強制執行の手続をすることが可能となる。

問 106

貸主が，賃料の未収が生じた際に，訴訟を提起せず強制執行により回収したい場合，借主の同意を得て，未収賃料の支払方法及び支払が遅滞した場合において借主が直ちに強制執行に服する旨の陳述が記載されている公正証書 を作成すればよい。

[H29]

答 102

○

内容証明郵便は、いつ、どのような内容の郵便を、誰が誰に宛てて出したかを郵便局（日本郵便株式会社）が証明する制度です。つまり、「通知内容」は証明できますが、「文書の内容の真実性（文書の内容が正しい）」を証明するものではありません。

[H30]

答 103

○

内容証明郵便を配達証明付きにすると（配達証明付き内容証明郵便）、郵便物が相手方へ到達したかどうか、到達したのはいつかについても証明することができます。したがって、配達証明付き内容証明郵便を用いて催告を行うことは、催告を行ったことについて裁判上の証拠となります。

[H29]

答 104

✕

公正証書の原本は、公証役場において、原則として、20年間保管されます。郵便局に送られ、内容証明郵便とともに郵便局で保管されるのではありません。

[H29]

答 105

✕

公正証書により強制執行ができるのは、金銭の支払等を求める請求に限定されています（民事執行法22条5号）。したがって、不動産の明渡請求については、賃貸借契約を公正証書で作成しても、それを債務名義（強制執行を可能とするための根拠となる文書）として、強制執行の手続をすることはできません。

[R2]

答 106

○

借主の同意を得て、未収賃料の支払方法および支払が遅滞した場合において借主が直ちに強制執行に服する旨の陳述が記載されている公正証書（強制執行認諾文言付き公正証書）は、訴訟によらず公正証書により強制執行をすることができます（22条5号）。公正証書により強制執行が可能なのは、金銭の支払等を求める請求であり、建物の明渡し等は請求できません。本問は未収賃料の回収のための強制執行ですから、金銭の支払等を求める請求として、公正証書を債務名義として強制執行が可能です。

未収賃料回収の法的手段

債権者は，同一の簡易裁判所において，同一の年に，同一の債務者に対して年10回を超えて少額訴訟を選択することはできないが，債務者が異なれば選択することは可能である。

訴額が60万円以下の場合は，少額訴訟を提起することにより建物の明渡しを求めることができる。

少額訴訟において証人尋問手続が取られることはないため，証人尋問が必要な場合，通常訴訟の提起が必要である。

少額訴訟において，裁判所は，請求の全部又は一部を認容する判決を言い渡す場合，被告の資力その他の事情を考慮し，特に必要がある場合には，判決の言渡日から3年を超えない範囲内で，支払猶予又は分割払の定めをすることができる。

裁判所は，原告が希望すれば，被告の意見を聴くことなく少額訴訟による審理を行うことになる。

[H30]

答 107 ✗

少額訴訟とは，簡易裁判所における訴訟手続であり，対象となる事件は，**訴額が60万円以下の金銭の支払の請求を目的とするもの**です（民事訴訟法368条1項本文）。債権者（原告）は，同一の簡易裁判所において，同一の年に10回を超えて少額訴訟を選択することはできません（同条同項ただし書，規則223条）。これは，**債務者（被告）が異なる場合でも同様**です。

[R2]

答 108 ✗

少額訴訟は，**訴額が60万円以下の金銭の支払の請求を目的とする**ので，**建物の明渡しを求めることはできません**（民事訴訟法368条1項）。

[H30]

答 109 ✗

少額訴訟では，事件の内容や証人の都合などに応じて，臨機応変に立証しやすくするために，証人尋問において証人に宣誓させないことが可能であり，証人や当事者の尋問の順序も，裁判官が相当と認める順序で行うことができます。また，電話会議方式による証人尋問も認められています（372条）。つまり，**少額訴訟においても証人尋問手続は取られます**。

[H30]

答 110 ○

少額訴訟では，裁判所は，**請求の全部または一部を認容する判決**（原告の勝訴判決）において，被告の資力その他の事情を考慮して，特に必要がある場合は，**判決の言渡しの日から3年を超えない範囲内で，支払猶予または分割払の定めをすることができます**（375条1項）。

[H30]

答 111 ✗

少額訴訟では，被告は，第1回目の口頭弁論期日で弁論するまでは，訴訟を通常の手続に移行させることができます（373条1項，2項）。つまり，**原告が希望しても，被告の意見を聴くことなく，少額訴訟による審理を行うことはできません**。

問 112

少額訴訟と支払督促は，いずれも簡易裁判所による法的手続であるが，相手方から異議が出された場合，少額訴訟は同じ裁判所で通常訴訟として審理が開始され，支払督促は請求額によっては地方裁判所で審理される。

問 113

サブリース方式による管理業者が，滞納者である借主の住所地を管轄する簡易裁判所に支払督促の申立てをし，これに対し借主が異議の申立てをしなかった場合，当該支払督促が確定判決と同一の効力を有する。

問 114

明渡しを命じる判決が確定すれば，貸主は，強制執行によることなく，居室内に立ち入り，残置物を処分することができる。

問 115

借主が死亡し，相続人全員が相続放棄をした場合，貸主は当該私物を廃棄することができる。

[R1]

答 112

〇

少額訴訟と支払督促は，いずれも簡易裁判所による法的手続です（368条，383条）。そして，相手方から異議が出された場合，少額訴訟は，同じ簡易裁判所で通常訴訟として審理が開始され（373条2項），支払督促は，訴額（請求額）に応じて，簡易裁判所（訴額が140万円以下の場合）または地方裁判所（訴額が140万円超の場合）において通常訴訟として審理されます（395条）。

[R1]

答 113

✕

支払督促は，滞納者（債務者）である借主の住所地を管轄する簡易裁判所の書記官に対して申し立てる必要があります（民事訴訟法383条）。また，支払督促に対して，借主が異議の申立てをしなかったことを受けて，貸主の申立てによって発せられた「仮執行宣言を付した支払督促」に対して，借主が異議の申立てをしなかったときは，その「仮執行宣言を付した支払督促」は確定判決と同一の効力を有します（396条）。つまり，当初の支払督促に対して異議の申立てをしなかっただけでは，その支払督促が確定判決と同一の効力を有することはありません。債権者による仮執行宣言の申立てが必要となります。

[R3]

答 114

✕

貸主は，確定判決等を債務名義として明渡しの強制執行を行い，残置物が残されている場合，債務者等に引き渡し，引渡しができないときは，これを売却することができます（民事執行法168条5項）。したがって，明渡しを命じる判決が確定しても，貸主は，強制執行によらなければ，居室内に立ち入り，残置物を処分することはできません。

[R2]

答 115

✕

借主が死亡し，相続人全員が相続放棄をした場合，相続人のあることが明らかでないときに該当し，相続財産は法人とされ（民法951条），相続財産清算人が選任されて，私物等も含めた財産の管理を行います（952〜959条）。したがって，貸主は私物を廃棄することはできません。

重要度 C

問 116
☐☐☐

借主が行方不明となった場合，保証人の了承があったとしても，貸主は貸室内の私物を廃棄することはできない。

重要度 B

問 117
☐☐☐

即決和解（起訴前の和解）が成立したとしても，和解調書に基づき建物明渡しの強制執行を行うことはできない。

重要度 B

問 118
☐☐☐

裁判上の和解が成立した場合，和解調書に基づき建物明渡しの強制執行を行うことができる。

重要度 C

問 119
☐☐☐

強制執行を申し立てるに当たって必要となるのは，債務名義のみである。

賃貸借と破産

重要度 A

問 120
☐☐☐

借主につき破産手続の開始が決定されたことは，民法上は，貸主が賃貸借契約を解除する理由にならない。

[R2]

答 116

◯

借主が賃料を滞納したまま**長期不在や行方不明**となってしまった場合，保証人の了承があったとしても，貸主が貸室内の私物を廃棄することは，**自力救済にあたり禁止**されます。この場合，**公示送達**（裁判所の掲示板に一定事項を掲示することにより掲示から2週間経過後に訴状が相手方に送達されたとみなされる制度）により，**契約解除・明渡し訴訟を提起し，判決を受けた上で，強制執行する方法**を取らなければなりません。

[R2]

答 117

✗

建物の明渡しについての**即決和解（起訴前の和解）の和解調書**は，建物の明渡しの強制執行を行うための債務名義になります（民事執行法22条7号，民事訴訟法267法）。

[R2]

答 118

◯

裁判上の和解が成立した場合の和解調書は，建物の明渡しの強制執行を行うための債務名義になります（民事執行法22条7号）。

[H30]

答 119

✗

強制執行をするためには，債務名義だけでなく，裁判所の**「強制執行をしてもよい」という書類（執行文）が必要**になります（25条）。

[R2]

答 120

◯

以前の民法では，借主が破産宣告を受けたときは，貸主または破産管財人のいずれからも賃貸借契約の解約申入れをすることができるとしていましたが，改正により，この規定は削除されました。したがって，現在の民法では，**借主につき破産手続の開始が決定**されたことは，**賃貸借契約の解除事由**とはされていません。

問 121 □□□ 借主につき破産手続の開始が決定され，破産管財人が選任されると，貸主が賃料の支払を催告する相手方は，破産管財人となる。

問 122 □□□ 借主につき破産手続の開始が決定され，破産管財人が選任された場合，破産管財人は，賃貸借契約を解除することができる。

問 123 □□□ 貸主につき破産手続の開始が決定され，破産管財人が選任されると，借主は預け入れている敷金の額まで賃料の支払いを拒むことができる。

答 121

[R2]

○

借主につき**破産手続の開始が決定**されると，破産財団（破産者の財産で一定のもの）の管理処分権は破産管財人（裁判所が選任した弁護士等）に帰属します（破産法78条１項）。そのため**借主の破産管財人**が，賃料関係の権利義務の主体となり，賃料を支払い，**貸主との関係における催告・解除等の通知の相手方**となります。

- -

答 122

[R2]

○

双務契約（当事者双方が義務を負う契約）において，破産者および相手方が破産手続開始決定当時，双方ともにその債務の履行が完了していない（双方未履行）ときは，**破産管財人は，契約の解除または履行のいずれかを選択することができます**（53条１項）。賃貸借契約は双務契約であり，将来の債務（貸主は賃貸物件を使用させる，借主は賃料を支払う）は双方未履行なので，**借主につき破産手続の開始が決定**され，**破産管財人**が選任された場合，破産管財人は，賃貸借契約の解除を選択し，契約を解除することができます。

- -

答 123

[R2]

×

敷金の返還請求権を有する者（借主）が**破産者（貸主）に対する賃料債務を弁済する**場合には，借主は貸主の破産管財人に対して敷金の額まで**弁済額の寄託**（破産管財人に預かってもらう）**を請求することができます**（70条）。したがって，借主は預け入れている敷金の額まで破産管財人に対して寄託を請求できるのであり，**賃料の支払いを拒むことができるわけではありません**。

Section 10　原状回復ガイドライン

「原状回復をめぐるトラブルとガイドライン」とは

重要度 B

問 124

ガイドラインによれば，原状回復とは借主の故意により発生した損耗・毀損のみを借主に復旧させることと定義している。

特約の可否

重要度 A

問 125

賃貸借契約書に原状回復費用は全て借主が負担する旨の定めがあれば，当然に，借主は通常損耗に当たる部分についても，原状回復費用を負担しなければならない。

[H29]

答 124

✕

「原状回復とは，借主の居住，使用により発生した建物価値の減少のうち，**借主の故意・過失，善管注意義務違反，その他通常の使用を超えるような使用による損耗・毀損を復旧すること**」と定義されています（原状回復ガイドライン第１章Ⅱ１（２））。したがって，「原状回復」には，「借主の故意」による場合のみに限定されず，「借主の過失」「善管注意義務違反」や「通常の使用を超えるような使用」による損耗・毀損を復旧させることも含まれています。

[R3]

答 125

✕

「借主に特別の負担を課す特約」が有効となるには，次のことが要件とされています（Ⅰ２（２））。

① 特約をする必要性があり，かつ，暴利的**でない**等の客観的，合理的理由が存在すること

② 借主が，特約によって，**通常の原状回復義務を超えた修繕等の義務を負うことについて認識している**こと

③ 借主が特約による義務負担の意思表示をしていること

したがって，賃貸借契約書に原状回復費用は全て借主が負担する旨の定めがあっても，**上記の要件を満たさないと特約は有効にならないので**，当然に，借主は通常損耗に当たる部分についても原状回復費用を負担するわけではありません。

「原状回復ガイドライン」は，あくまで指針であり，**法的な拘束力を持つものではないので**，その内容を当事者の特約で変更することは可能です。

問 126

□□□

原状回復にかかるトラブルを未然に防止するためには，原状回復条件を賃貸借契約書においてあらかじめ合意しておくことが重要であるため，原状回復ガイドラインでは，賃貸借契約書に添付する原状回復の条件に関する様式が示されている。

原状回復の原則

重要度 B

問 127

□□□

借主の故意過失，善管注意義務違反，その他通常の使用を超えるような使用による損耗等のいずれにも該当せず，次の入居者を確保する目的で行う設備の交換や化粧直し等のリフォームは，貸主の負担となる経年変化及び通常損耗の修繕に該当する。

重要度 B

問 128

□□□

震災等の不可抗力による損耗や，借主と無関係な第三者がもたらした損耗等については，借主が負担すべきであるとされている。

重要度 A

問 129

□□□

借主の住まい方や使い方次第で発生したりしなかったりすると考えられるものは，貸主が負担すべきであるとされている。

[R5]

答 126

⚪

原状回復にかかるトラブルを未然に防止するためには，原状回復条件を賃貸借契約書においてあらかじめ合意しておくことが重要です。このため原状回復ガイドラインでは，**別表3**として「**賃貸借契約書に添付する原状回復の条件に関する様式**」が示されています。

また，原状回復費用の見積りや精算の際の参考とするため，別表4として「**原状回復の精算明細等に関する様式**」が示されています。

[H28]

答 127

⚪

「借主の故意・過失，善管注意義務違反，その他通常の使用を超えるような使用による損耗等については，借主が負担すべき費用と考え，次の入居者を確保する目的で行う設備の交換や化粧直し等のリフォームについては，経年変化および通常損耗の修繕であり，貸主が負担すべき」とされています（Ⅱ1（2））。

[H29]

答 128

✕

「震災等の不可抗力による損耗，上階の居住者など該当借主と無関係な第三者がもたらした損耗等は，これらについては，借主が負担すべきものではないことは当然である」とされています（Ⅱ1（2））。

[H29]

答 129

✕

「借主の住まい方や使い方次第で発生したりしなかったりすると考えられるもの」には，「故意・過失，善管注意義務違反等による損耗等」を含むこともあるので，通常使用による損耗とはいえないため，借主が負担すべきであるとされています（Ⅱ3（1）・B）。

問 130

☐☐☐

借主が通常の住まい方をしていても発生する損耗であっても，その後の借主の管理が悪く，損耗が拡大したと考えられるものは，借主が原状回復費用を全額負担する。

問 131

☐☐☐

借主に原状回復義務が発生すると思われるものであっても，損耗の程度を考慮し，借主の負担割合等についてより詳細に決定することも考えられるとしている。

問 132

☐☐☐

ガイドラインの考え方によれば，借主の故意過失等による損耗であっても，借主の負担については，原則として建物や設備等の経過年数を考慮し，年数が多いほど負担割合が減少することとなる。

問 133

☐☐☐

借主の負担は，建物，設備等の経過年数を考慮して決定するものとし，経過年数による減価割合は，償却年数経過後の残存価値が10％となるようにして算定する。

[R4]

答 130

✕

「借主が通常の住まい方をしていても発生する損耗であっても，その後の借主の管理が悪く，損耗が発生・拡大したと考えられるものは，損耗の拡大について，**借主に善管注意義務違反等があると考えられる**」とされ，この場合，借主には原状回復義務が発生します（Ⅱ3（1）・A（＋B））。ただし，この場合であっても，借主の負担割合は，建物や設備等の経過年数を考慮し，年数が多いほど減少するので，借主が原状回復費用を全額負担するわけではありません（Ⅱ3（2）①）。

- -

[H29]

答 131

◯

借主の負担について「借主に原状回復義務が発生すると思われるものであっても，損耗の程度を考慮し，**借主の負担割合等についてより詳細に決定することも可能と考えられる**」とされています（Ⅱ3（1））。

- -

[H27]

答 132

◯

借主の故意や過失等による損耗であっても，「借主の負担については，建物や設備等の経過年数を考慮し，**年数が多いほど負担割合を減少させるとするのが適当である**」とされています（Ⅱ3（2）①）。経年変化・通常損耗の分は，借主は賃料として支払ってきているので，明渡し時に借主が負担すべき費用とならないと考えられています。

- -

[R4]

答 133

✕

「借主の負担は，建物や設備等の経過年数を考慮し，**年数が多いほど負担割合を減少させることとするのが適当である**」とされています。また，この場合の経過年数による減価割合については，「**償却年数経過後の残存価値が1円となるような直線（または曲線）を描いて経過年数により借主の負担を決定する**」とされています（Ⅱ3（2）①）。「残存価値が10％となるように」とはされていません。

問 134 □□□ 中古物件の賃貸借契約であって，入居直前に設備等の交換を行っていない場合，入居時点の設備等の価値は，貸主又は管理業者が決定する。

問 135 □□□ 賃貸借契約書に原状回復について経年劣化を考慮する旨の定めがない場合，借主が過失により毀損したクロスの交換費用は経過年数を考慮せず，全額借主負担となる。

問 136 □□□ 耐用年数を経過したクロスであっても，使用可能である場合には，借主が行った落書きを消すための費用については，借主の負担となることがある。

問 137 □□□ 新築から3年経過後に入居し，賃借人の負担割合を50％と決定していた場合で，入居1年後の退去の際，クロス（耐用年数6年）に借主が補修費用を負担すべき損耗等があった。その張替え費用が6万円である場合，ガイドラインによれば借主が負担すべき金額は2万円である。

[R4]

答 134

✕

中古物件の賃貸借契約であって，入居直前に設備等の交換を行っていない場合，入居時点の設備等の価値は，「**契約当事者（貸主と借主）が確認の上，予め協議して決定することが適当である**」とされています（Ⅱ3（2）②）。「貸主または管理業者が決定する」とはされていません。

....

[R3]

答 135

✕

借主の過失により毀損したクロスの交換費用は，**経年劣化を考慮して，借主の負担割合を算定する**とされています。そして，クロスは**6年で残存価値1円となるような直線（または曲線）を想定し，借主の負担を決定**します（Ⅱ3（2）①，別表2・壁，天井（クロスなど））。これは，賃貸借契約書に原状回復について経年劣化を考慮する旨の定めがない場合も同様です。

....

[R1]

答 136

○

経年年数を超えた設備等であっても，継続して賃貸住宅の設備等として使用することは可能であり，このような場合に借主が故意・過失により設備等を破損し，使用不能としてしまったときには，本来機能していた状態まで戻すための費用は借主が負担する必要があります。そこで「例えば，**借主がクロスに故意に落書きを行った場合，当該クロスが耐用年数を超えていても，これを消すための費用（工事費や人件費等）については，借主の負担**となることがある」とされています（Ⅱ3（2）①）。

....

[H28]

答 137

○

借主が負担すべき修繕費用については，「張り替え費用6万円×借主の負担割合」で算出します。そして，**借主の負担割合**は，「借主が通常の使用を超える使用によって生じた損耗・毀損の割合」＝「50%（3年経過している分）×$\frac{2}{3}$（入居から1年後の退去時点の残存価値の割合）」となります（Ⅱ3（2）②参照）。したがって，6万円×50%×$\frac{2}{3}$＝2万円となり，**借主が負担すべき金額は2万円**となります。

問 138 フローリングの毀損箇所が一箇所のときは，居室全体の張り替え費用を借主の負担とすることはできない。

問 139 家具を設置したことだけによる床，カーペットのへこみ，設置跡については，貸主負担とすることが妥当とされている。

問 140 ポスターやカレンダー等の掲示のための壁等の画鋲の穴は，壁等の釘穴，ねじ穴と同視され，借主の負担による修繕に該当する。

問 141 借主が天井に直接つけた照明器具のビス穴の跡の原状回復費用は，借主の負担とはならない。

問 142 借主によるペット飼育に伴い生じる「臭い」は，「借主が通常の住まい方，使い方をしていても発生すると考えられるもの」に位置づけられており，借主は原状回復義務を負わない。

[R3]

答 138

○

借主の過失によって必要となった**フローリングの部分補修**（毀損箇所が一箇所の場合等）については，「経過年数を考慮せず，部分補修費用について毀損等を発生させた借主負担とするのが妥当である」とされています（Ⅱ3（2）③）。この場合，居室全体の張り替え費用を借主の負担とすることはできません。

[R1]

答 139

○

「家具を設置したことによる床，カーペットのへこみ，設置跡については，家具保有数が多いという我が国の実状に鑑み，その設置は必然的なものであり，**設置したことだけによるへこみ，跡は通常の使用による損耗ととらえるのが妥当**と考えられる」とし，**貸主負担**とされています（別表1・床（畳，フローリング，カーペットなど））。

[H28]

答 140

✕

ポスターやカレンダー等の掲示に伴う壁等の画鋲の穴については，「**通常の生活において行われる範囲のもの**」であり，壁等の釘穴やねじ穴と同視することはできず，通常の損耗と考えられるとされています（別表1・壁，天井（クロスなど））。したがって，**貸主の負担による修繕に該当**します。

[R5]

答 141

✕

天井に直接つけた照明器具の跡については，「あらかじめ設置された照明器具用コンセントを使用しなかった場合には，**通常の使用による損耗を超えると判断されることが多い**と考えられる」とされており，原状回復費用は，**借主負担**となります（別表1・壁，天井（クロスなど））。

[H30]

答 142

✕

借主によるペット飼育による損傷および臭いについては，「**借主の使い方次第で発生したりしなかったりするもの（明らかに通常の使用による結果とはいえないもの）**」に位置づけられており，**借主が原状回復費用を負担する**ものとされています（別表1・建具（襖・柱など））。

問 143 □□□ ペットにより柱，クロス等にキズが付いたり臭いが付着している場合には，借主負担と判断される場合が多いと考えられている。

問 144 □□□ エアコンの内部洗浄について，喫煙等による臭い等が付着していない限り，貸主負担とすることが妥当とされている。

問 145 □□□ 台所，トイレの消毒の費用は，借主の負担とはならない。

問 146 □□□ 風呂・トイレ・洗面台の水垢・カビ等は，「借主が通常の住まい方，使い方をしていても発生すると考えられるもの」に位置づけられており，借主は原状回復義務を負わない。

問 147 □□□ 戸建賃貸住宅の庭に生い茂った雑草について，草取りが適切に行われていない場合は，借主に責任があると判断される場合が多いとされている。

[H28]

答 143 ○

「共同住宅におけるペット飼育は，未だ一般的ではなく，ペットの躾や尿の後始末等の問題でもあることから，**ペットにより柱，クロス等にキズが付いたり臭いが付着している場合は，借主負担**と判断される場合が多い」とされています（別表1・建具（襖・柱など））。

[R1]

答 144 ○

エアコンの内部洗浄については，「喫煙等による臭い等が付着していない限り，**通常の生活において必ず行うとまでは言い切れず，借主の管理の範囲を超えているので，貸主負担とすることが妥当と考えられる**」とされています（別表1・設備，その他（鍵など））。

[R5]

答 145 ○

消毒（台所，トイレ）については，「消毒は日常の清掃と異なり，**借主の管理の範囲を超えているので，貸主負担とすることが妥当である**」とされています（別表1・設備，その他（鍵など））。

[H30]

答 146 ✕

風呂・トイレ・洗面台の水垢やカビ等は，「使用期間中に，その清掃・手入れを怠った結果汚損が生じた場合は，**借主の善管注意義務違反に該当すると判断されることが多い**と考えられる」とされています（別表1・設備，その他（鍵など））。したがって，**借主が原状回復義務を負います**。

[R1]

答 147 ○

戸建賃貸住宅の庭に生い茂った雑草については，「草取りが適切に行われていない場合は，**借主の善管注意義務違反に該当し，借主に責任があると判断される場合が多い**と考えられる」とされています（別表1・設備，その他（鍵など））。

問 148

□□□

補修工事が最低限可能な施工単位を基本とするが，いわゆる模様合わせや色合わせについては，借主の負担とする。

問 149

□□□

畳表は減価償却資産として取り扱われ，経過年数が考慮される。

問 150

□□□

畳の補修は原則1枚単位とするが，毀損等が複数枚にわたる場合，当該居室全体の補修費用を借主の負担とする。

問 151

□□□

クッションフロアは8年で残存価値1円となるような直線または曲線を想定し，借主の負担を決定する。

問 152

□□□

借主の過失によりフローリング床全体の張り替えが必要となった場合の張り替え費用は，経年変化を考慮せず，全額借主の負担となる。

問 153

□□□

壁等のクロスは，㎡単位で張替え費用を借主に負担させるべきであり，毀損箇所を含む一面分を借主に負担させることはできない。

[R4]

答 148 ✗

「可能な限り毀損部分の補修費用相当分となるよう限定的なものとする。この場合，補修工事が最低限可能な施工単位を基本とする。いわゆる模様合わせや色合わせについては，借主の負担とはしない」とされています（別表2・「基本的な考え方」）。つまり，これらは「**貸主**」負担となります。

[H28]

答 149 ✗

畳表は「消耗品に近いものであり，減価償却資産になじまないので，**経過年数は考慮しない**」とされています（別表2・床（畳，フローリング，カーペットなど））。

[R4]

答 150 ✗

畳の補修は「原則**1枚単位**」とされていますが，「毀損等が複数枚にわたる場合は，その枚数」とされています（別表2・床（畳，フローリング，カーペットなど））。したがって，居室全体の補修費用を借主の負担とすることはできません。

[R1]

答 151 ✗

クッションフロアは，経年変化を考慮して「**6年で残存価値1円**となるような直線（または曲線）を想定し，負担割合を算定する」とされています（別表2・床（畳，フローリング，カーペットなど））。

[R2]

答 152 ✗

フローリング床全体を張り替えた場合は，「当該建物の耐用年数」で残存価値1円となるような直線を想定し，負担割合を算定するとされています（別表2・床（畳，フローリング，カーペットなど））。したがって，借主の過失によりフローリング床全体の張り替えが必要となった場合の張り替え費用は，経年変化を考慮して，借主の負担割合が決定することになります。

[H29]

答 153 ✗

クロスの張替えの場合の費用負担については，「㎡単位が望ましいが，借主が毀損させた箇所を含む一面分までは張替え費用を借主負担としてもやむを得ない」とされています（別表2・壁，天井（クロスなど））。

問 154

☐☐☐

タバコのヤニがクロスの一部に付着して変色した場合，当該居室全体のクリーニング又は張替費用を借主の負担とする。

問 155

☐☐☐

襖紙や障子紙の毀損等については，経過年数を考慮せず，借主に故意過失等がある場合には，張替え等の費用を借主の負担とするのが妥当とされている。

問 156

☐☐☐

クリーニングについては経過年数を考慮して費用に差をつけることはしない。

問 157

☐☐☐

ハウスクリーニング費用は，借主が通常の清掃を実施していないために必要となった場合であっても，貸主の負担である。

問 158

☐☐☐

鍵の紛失に伴う鍵交換費用は，紛失した鍵の本数に応じた按分割合による額又は経過年数を考慮した額のいずれか低い額による。

[R4]

答 154

✕

タバコのヤニについては，「喫煙等により，**居室全体において
クロス等がヤニで変色したり臭いが付着した場合のみ，居室全
体のクリーニングまたは張替費用を借主負担とすることが妥当
と考えられる**」とされています（別表2・壁，天井（クロスな
ど））。クロスの「一部」に付着して変色した場合には，居室全
体のクリーニングまたは張替費用を借主の負担とすることはで
きません。

- -

[H28]

答 155

◯

襖紙や障子紙については，「**消耗品であり，減価償却資産とな
らないので，経過年数は考慮しない**」とされています（別表
2・建具（襖・柱など））。したがって，借主に故意過失等があ
る場合には，張替え等の費用を借主の負担とするのが妥当とな
ります。

- -

[H29]

答 156

◯

「**クリーニングについては経過年数を考慮しない**」とされてい
ます。また，「借主負担となるのは，通常の清掃を実施してい
ない場合で，部位もしくは住戸全体の清掃費用相当分の**全額を
借主が負担**する」とされています（別表2・設備，その他
（鍵，クリーニング））。

- -

[R2]

答 157

✕

ハウスクリーニング費用は，原則として，**貸主の負担**ですが，
「**借主の負担となるのは，通常の清掃を実施していない場合**」
とされていますので，**借主が通常の清掃を怠ったために居室の
クリーニングが必要となった場合は，借主負担**となります（別
表2・設備，その他（鍵，クリーニング））。

- -

[R3]

答 158

✕

「**鍵の紛失の場合は，経過年数は考慮しない。交換費用相当分
を全額借主負担とする**」とされています（別表2・設備，その
他（鍵，クリーニング））。紛失した鍵の本数に応じた按分割合
による額または経過年数を考慮した額の**いずれか低い額**になる
のではありません。

問 159

□□□ 貸主と借主が賃貸借契約時に原状回復工事施工目安単価を明記して，原状回復条件をあらかじめ合意した場合，退去時にこの単価を変更することはできない。

答 159

✕

原状回復工事施工目安単価も明記するとされているものの，同時に「この単価はあくまでも目安であって，**退去時において単価の変動や施工方法の変動等によって変更となる場合がある**」とされています（別表３Ｉ３※）。したがって，退去時に変更することも可能です。

Section
11
賃貸不動産を取り巻く状況

空き家対策

重要度 B

問 160

空家等対策の推進に関する特別措置法の適用対象となる特定空家等には、賃貸住宅が含まれないので、賃貸住宅管理業者として独自の対応が必要である。

重要度 B

問 161

空き家を有効活用する場合、賃貸不動産として利用することは有力な選択肢であるが、建物所有者に賃貸住宅経営の経験がないケースが多いこと、修繕義務の所在など契約関係について特別な取り扱いが考慮される場合があること、現在賃貸市場に供給されていない不動産であることなどが阻害要因となる。

重要度 C

問 162

空き家の活用策には、転用も含まれるので、賃貸経営の経験がない空き家オーナーに対して賃貸住宅管理者として積極的に助言することが期待される。

重要度 B

問 163

賃貸不動産経営管理士は、空き家の現状や空き家政策の動向を注視し、空き家オーナーに対する最良のアドバイスができるよう研鑽することが期待される。

[H28]

答 160

✗

一定の要件に該当すれば、**賃貸住宅も**特定空家等に該当し、「空家等対策の推進に関する特別措置法」の適用対象となります（空家等対策の推進に関する特別措置法2条2項）。したがって、管理業者として独自の対応ではなく、法律に基づいた対応が必要となります。

「特定空家等」とは、①その放置によって**倒壊等著しく保安上危険および衛生上有害となるおそれのある**、②不適切な管理によって著しく景観を損なっている等の状態にあると認められる**空家等**をいいます。

[R5]

答 161

○

空き家を有効活用する場合、賃貸不動産として利用することは有力な選択肢ですが、それが進まない主な阻害要因として、①建物所有者に賃貸住宅経営の経験がないケースが多いこと、②修繕義務の所在など契約関係について特別な取り扱いが考慮される場合があること、③現在賃貸市場に供給されていない不動産であることなどが挙げられています。

[H28]

答 162

○

空き家の活用策には、転用も含まれるので、**賃貸経営の経験がない空き家オーナーに対して**賃貸物件化への不安をどのように解消するか等について、管理業者として**積極的に助言すること**が期待されます。

[H28]

答 163

○

賃貸不動産経営管理士には、空き家の現状や空き家政策の動向を注視し、空き家活用のための新たなビジネスモデルの構築等を研究し、**空き家オーナーに対する**最良のアドバイスができるよう研鑽することが期待されています。

住生活基本法・住生活基本計画

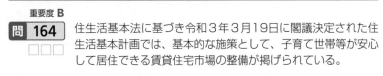

重要度 B

問 164

住生活基本法に基づき令和3年3月19日に閣議決定された住生活基本計画では、基本的な施策として、子育て世帯等が安心して居住できる賃貸住宅市場の整備が掲げられている。

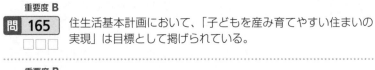

重要度 B

問 165

住生活基本計画において、「子どもを産み育てやすい住まいの実現」は目標として掲げられている。

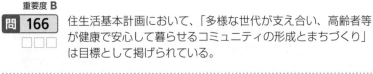

重要度 B

問 166

住生活基本計画において、「多様な世代が支え合い、高齢者等が健康で安心して暮らせるコミュニティの形成とまちづくり」は目標として掲げられている。

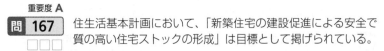

重要度 A

問 167

住生活基本計画において、「新築住宅の建設促進による安全で質の高い住宅ストックの形成」は目標として掲げられている。

[R3]

答 164

◯

住生活基本法に基づき令和3年3月19日に閣議決定された「住生活基本計画」では、「『新たな日常』やＤＸの進展等に対応した新しい住まい方の実現」（目標1）の基本的な施策の1つとして、「子育て世帯等が安心して居住できる賃貸住宅市場の整備」が掲げられています。

[R1]

答 165

◯

「子どもを産み育てやすい住まいの実現」は、住生活基本計画の目標として掲げられています（目標3）。

[R1]

答 166

◯

「多様な世代が支え合い、高齢者等が健康で安心して暮らせるコミュニティの形成とまちづくり」は、住生活基本計画の目標として掲げられています（目標4）。

[R1]

答 167

✕

「新築住宅の建設促進による安全で質の高い住宅ストックの形成」は、住生活基本計画の目標として掲げられていません。「新築住宅の建設促進」という視点ではなく、住宅の長寿命化の視点から、「脱炭素社会に向けた住宅循環システムの構築と良質な住宅ストックの形成」が目標として掲げられています（目標6）。

> 「頻発・激甚化する災害新ステージにおける安全な住宅・住宅地の形成と被災者の住まいの確保」も目標として掲げられています（目標2）。

その他の賃貸不動産を取り巻く環境等

問 168
□□□

「賃貸住宅の計画的な維持管理及び性能向上の推進について～計画修繕を含む投資判断の重要性～」（国土交通省平成31年3月公表）では、高経年建物の大幅な増加や居住者側のニーズの多様化を背景に、空室率の上昇や家賃水準の引下げのおそれがあることから、賃貸住宅の貸主が中長期的な視点のもとで計画修繕するなどの投資判断を行うことの重要性が述べられている。

問 169
□□□

「不動産業ビジョン2030 ～令和時代の『不動産最適活用』に向けて～」（国土交通省平成31年4月24日公表）は、不動産流通業の役割として、資産価値の維持・向上を通じたストック型社会の実現、コミュニティ形成、高齢者見守りなど付加価値サービスの提供やエリアマネジメント推進を指摘した。

問 170
□□□

引き続き成長産業として期待される不動産業の中・長期ビジョンを示した「不動産業ビジョン2030 ～令和時代の『不動産最適活用』に向けて～」は，官民共通の目標としてエリア価値の向上を設定し，地域ニーズを掘り起こし，不動産最適活用を通じてエリア価値と不動産価値の相乗的な向上を図るとした。

[R4]

答 168

○

「賃貸住宅の計画的な維持管理及び性能向上の推進について〜計画修繕を含む投資判断の重要性〜」（国土交通省平成31年3月公表）において、高経年建物の大幅な増加や居住者側のニーズの多様化を背景に、空室率の上昇や家賃水準の引下げのおそれがあることから、**賃貸住宅の貸主が中長期的な視点のもとで計画修繕する**などの投資判断を行うことの重要性が述べられています（第1章）。

[R4]

答 169

✕

「不動産業ビジョン2030〜令和時代の『不動産最適活用』に向けて〜」（国土交通省平成31年4月24日公表）において、「**資産価値の維持・向上を通じたストック型社会の実現**」、「**コミュニティ形成、高齢者見守りなど付加価値サービスの提供**」や「**エリアマネジメント推進**」は、**不動産管理業**の役割とされています。不動産流通業の役割とされているのは、「的確な情報提供による取引の安全性確保」、「消費者の多様なニーズに対応するコンサルティング能力の強化」や「地域の守り手として地域活性化を支える存在になること」です（第3章3（2））。

[R5]

答 170

○

「不動産業ビジョン2030〜令和時代の『不動産最適活用』に向けて〜」は、官民共通の目標として「**エリア価値の向上**」を設定し、地域ニーズを掘り起こし、**不動産最適活用を通じてエリア価値と不動産価値の相乗的な向上を図る**としています（第3章2（4））。

	1回目	2回目	3回目
	月 日: /170	月 日: /170	月 日: /170

CHAPTER

3

実務に関する法令等

Section 1 賃貸借契約①（貸主・借主の権利・義務）

重要度 **A**

民法と借地借家法の関係

重要度 **B**

問 1
□□□

一時使用のために建物の賃貸借をしたことが明らかな場合には，借地借家法の適用はない。

賃貸借契約の成立

重要度 **A**

問 2
□□□

賃貸借契約が成立するためには，貸主，借主が署名押印する賃貸借契約書の作成が必要である。

重要度 **B**

問 3
□□□

賃貸住宅を目的とする賃貸借契約の締結に向けた交渉がなされ，貸主に契約が成立することの強い信頼を与えるに至ったにもかかわらず，合意直前で借主予定者が理由なく翻意し，契約が成立しなかった場合，借主予定者が不法行為責任を負うことがある。

[H27]

答 1

◯

一時使用のための建物賃貸借であることが明らかな場合には、その契約について、**借地借家法の適用はありません**（借地借家法40条）。一時使用のための建物賃貸借であることが明らかな場合には、**民法上の賃借権**として、その契約について、**民法の賃貸借の規定のみが適用**されます（民法601条～）。

[H27]

答 2

✕

賃貸借契約は、**当事者の意思表示の合致（合意）**により成立する**諾成契約**ですので、書面によらなくても成立します（601条）。したがって、**賃貸借契約は、貸主・借主が署名押印する賃貸借契約書の作成がなくても契約が成立**します。

諾成契約とは、当事者の意思の合致だけで成立する契約をいいます。賃貸借契約は諾成契約なので、契約書の作成や目的物の引渡しがなくても成立します。

[R5]

答 3

◯

判例によれば、賃貸借契約の締結に向けた交渉が進むと、交渉の相手方に契約が成立するであろうという強い信頼が生まれ、その信頼は法的保護に値するので、**その信頼を裏切って交渉を破棄した当事者は、相手方に不法行為（損害賠償）責任を負うことがある**とされています（契約締結上の過失）。

貸主の修繕義務等

重要度 A

問 4

貸主は，大地震により賃貸物件の一部が破損した場合でも，当該部分の修繕義務を負う。

重要度 A

問 5

貸主の修繕義務は，賃貸借契約締結後に生じた破損に限られるから，借主が入居する以前から賃貸不動産に雨漏りが発生していた場合には，貸主は借主に対して修繕義務を負わない。

重要度 B

問 6

貸主の修繕義務は，賃貸物件である貸室についてのみ生じ，共用部分については生じない。

重要度 B

問 7

賃貸物件が借主の責めにより修繕を要することになった場合，貸主は修繕義務を免れる。

重要度 B

問 8

賃貸物件につき雨漏りが生じ，貸主が修繕する場合，借主はこれを拒めない。

[R2]

答 4

○

貸主は，賃貸物件を借主に使用・収益させる義務があり，その
ために必要な修繕義務を負います（606条1項本文）。この義務
は，貸主が借主に目的物を使用に適する状態で使用させる義務
に付随するものであり，**賃貸物件の一部滅失が地震等の不可抗
力により生じた場合**であっても，修繕が物理的に可能であれ
ば，**貸主は修繕義務を負わなければなりません**。

[H28]

答 5

✕

貸主は，賃貸物件を借主に使用・収益させる義務があり，その
ために必要な修繕義務を負います（606条1項本文）。この使
用・収益させる義務には目的物を借主の使用に適する状態で引
き渡すことも含まれています。したがって，借主が入居する以
前から賃貸物件に雨漏りが発生していた場合，「**使用に適する
状態で引き渡している**」とはいえないため，**貸主は借主に対し
て修繕義務を負います**。

[H27]

答 6

✕

修繕義務は，賃貸物件である貸室のみならず，**貸室の使用に必
要不可欠な共用部分**についても及びます（判例）。

[R2]

答 7

○

貸主は，賃貸物件を借主に使用・収益させる義務があり，その
ために必要な修繕義務を負います（606条1項本文）。ただし，
借主の責めに帰すべき事由（借主に責任がある場合）によって
その修繕が必要となったときは，**貸主は修繕義務を負いません**
（同ただし書）。

[R2]

答 8

○

貸主が賃貸物件の保存に**必要な行為**（修繕等）をしようとする
ときは，**借主はこれを拒むことはできません**（606条2項）。本
問の「雨漏りが生じ，貸主が修繕」する行為は保存**行為**に該当
します。

貸主が賃貸物件の「**保存を超える行為**」をしようとするときは，借主
は，これを**拒むことができます**。

問 9

□□□

建物共用部内の下水管が破損し賃貸住宅の寝室に漏水が発生したときに，貸主が長期海外旅行中で連絡が取れない場合，借主は貸主の帰国を待たなければ，賃貸住宅の修繕を行うことができない。

問 10

□□□

借主が修繕の必要性を貸主に通知し，貸主がその旨を知ったにもかかわらず相当期間内に修繕をしない場合，借主は賃貸物件の使用収益ができない範囲で賃料の支払を拒絶することはできるが，自ら修繕することはできない。

問 11

□□□

賃貸物件に対して権利を主張する第三者が存在する場合，借主は貸主がその事実を知っていたときでも，貸主に対して通知する義務を負う。

問 12

□□□

賃貸建物が全部滅失した場合，当該滅失についての借主の帰責事由の有無にかかわらず，貸主は修繕義務を負わない。

[R5]

答 9

✕

賃借物の修繕が必要である場合において，次の場合，借主は，自らその修繕をすることができます（607条の2）。

① 借主が貸主に修繕が必要である旨を通知し，または貸主がその旨を知ったにもかかわらず，貸主が相当の期間内に必要な修繕をしないとき

② 急迫の事情があるとき

本問のケースは②に該当するので，借主は貸主の帰国を待たずに，賃貸住宅の修繕を行うことができます。

[R2]

答 10

✕

本問は問9の①に該当しますので，借主は，自らその修繕をすることができます（607条の2第1号）。また，賃借物の一部が滅失等により使用・収益をすることができなくなった場合，それが借主の責めに帰することができない事由（借主に責任がない場合）によるものであるときは，賃料は，その使用・収益をすることができなくなった部分の割合に応じて，減額されます（611条1項）。本問もこれに該当するときは，借主は「使用収益ができない範囲で賃料の支払を拒絶する」ことも可能です。

[R1]

答 11

✕

賃借物に修繕が必要であり，または賃借物について権利を主張する者がいるときは，借主は，遅滞なく，その旨を貸主に通知しなければなりません。ただし，貸主がすでにこれを知っているときは，その必要がありません（615条）。本問は貸主が知っているので，借主は通知をする必要はありません。

[H30]

答 12

○

賃借物の全部が滅失などの事由により使用・収益をすることができなくなった場合には，賃貸借契約は，これによって終了します（616条の2）。この場合，そもそも契約が終了するので，貸主は賃貸建物の修繕義務を負いません。もし，借主に帰責事由があるのであれば，それは損害賠償の問題となります。

費用の負担

重要度 A

問 13

借主は，賃貸不動産について貸主の負担に属する必要費を支出したときは，貸主に対し，直ちにその償還を請求することができる。

重要度 A

問 14

借主が賃貸物件の汲取式トイレを水洗化し，その後賃貸借契約が終了した場合，借主は有益費償還請求権として，水洗化に要した費用と水洗化による賃貸物件の価値増加額のいずれか一方を選択して，貸主に請求することができる。

重要度 B

問 15

借主が雨漏りを修繕し，その費用を貸主に請求したにもかかわらず，貸主が支払わない場合には，借主が賃貸借契約終了後も，貸主が修理費用を支払うまで賃貸物件の明渡しを拒絶することができる。

重要度 B

問 16

借主が賃貸物件の雨漏りを修繕する費用を負担し，貸主に請求したにもかかわらず，貸主が支払わない場合，借主は賃貸借契約終了後も貸主が支払をするまで建物の明渡しを拒むことができ，明渡しまでの賃料相当損害金を負担する必要もない。

[H28]

答 13

○

修繕費用のように**賃貸不動産を使用・収益する上で必要となる費用を必要費**といい，賃貸不動産について貸主の負担に属する必要費を支出したときは，借主は，貸主に対して，**直ちにその償還請求をすることができます**（608条1項）。

[R3]

答 14

×

借主が賃貸物件の汲取式トイレを水洗化した場合のように**賃貸物件の改良のためにかかった費用を有益費**といいます。借主が賃借物について有益費を支出したときは，貸主は，**賃貸借の終了時に**，その賃貸物件の価格の増加が現存する場合に限り，貸主の選択によって，その**支出した金額または増価額を償還しなければなりません**（608条2項，196条2項）。つまり，貸主がどちらかを選択して償還するのであり，借主が選択して請求するのではありません。

[H27]

答 15

○

雨漏りを修繕する等，貸主が行うべき修繕を借主が行ってそのための費用を負担した場合，借主は貸主に対して，その費用を必要費として**償還請求をすることができます**（608条1項）。借主が必要費の償還を請求したにもかかわらず，貸主が支払わない場合，賃貸借契約終了後も，借主は必要費の償還請求権を被担保債権として**留置権を行使し**，貸主が必要費である修理費用を支払うまで賃貸物件の明渡しを拒絶することができます（295条1項本文）。

留置権とは物から生じた債務を支払わせるためにその**物の返還を拒む**ことができる**権利**です。

[R3]

答 16

×

本問の場合，賃貸借契約終了後も，借主は**必要費の償還請求権を被担保債権として留置権を行使し**，貸主が修繕費用を支払うまで賃貸物件の明渡しを拒絶することができます（295条1項本文）。ただし，留置権行使の結果，**賃貸物件を使用することによって借主の得た利益**（賃料相当損害金）については，**貸主は借主に対して請求することができます**。

問 17

☐☐☐

賃貸借契約が終了し，賃貸住宅を明け渡してから1年半が経過した時点で，借主が必要費を支出していたことを思い出し，貸主に対して必要費償還請求権を行使した場合，貸主は支払を拒むことができない。

問 18

☐☐☐

賃貸物件に係る必要費償還請求権を排除する旨の特約は有効である。

問 19

☐☐☐

借主が賃貸物件に給湯設備を設置し，賃貸借契約終了時に貸主に対して造作買取請求権を行使した場合には，貸主が承諾した時に売買契約が成立する。

問 20

☐☐☐

借主が賃貸物件に空調設備を設置し，賃貸借契約終了時に造作買取請求権を行使した場合，貸主が造作の代金を支払わないときであっても，借主は賃貸物件の明渡しを拒むことができない。

問 21

☐☐☐

造作買取請求権を排除する特約は，借主に不利な特約のため，無効である。

答 17 [R5]

✕

借主が支出した**費用（必要費・有益費）の償還**は，借主は，貸主が賃借物の返還を受けた時**から１年以内に請求**しなければなりません（622条，600条１項）。したがって，賃貸住宅を明け渡してから**１年半が経過**した時点で，借主が貸主に対して必要費償還請求権を行使した場合，**貸主はその支払を拒むことができます**。

答 18 [R3]

○

必要費の償還請求を認めた規定は**任意規定**なので，**当事者の合意に基づき必要費の償還請求権を排除する旨の特約**を定めた場合，その特約は有効となります。

> **任意規定**とは，契約の当事者が特約で**変更できる規定**です。同様に**有益費の償還請求権を排除する旨の特約**も有効です。

答 19 [H27]

✕

造作買取請求権とは，借主が貸主の同意を得て賃貸不動産に設置した造作がある場合に，契約終了時に，借主が貸主に対し，その造作を時価で買い取ることを請求できる権利です（借地借家法33条１項）。造作買取請求権は，借主の意思表示が**貸主に到達すれば**，借主を売主，貸主を買主とする**売買契約が成立**します。したがって，**貸主の承諾は不要**です。

答 20 [R3]

○

問 19 の解説参照。留置権は，債権者が，**その物に関して生じた債権**を有する場合でなければ行使できません（民法295条１項）。造作買取請求権は「造作（本問の場合，空調設備）」に関して生じた債権であるため，貸主が造作の代金を支払わない場合，借主は造作である「空調設備」を留置することができますが，**賃貸物件そのものは留置できず**，明渡しを拒むことができません。

答 21 [R1]

✕

問 19 の解説参照。**造作買取請求権**についての規定は**任意規定**であるため，**造作買取請求権を排除（放棄）する旨の特約**は，有効です。

賃料等の支払

重要度 A

問 22 　賃貸借契約書に賃料の支払日について記載がない場合，令和6年11月分の賃料の支払日は令和6年10月31日である。

重要度 B

問 23 　借主の地位を複数人が共に有する場合，各借主は賃料支払債務を分割債務として負担する。

重要度 B

問 24 　建物賃貸借契約における賃料は，建物使用の対価であるので，貸主は，借主が使用する敷地の対価を当然に別途請求することができる。

重要度 B

問 25 　貸主が修繕義務の履行を怠り，借主が賃貸建物を全く使用することができなかった場合には，借主はその期間の賃料の支払を免れる。

[H30]

答 22 ✕

賃料は，建物・宅地・動産については毎月末（日）に，宅地以外の土地については毎年末（日）に，**支払わなければなりません**（民法614条）。したがって，賃貸借契約書において賃料の支払日について記載がない場合，令和6年11月分の賃料の支払日は，令和6年11月30日になります。

> 通常の建物の賃貸借契約では，**先払い特約**を設けて，前払いとしているものがほとんどですが，民法上，賃料は**後払いが原則**となっています。

[R1]

答 23 ✕

借主の地位を複数人が共に有する（共同借主）場合，各借主の賃料支払債務は，不可分債務となります。不可分債務の場合，**各債務者（借主）は債権者（貸主）に対して賃料全額の支払義務**を負います（判例）。貸主は不動産という分割することができない物を引き渡さなければなりませんので，共同借主も賃料を分割せずに支払うことが公平と考えているのです。

[R4]

答 24 ✕

建物賃貸借契約の借主は，建物の使用の範囲でその敷地も利用できる権利を有するので，賃料には，建物自体の使用の対価だけではなく，敷地の使用の対価が含まれています。したがって，貸主は，敷地の対価は別途請求することができません。

[H29]

答 25 ○

賃料は，目的物の使用の対価ですので，貸主が修繕義務の履行を怠り，借主が目的物を全く使用することができなかった場合には，借主は，その期間の賃料の支払を免れます（判例）。

問 26

□□□

大地震により賃貸住宅の一部が滅失した場合（ただし，契約の目的を達することは未だできるものとする。），借主が賃料の減額請求をすることで賃料は減額される。

重要度 C

問 27

□□□

大地震により賃貸住宅の一部が倒壊し，契約の目的を達することができなくなった場合，賃貸借契約は終了し，借主の賃料支払義務は消滅する。

重要度 C

問 28

□□□

賃貸借契約書に遅延損害金の規定がない場合であっても，借主が賃料の支払を遅延したとき，貸主は借主に対して年３％の遅延損害金を請求することができる。

重要度 C

問 29

□□□

賃料債権が差し押さえられた場合，借主は賃料を貸主に支払ったとしてもそのことを差押債権者に通知すれば，差押債権者から取立てを受けず，以後賃料の支払を免れることができる。

重要度 A

問 30

□□□

ＡがＢに対してマンションの一室を賃貸している場合，ＡはＢに対して賃料の値上げを求めており，Ｂがこれに応じない場合に，Ｂが賃貸借契約で定められた賃料を支払ったところ，Ａが受領を拒絶した場合，Ｂの賃料支払義務は消滅する。

答 26
×

[R4]

賃借物の一部が滅失その他の事由により使用・収益をすることができなくなった場合，それが借主の責めに帰することができない事由（例えば，災害等）によるものであるときは，賃料は，その使用・収益をすることができなくなった部分の割合に応じて，当然に減額されます（民法611条1項）。借主による減額の意思表示（賃料の減額請求）は必要ありません。

答 27
×

[R4]

賃借物の一部が滅失その他の事由により使用・収益をすることができなくなった場合，残存する部分のみでは借主が賃借をした目的を達することができないときは，借主は，契約の解除をすることができます（611条2項）。借主は契約の解除ができるのであって，賃貸借契約が終了するわけではありません。

答 28
○

[H30]

賃料のような**金銭債務**については，賃貸借契約書に遅延損害金の規定がない場合，その損害金の額は，**法定利率（年3%：変動あり）**となります（404条2項，419条1項）。なお，当事者間に約定利率が定められていて，その約定利率が法定利率を超えるときは，約定利率となります。

答 29
×

[R4]

賃料債権が貸主の債権者（差押債権者）によって**差し押さえられた場合**，**借主は賃料を貸主に支払うことが禁止されます**（481条1項，民事執行法145条1項）。したがって，借主は賃料を貸主に支払い，そのことを差押債権者に通知したとしても，賃料の支払を求められた場合には，差押債権者に対して賃料を支払わなければなりません。

答 30
×

[H27]

貸主が，値上げ前の賃料の受領を拒んでいる場合，借主は，貸主に対して**弁済の提供（賃料の支払の提供）**をしていれば，債務不履行責任を免れることができます（493条，492条）。しかし，**賃料支払義務自体が消滅するわけではない**ので，借主が賃料債務を消滅させるためには賃料を供託する必要があります（494条1項1号））。

問 31 □□□ 自身が貸主であると主張する者が複数名おり，借主が過失なく貸主を特定できない場合，借主はそのうちの一人に賃料を支払えば賃料支払義務を免れるため，賃料を供託することができない。

問 32 □□□ 貸主が賃料の受領を拒絶している場合，借主は賃料を供託することにより，債務不履行責任のみならず賃料支払義務を免れることができる。

問 33 □□□ 賃貸借契約で賃料の支払方法が口座振込と定められている場合で，借主が賃貸人宅に賃料を持参したにもかかわらず，貸主が受領を拒否したときは，賃料を供託することが可能であり，供託により，借主は賃料債務を免れる。

問 34 □□□ AがBに対してマンションの一室を賃貸している場合，AB間で賃料に関する紛争が生じており，Bが賃料を供託した場合において，Aは，Bの承諾を得たときに限り，供託された賃料相当額を受領することができる。

[R2]

答 31

✕

債務者が供託をすることができるのは，次の供託原因がある場合に限られます（494条1項・2項）。

① 弁済の提供をしたが，債権者がその受領を拒む場合（受領拒絶）

② 債権者が弁済を受領することができない場合（受領不能）

③ 債務者が過失なく債権者を確知することができない場合（債権者不確知）

本問の「自身が貸主（債権者）であると主張する者が複数名おり，借主（債務者）が過失なく貸主を特定できない場合」は，③に該当します。したがって，借主は賃料を供託して賃料支払義務を免れる必要があり，貸主であると主張する者の1人に賃料を支払っても賃料支払義務を免れることはできません。

- -

[R1]

答 32

⭕

貸主が賃料の受領を拒絶している場合，借主は賃料を供託することができます。これにより賃料支払債務は消滅します（494条1項1号）。したがって，借主は，賃料を供託することにより，債務不履行責任のみならず賃料支払義務を免れることができます。

- -

[R5]

答 33

✕

判例によれば，「契約書において，口座振込と定められているのであるから，借主が約定と異なる持参払いの申込をし，貸主が受領を拒否したからといって，弁済の受領を拒んだことにはならない」とされています。したがって，本問の場合，借主は貸主の受領拒絶を供託原因として賃料を供託することはできず，賃料債務を免れることもできません（494条1項1号）。

- -

[H27]

答 34

✕

貸主（債権者）は，いつでも供託金を受領することができ，その受領に際し，借主（供託者）の承諾は不要です。この場合，供託所に備えられている払渡請求書（還付請求書）に供託通知書等を添えて供託所に提出することで供託金を受領することができます。

問 35

供託所は，借主により供託がなされた場合，遅滞なく，貸主に供託の事実を通知しなければならない。

問 36

賃料増減請求は，請求権を行使した時ではなく，客観的に賃料が不相当となった時に遡って効力を生ずる。

問 37

借主が賃料減額請求に関する事件について訴えを提起しようとする場合，それに先立って調停の申立てをすることができるが，調停の申立てをせずに訴えを提起することも認められている。

問 38

貸主が賃料の増額を請求し，借主がこれを拒んだが，貸主の請求を認めた裁判が確定した場合，借主が賃料の不足額を支払うにあたり，特約がないときは，年1割の割合による支払期後の利息を付加しなければならない。

[R2]

答 35

✕

債務者である借主は，供託後，遅滞なく，債権者である貸主に供託の通知をしなければなりません（495条3項）。供託所が通知するのではありません。

. . . .

[R3]

答 36

✕

建物の借賃が，土地または建物に対する租税その他の負担の増減や経済事情の変動により不相当となった場合や近傍同種の建物の借賃に比較して不相当となった場合には，当事者は，「将来に向かって」建物の借賃の額の増減を請求することができます（借地借家法32条1項）。つまり，増減請求日「以降」の賃料の増減を請求できるのであって，客観的に賃料が不相当となった時に「遡って」効力が生じるのではありません。

. . . .

[H27]

答 37

✕

建物賃貸借において賃料の増減を請求する場合，貸主・借主ともに相手方が納得しない場合は，まず交渉を行い，そこで交渉が成立しない場合は調停を申し立てることになります（民事調停法24条の2第1項）。そして，調停によっても協議が調わなければ訴訟（裁判）により，新賃料が決定されます。

この民事訴訟を提起する前に必ず調停の手続を経なければならないという原則を「調停前置主義」といいます。

. . . .

[R2]

答 38

○

貸主から賃料増額請求を受けた借主は，賃料の増額について，当事者間の協議が調わない場合，増額を正当とする裁判が確定するまでは，自ら（借主）が相当と認める額の建物の賃料を支払えば足ります。しかし，その後裁判で増額が確定した場合，借主が既に支払った額に不足があるときは，特約がなければ，その不足額に年1割の割合による支払期後の利息を付して払わなければなりません（借地借家法32条2項）。

問 39

□□□

借主が賃料の減額を請求し，貸主がこれを拒んだが，借主の請求を認めた裁判が確定した場合，貸主が受け取った賃料の過払額を返還するにあたり，民法の定める法定利率による利息を付加しなければならない。

問 40

□□□

貸主の賃料増額請求権を一定期間排除する特約は有効である。

問 41

□□□

普通建物賃貸借契約書の約定に「賃料の増減は協議による」との記載があった場合，協議を経なければ，貸主は借主に対し，借地借家法上の賃料増額請求をすることはできない。

問 42

□□□

振込みにより賃料を支払う場合の振込み手数料を貸主負担とする旨の特約は，無効である。

[R2]

答 39 ✕

借主から**賃料減額請求を受けた貸主**は，賃料の減額について，当事者間の協議が調わない場合，減額を正当とする裁判が確定するまでは，**自ら（貸主）が相当と考える賃料**（例えば，今までの賃料）の**支払を請求することができます**。しかし，その後の裁判で減額が確定した場合，**貸主が既に受領していた賃料額が減額後の賃料を超えている**ときは，その超過額（過払額）に「**年１割の割合による受領の時からの利息**」を付けて借主に返還しなければなりません（32条３項）。「民法の定める法定利率による利息」ではありません。

[R1]

答 40 ○

一定期間建物の借賃を**増額しない旨の特約がある場合**，その特約に従うことになります（32条１項ただし書）。つまり，貸主の賃料増額請求権を一定期間排除する特約は有効です。

[R2]

答 41 ✕

普通建物賃貸借契約書の約定に「**賃料の増減は協議による**」との記載があった場合でも，それは「**できる限り訴訟をしないで解決しましょう**」という合意にすぎません。したがって，この記載があった場合でも，要件を満たせば**当事者の協議を経ずに，増減額請求をすることができます**（判例）。

[H30]

答 42 ✕

民法では，弁済（賃料の支払）の費用について，別段の意思表示（特約）がないときは，原則として，**債務者（借主）が負担**するとしています（民法485条本文）。したがって，**特約**をすれば，**貸主が負担する**と定めることもできます。

保管義務

重要度 B

問 43
□□□

親族が貸主である賃貸借契約の場合，借主は，賃貸借契約終了後，賃貸物件返還までの間，同物件を自己の財産のためにするのと同一の注意義務をもって保管すれば良い。

重要度 B

問 44
□□□

借主は，失火により賃貸不動産を損傷したとしても，失火につき重過失がない限り，貸主に対し，債務不履行に基づく損害賠償責任を負わない。

重要度 B

問 45
□□□

民法では，借主は，賃借物を受け取った後に生じた損傷（通常の使用収益によって生じた損耗や賃借物の経年変化を除く）がある場合において，その損傷が借主の責めに帰することができない事由によるものである場合を除き，賃貸借の終了時に，その損傷を原状に復する義務を負うとされている。

重要度 A

問 46
□□□

賃貸借契約書に借主の原状回復義務に関する記載がない場合であっても，賃貸物件が借主の過失により損傷したときは，貸主は借主に対して原状回復費用相当額の損害賠償を請求することができる。

[R1]

答 43

✕

借主は，賃貸借契約終了後，賃貸物件の返還までの間，物件を**善管注意義務**をもって保管しなければなりません（善管注意義務，400条）。たとえ貸主が親族であっても変わりはなく，「自己の財産のためにするのと同一の注意義務」では足らず，善管注意義務が課せられます。

「**善管注意義務**」とは，借主の能力や社会的地位などから考えて通常**期待される注意**をもって，目的物を保存しなければならないという義務のことです。これに対して「**自己の財産のためにするのと同一の注意義務**」は，この善管注意義務よりも**軽い注意義務**です。

[H28]

答 44

✕

借主が，**失火（過失）**により賃貸不動産を損傷した場合，重大な過失（**重過失**）がない限り，失火者は不法行為による損害賠償責任を負いません（失火責任法）。ただし，この場合，失火者は，失火につき**重大な過失がなくても**，賃貸借契約に基づく保管義務違反（または**返還義務違反**）による債務不履行によって，その損害を賠償する責任を負います（民法415条）。

[R5]

答 45

○

民法では，621条において「借主は，賃借物を受け取った後に生じた**損傷**（「通常の使用および収益によって生じた賃借物の損耗ならびに賃借物の経年変化」を除く）がある場合において，賃貸借が終了したときは，その**損傷を原状に復する義務を負う**。ただし，その損傷が借主の責めに帰することができない事由によるものであるときは，**その必要はない**」とされています。

[H29]

答 46

○

賃貸借契約書に原状回復義務に関する記載がなくても，**借主は当然に原状回復義務を負います**ので，賃貸物件が借主の過失により損傷した場合，**貸主**は，原状回復費用相当額の損害賠償を請求することができます（621条）。

重要度 C

問 47 居住用賃貸借契約において，借主が契約期間満了日に貸室を明け渡さなかった場合，借主は契約期間満了日の翌日から明渡しが完了するまでの間，賃料の2倍相当額の使用損害金を賃貸人に支払うものとする旨の約定を定めることができない。

用法の遵守義務

重要度 C

問 48 貸主が借主の用法遵守義務違反を理由に損害賠償請求をする場合，賃貸物件の返還を受けた時から1年以内に行使しなければならない。

重要度 B

問 49 ペット飼育の禁止が賃貸借契約に定められていない場合でも，通常許容される範囲を超えたペットの飼育があった場合には，賃貸借契約の解除が認められる。

[R5]

答 47

✗

判例によれば，「賃料の2倍相当額の使用損害金を賃貸人に支払う」旨の約定は，契約終了以後も占有を続ける借主に対して，明渡しを促す意味からも，合理性があり，消費者契約法に反するものではなく，有効とされています。

[R1]

答 48

◯

借主は，契約またはその目的物の性質によって定まった用法に従い，その物の使用・収益をする必要があります（616条，594条1項）。この**用法遵守義務違反**によって生じた損害賠償の請求は，貸主が賃貸物件の**返還を受けた時から1年以内**にしなければなりません（622条，600条1項）。

[H28]

答 49

◯

ペット飼育の禁止が賃貸借契約に定められていない場合でも，ペットの飼育が通常許容される範囲を明らかに逸脱して，契約当事者間の信頼関係を破壊する程度に至った場合は，賃貸借契約における用法違反になるとして，**賃貸借契約の解除および明渡し請求が認められます**（判例）。

賃貸借契約②(敷金等)

「敷金」の意義

重要度 A

問 50

敷金は，原状回復とされている借主の毀損・汚損に対する損害賠償も担保する。

重要度 A

問 51

賃貸借契約書に敷金によって担保される債務の範囲について何らの定めもない場合，敷金によって担保される借主の債務は賃料債務に限定され，貸主は原状回復費用に敷金を充当することはできない。

重要度 A

問 52

賃貸借契約書に敷金の返還時期について何らの定めもない場合，借主は敷金の返還を受けるまでの間，建物の明渡しを拒むことができる。

[R2]

 答 50

○

敷金とは，いかなる名目によるかを問わず，**賃料債務その他の賃貸借に基づいて生ずる借主の貸主に対する金銭の給付を目的とする債務を担保する目的**で，**借主が貸主に交付する金銭**をいいます（民法622条の２第１項かっこ書）。したがって，**原状回復とされている借主の毀損・汚損に対する損賠賠償**も敷金による担保の対象となります。

[H30]

答 51

×

敷金によって担保されるのは，**賃料債務その他の賃貸借に基づいて生ずる借主の貸主に対する金銭の給付を目的とする債務**とされています（622条の２第１項かっこ書）。したがって，敷金は，**賃料の不払に限られず，原状回復費用にも充当**されます。

 このほか，**敷金は，借主が無権限で行った工事の復旧費，賃貸借契約終了後明渡しまでの賃料相当額の損害賠償債務などにも充当**されます。

[H30]

 答 52

×

貸主は，賃貸借が終了し，かつ，賃貸物の返還を受けたときに，借主に対し，その受け取った敷金の額から賃貸借に基づいて生じた借主の貸主に対する金銭の給付を目的とする債務の額を控除した残額を返還しなければなりません（622条の２第１項１号）。つまり，**賃貸借が終了し，かつ，賃貸物の返還を受けて初めて**貸主が返還する敷金の額が確定し，**借主の敷金返還請求権が発生する**ため，貸主の敷金の返還債務と借主の賃貸物件の明渡し債務については，**借主の明渡し債務の方が先に履行される必要**があります。したがって，借主は，「敷金が返還されるまで，賃貸不動産を明け渡さない」と主張することはできません。

重要度 A

問 53

□□□

敷金は，賃貸借契約上の債務を担保するための金銭であるから，貸主との合意があっても賃貸借契約の締結後に預け入れることができない。

重要度 B

問 54

□□□

敷金契約は，賃貸借契約に付随する契約であるから，敷金契約のみを合意解除することはできない。

重要度 B

問 55

□□□

敷金返還請求権は，賃貸借契約が終了し，借主が建物を明け渡したときに発生するから，貸主は，借主が建物を明け渡すまでの間に，未払賃料に敷金を充当することはできない。

敷金の承継

重要度 A

問 56

□□□

貸主が建物を借主に引き渡した後，第三者に当該建物を売却し，所有権移転登記を完了した場合，特段の事情がない限り，敷金に関する権利義務は当然に当該第三者に承継される。

[R3]

答 53

✗

敷金は，賃貸借契約上の債務を担保するための金銭ですから，**賃貸借契約の締結と同時または締結前に預け入れられること**が一般的ですが，賃貸借契約締結後に支払う旨の合意も有効です。

[H28]

答 54

✗

敷金契約は，賃貸借契約に付随する位置づけの契約ですが，あくまでも**賃貸借契約とは別個の契約**です。そのため，敷金契約**のみ**を合意解除することも可能とされています（判例）。

[H28]

答 55

✗

貸主は，借主が賃貸借に基づいて生じた金銭の給付を目的とする債務を履行しないときは，**敷金をその債務の弁済に充当することができます**（民法622条の２第２項前段）。また，借主が賃料の支払を怠ったときは，**貸主**は，賃貸借の期間中でも，**敷金を賃料の支払に充当できる**とされています（判例）。したがって，貸主は，借主が建物を明け渡すまでの間であっても，未払賃料に敷金を充当することができます。

[R3]

答 56

〇

建物の賃貸借契約については，借主が**建物の引渡しを受けていれ**ば，**借主は引渡し後に所有者となった第三者（新所有者）に対して，賃借権を対抗できます**（借地借家法31条）。つまり，**新所有者を貸主として，賃貸借契約が引き継がれる**ことになります。そして，借主が旧貸主に対して差し入れていた**敷金に関する権利義務も，当然に，新所有者に引き継がれます**（民法605条の２第１項・４項）。

問 57 借主の地位の承継があったとしても，特段の事情のない限り，敷金は新借主に承継されない。

□□□

問 58 建物について抵当権が設定され，その登記がされた後に，当該建物についての賃貸借契約が締結された場合，抵当権が実行され，買受人に建物の所有権が移転すると，敷金に関する権利義務も当然に買受人に承継される。

□□□

問 59 貸主が，建物を借主に引き渡した後，当該建物に抵当権が設定され，抵当権が実行された結果，買受人に当該建物の所有権が移転したときは，敷金に関する権利義務は当然に買受人に承継される。

□□□

答 57

〇

借主が貸主の承諾を得て**第三者（新借主）に賃借権を譲り渡し**たことによって**借主の地位の承継**があったときは，貸主は，旧借主に対し，敷金の額から賃貸借に基づいて生じた借主の債務の額を控除した残額を返還しなければなりません（622条の2第1項2号）。したがって，借主の地位の承継があった場合でも，旧借主が差し入れた敷金については，特段の事情がない限り，新借主に承継されません。

この場合，新借主は貸主に**あらたに敷金を差し入れる**ことになります。

答 58

✕

建物について**抵当権が設定され，その登記がされた後**に，当該建物についての賃貸借契約が締結された場合，**賃借権よりも抵当権の方が優先**されます（177条）。そして，抵当権が実行（競売）され，新所有者（買受人）に建物の所有権が移転した場合には，**賃貸借契約は終了し，買受人は貸主**にはなりません（貸主の地位は移転しません）。したがって，借主が旧貸主に差し入れていた**敷金に関する権利義務は，新所有者に引き継がれません**。

答 59

〇

本問の場合は，**抵当権設定登記がされる前に賃貸借契約が締結**され，借主が当該建物の引渡しを受けているので，**賃借権が優先**されます（借地借家法31条，民法177条）。そして，この場合，抵当権が実行（競売）され，新所有者（買受人）に建物の所有権が移転すれば，**新所有者を貸主として，賃貸借契約が引き継がれる**ことになります（605条の2第1項）。そして，借主が旧貸主に差し入れていた**敷金に関する権利義務は，当然に新所有者に引き継がれます**（605条の2第4項）。

敷金の充当

重要度 B

問 60

賃貸借契約が終了し，建物が明け渡された後，借主が行方不明となったことにより，借主に対し敷金の充当の通知ができない場合，貸主は敷金を未払賃料や原状回復費用に充当することができない。

重要度 B

問 61

借主は，不払賃料額の弁済に敷金を充てるよう貸主に請求することはできない。

重要度 C

問 62

賃貸借契約書に借主からの敷金の相殺について禁止する条項がない場合，借主は契約期間中，敷金返還請求権と賃料債務を相殺することができる。

敷金返還請求権の譲渡・差押え

重要度 A

問 63

賃貸借契約の継続中に借主の債権者が敷金返還請求権を差し押え，賃貸物件の明渡し前に差押債権者が敷金の支払を貸主に請求した場合，貸主に敷金の支払義務が発生する。

[R3]

答 60

×

貸主は、借主が賃貸借に基づいて生じた金銭の給付を目的とする債務を履行しないときは、**敷金をその債務の弁済に充当することができます**（622条の2第2項前段）。この貸主からの充当について借主に対する通知等の意思表示は要しないとされています（判例）。したがって、借主が行方不明で敷金の充当を通知できない場合であっても、貸主は敷金を未払賃料や原状回復費用に充当することができます。

[R2]

答 61

○

借主の方から、貸主に対し、**敷金をその債務の弁済に充てることを請求することは認められていません**（622条の2第2項後段）。

[H30]

答 62

×

敷金返還請求権は、賃貸借が終了し、賃貸物の返還時に発生するので（622条の2第1項1号）、敷金の相殺についての禁止条項の有無にかかわらず、**契約期間中は敷金返還請求権が発生していないので、借主は、敷金返還請求権と賃料債務とを相殺することができません**（判例・民法622条の2第2項）。

[R1]

答 63

×

敷金の返還請求権は、賃貸借が終了し、かつ、**貸主が賃貸物の返還を受けたときに発生します**（622条の2第1項1号）。したがって、借主の債権者が、**賃貸借契約の継続中に敷金返還請求権を差し押えたとしても**、まだ敷金の返還義務が貸主に発生していませんので、**貸主に差押え債権者に対する支払義務も発生しません**。

敷金以外の一時金

重要度 **C**

問 64

□□□

いわゆる敷引特約（賃貸借契約終了時に，貸主が敷金の一部を取得する特約。）に関し，判例は，敷引金の額が賃料の額等に照らし高額に過ぎるなどの事情があれば格別，そうでない限り，これが信義則に反して消費者である借主の利益を一方的に害するものということはできない旨を判示している。

答 64

○

貸主・借主の間で**敷引きの特約**を締結した場合，敷引金の額が賃料の額等に照らし高額に過ぎるなどの事情がない限り，これが**信義則に反して消費者である借主の利益を一方的に害するものとはいえない**とされています（消費者契約法10条，判例）。

　　敷引きとは，**預けた敷金の一部を返金しない特約**のことで，主に西日本の賃貸借契約で慣習的に行われています。

Section 3

賃貸借契約③ （存続期間・更新等）

重要度 A

賃貸借契約の更新

重要度 A

問 65

□□□

賃貸借契約書に一義的かつ具体的に記載された更新料条項は，更新料の額が賃料の額，賃貸借契約が更新される期間等に照らし高額に過ぎるなどの特段の事情がない限り，有効である。

重要度 A

問 66

□□□

賃貸借契約の借主が，期間満了後に建物の使用を継続する場合において，貸主が遅滞なく異議を述べなかったとしても，貸主が期間満了の1年前から6か月前までの間に借主に対して更新をしない旨の通知をしていた場合には，更新拒絶に正当事由が認められる限り，賃貸借契約は期間満了により終了する。

[H29]

答 65

○

更新料とは，建物賃貸借契約の**更新**の際に借主が貸主に支払う一時金をいい，その支払義務は，**法的な根拠がなく，当事者間の合意に基づいて発生**します。賃貸借契約書に**一義的**（１つの意味にしか解釈できない表現）**かつ具体的に記載された更新料条項**は，更新料の額が賃料の額，賃貸借契約が更新される期間等に照らし高額に過ぎるなどの特段の事情がない限り，**消費者契約法10条の「消費者の利益を一方的に害するもの」には当たらず**，有効となります（判例）。

[H29]

答 66

✕

貸主が**期間満了の１年前から６か月前までの間**に借主に対して，正当事由をもって**更新をしない旨の通知**をしていた場合には，賃貸借契約は**期間満了により終了**します（借地借家法26条１項，28条）。ただし，**期間満了後に借主が使用を継続する場合**に，貸主が**遅滞なく異議を述べなかったとき**は，従前の契約と同一の条件で契約を更新したものとみなされます（**法定更新**，26条２項）。したがって，貸主の更新拒絶の通知に正当事由があったとしても，**借主の使用継続について，遅滞なく異議を述べないと法定更新される**ことになりますので，期間満了によって契約は終了しません。

問 67

□□□

普通建物賃貸借契約において，契約期間満了までに，更新について合意が成立しない場合，特約のない限り，従前と同一条件かつ同一期間で賃貸借契約が当然に更新されたものとみなされる。

重要度 B

問 68

□□□

賃貸借契約を合意更新する場合，当事者間に特別の約束がない限り，契約終了前6か月時点での通知等の特別の手続は不要であり，契約期間満了までの間に当事者間で協議し，契約条件を定めて合意すればよい。

重要度 C

問 69

□□□

更新料特約以外に更新手数料特約を定めることは，有効である。

重要度 A

問 70

□□□

貸主は，自ら建物の使用を必要とする事情が一切なくとも，立退料さえ支払えば，正当事由があるものとして，更新拒絶することができる。

答 67 [H30]

✕

賃貸借契約の更新の合意が不成立の場合でも、更新が拒絶されなければ、賃貸借契約は**法定更新**されます。そしてこの場合、**契約期間を除いて**、従前の契約と同一の条件で契約を更新したものとみなされます（26条1項）。**法定更新**の場合、当事者間で別途、契約期間の定めをしない限り、**期間の定めのない賃貸借**となります。従前と同一の期間となるわけではありません。

期間の定めのない賃貸借契約では、そもそも「契約期間」がありませんので、「更新」という事態は生じません。したがって、**法定更新後は、当事者間で別途、期間の定めをしない限り、更新は生じません。**

答 68 [H27]

◯

賃貸借契約は当事者の**合意**により**更新**することができ（民法604条2項）、この**合意更新**をする場合、当事者間に特別の約束がない限り、**契約終了前6か月時点での通知等の特別の手続**は不要で、契約期間満了までの間に当事者間で協議し、契約条件を定めればよいとされています。

答 69 [H30]

◯

更新手数料は、管理業者が契約の更新手続を行う場合の**事務代行手数料**と考えられており、誰からの依頼か、何の義務についての対価であるかが明確であり、その額が相当であれば、その**授受に関する特約**は有効とされています。

答 70 [H27]

✕

貸主による更新拒絶には、**正当事由**が必要です（借地借家法28条、26条1項）。正当事由として考慮される要因には、次のものがあります。**正当事由の有無**はこれらの要因を考慮し、**総合的に判断**されます。立退料の支払の提供だけで**正当事由がある**と判断されるわけではありません。

① 貸主および借主（転借人を含む）が建物の使用を必要とする事情
② 建物の賃貸借に関する従前の経過
③ 建物の利用状況および建物の現況
④ 立退料の提供の申出

問 71

□□□

普通建物賃貸借契約において，賃貸建物の老朽化が著しいことを理由として更新を拒絶する場合，貸主は立退料を支払うことなく，当然に正当事由が認められる。

問 72

□□□

更新拒絶の通知時点では正当事由が存在しなくとも，通知後に事情が変わり正当事由が具備され，正当事由が具備された状態が事情変更時点から6か月間持続した場合，解約の効果が生じる。

問 73

□□□

賃貸借の更新について合意が成立しない場合は賃貸借契約が期間満了と同時に当然に終了する旨の特約は，有効である。

定期建物賃貸借

問 74

□□□

定期建物賃貸借契約は，書面又は電磁的記録によって締結すれば有効であり，必ずしも公正証書によって締結する必要はない。

問 75

□□□

書面又は電磁的記録によらずに定期建物賃貸借契約を締結した場合，普通建物賃貸借契約としての効力を有する。

[H30]

答 71 ✕

貸主からの更新拒絶の際に必要な正当事由は，貸主・借主等が建物の使用を必要とする事情等も考慮し，**総合的に判断されます**（28条）。「著しい建物の老朽化」は，正当事由の要因（建物の現況）の１つにはなる可能性がありますが，それだけで正当事由として認められるわけではありません。

[H27]

答 72 ◯

原則として，正当事由は，**更新拒絶の通知等および解約申入れのときに存在し，かつ，その後６か月間持続**していなければなりません（判例）。ただし，更新拒絶の通知時点では正当事由が存在しなくとも，**通知後に事情が変わって正当事由が具備され，その状態が事情変更時点から６か月間持続した場合も**，正当事由として認められ，解約の効果が生じます（判例）。

[H30]

答 73 ✕

借地借家法の規定に反する特約で借主に不利なものは，原則として，**無効**です（借地借家法30条）。そして，「合意が成立しない場合は賃貸借契約が期間満了と同時に当然に終了する」旨の特約は，借地借家法の定める**法定更新を認めない特約**ですから，借主に不利なものであり，無効です。

[H29]

答 74 ◯

定期建物賃貸借契約は，**公正証書等の書面または電磁的記録**によって，契約をしなければなりません（借地借家法38条１項・２項）。ただし，何らかの「書面（または電磁的記録）」であればよいため，**必ずしも公正証書である必要はありません**。

[H30]

答 75 ◯

定期建物賃貸借契約は，**公正証書等の書面または電磁的記録**によって，契約をしなければなりません（38条１項・２項）。書面または電磁的記録によらずに契約を締結しても定期建物賃貸借契約は成立せず，この場合は，**更新が予定される普通建物賃貸借契約が成立**したことになります。

重要度 C

問 76

☐☐☐

期間50年を超える定期建物賃貸借契約は，有効である。

· ·

重要度 B

問 77

☐☐☐

定期建物賃貸借において，貸主が死亡したときに賃貸借契約が終了する旨の特約は，有効である。

· ·

重要度 A

問 78

☐☐☐

契約期間が１年未満の定期建物賃貸借契約は，無効である。

· ·

重要度 A

問 79

☐☐☐

契約期間が１年未満の場合，定期建物賃貸借契約も普通建物賃貸借契約も，いずれも期間の定めのない賃貸借契約となる。

· ·

重要度 A

問 80

☐☐☐

中途解約特約のある定期建物賃貸借契約において，貸主は契約期間中であっても，正当事由を具備することなく契約を解約することができる。

答 76

[R4]

○

借地借家法上の借家権は契約期間の上限がないので，50年を超えることができます（29条2項）。定期建物賃貸借も借家権であるので，期間50年を超える定期建物賃貸借契約は有効です。

答 77

[R4]

✕

定期建物賃貸借では，確定した期間を定めなければなりません（38条1項）。したがって，本問の「貸主が死亡したときに契約が終了する」旨の特約は，貸主がいつ死亡するかが不確定であるため，確定した期間を定めたものとはいえず，無効となります。

答 78

[R2]

✕

定期建物賃貸借では，確定した期間を定めなければなりません（38条1項）。期間が確定していれば，1年未満とする契約も有効です。

答 79

[R1]

✕

定期建物賃貸借では，契約期間を1年未満とする契約も有効です（38条1項）。これに対して，普通建物賃貸借では，契約期間が1年未満のときは，期間の定めのない契約となります（29条1項）。

答 80

[R3]

✕

定期建物賃貸借でも，その期間内に解約することができる旨の特約（期間内解約条項）を定めた場合，その特約は有効です（民法618条）。この場合，貸主からの解約申入れには，あくまでも正当事由が必要です（借地借家法28条）。

問 81

□□□

定期建物賃貸借契約の事前説明は,「更新がなく,期間の満了により契約が終了する」旨を口頭で説明すれば足り,別途,書面を交付又は電磁的方法による提供をする必要はない。

問 82

□□□

定期建物賃貸借契約における事前説明は,賃借人の承諾がなくとも,電磁的方法により提供することができる。

問 83

□□□

定期建物賃貸借契約書は,同契約を締結する際に義務付けられる事前説明の書面を兼ねることができる。

問 84

□□□

賃貸借の媒介業者が宅地建物取引業法第35条に定める重要事項説明を行う場合,定期建物賃貸借契約であることの事前説明の書面は不要である。

[H30]

答 81

✕

定期建物賃貸借契約の締結にあたり，**貸主**は，あらかじめ，賃貸建物の借主に対し，**「更新がなく，期間の満了により定期建物賃貸借契約が終了すること」**について，その旨を記載した書面を交付または電磁的方法による提供をしたうえで，口頭で説明しなければなりません（事前説明，38条3項・4項）。つまり，口頭での説明だけでは足りず，必ず書面の交付または電磁的方法による提供が必要です。

> **事前説明書面**だけではなく，**賃貸借契約書**にも**「更新がなく，期間の満了により契約が終了する」旨の記載**がなければ，更新がない定期建物賃貸借契約は成立しません。

[R5]

答 82

✕

定期建物賃貸借契約における**事前説明**は，書面の交付に代えて，借主の承諾を得て，その書面に記載すべき事項を**電磁的方法により提供する**ことができます（38条4項）。借主の承諾がなければ，電磁的方法により提供することはできません。

[R3]

答 83

✕

定期建物賃貸借契約における**事前説明書面は，契約書とは別個独立した書面で行わなければなりません**（判例）。

[R3]

答 84

✕

定期建物賃貸借契約における事前説明は，貸主または貸主代理人が，直接借主に書面を交付または電磁的方法により提供して口頭で行う必要があり，**宅建業者が宅地建物取引業法に基づく重要事項の説明として定期建物賃貸借である旨の説明を行っても，「借地借家法に定める事前説明」を行ったことにはなりません**。

問 85 ☐☐☐

契約期間を2年とする定期建物賃貸借契約において，貸主が，期間の満了の1年前から6か月前までの間に借主に対して期間満了により定期建物賃貸借契約が終了する旨の通知をしなかったとしても，貸主が上記期間経過後に借主に対して終了通知をした場合には，通知日から6か月を経過した後は，契約の終了を借主に主張することができる。

問 86 ☐☐☐

定期建物賃貸借契約において，床面積300㎡未満の居住用建物については，借主が転勤，療養，親族の介護等やむを得ない事情により，建物を生活の本拠として使用することが困難となった場合には，中途解約特約がなくとも，借主は中途解約を申入れることができる。

問 87 ☐☐☐

定期建物賃貸借契約においては，あらかじめ賃料改定方法を定めていた場合であっても，借地借家法上の賃料増減額請求の規定の適用は排除されない。

問 88 ☐☐☐

普通賃貸借契約において「賃料の減額はしない。」との特約がある場合，借主は賃料の減額を求めることができない。

答 85 [H28]

○

契約期間が１年以上の定期建物賃貸借の場合，賃貸建物の貸主は，通知期間（期間満了の１年前から６か月前までの間）中に，借主に対し，期間の満了により契約が終了する旨の通知をしなければならず，この通知がない場合は，期間満了による定期建物賃貸借の終了を借主に主張することができません。ただし，通知期間が経過した後でも，改めて貸主が借主に対して契約が終了する旨の通知をし，その通知から６か月が経過すれば，契約の終了を借主に対抗できます（38条６項）。

答 86 [R2]

✕

定期建物賃貸借契約において，床面積200㎡未満の居住用建物については，借主が転勤，療養，親族の介護等やむを得ない事情により，建物を生活の本拠として使用することが困難となった場合には，借主は解約の申入れをすることができます（38条７項）。この規定は強行規定であり，中途解約特約がなくとも適用され，借主は中途解約を申入れることができます。

この場合，定期建物賃貸借は，解約の申入れの日から１か月を経過することによって終了します。

答 87 [H29]

✕

定期建物賃貸借においては，当事者で借賃の改定について特約を定めることで，借地借家法の賃料増減額請求の規定の適用を排除することができます（38条９項，32条）。

答 88 [H29]

✕

（定期建物賃貸借ではなく）普通建物賃貸借の場合，「賃料の減額はしない」という特約は，消費者保護の観点（借主に不利）から，無効です（32条１項ただし書参照）。したがって，減額しない旨の特約があっても，借主は，賃料減額請求権を行使して，賃料の減額を請求することができます。

問 89 定期建物賃貸借契約の締結にあたり，「契約期間中に如何なる理由が生じても賃料の減額はできないものとする」といった特約は無効である。

問 90 賃貸人AがBに賃貸し，BがAの承諾を得てCに転貸する建物について，AB間の原賃貸借契約が定期建物賃貸借契約で期間満了により終了する場合，AがCに対して原賃貸借契約が終了する旨を通知した時から6か月を経過したときは，AはCに対して建物の明渡しを請求することができる。

問 91 平成12年3月1日より前に締結された居住用建物の賃貸借契約については，契約当事者がこれを合意解約して，新たに定期建物賃貸借契約を締結することは認められていない。

答 89

[R2]

✕

定期建物賃貸借契約においては，当事者が**借賃の改定について特約を定める**ことで，借地借家法の**賃料増減額請求の規定の適用を排除**することができます（38条9項，32条）。つまり，借賃改訂について特約を定めると借地借家法の規定より当事者の**特約が優先**することになります。したがって，定期建物賃貸借契約の締結にあたり，「契約期間中に如何なる理由が生じても賃料の減額はできないものとする」旨の特約をした場合，**この特約は有効**になります。

答 90

[R2]

〇

原賃貸借契約が**期間満了**または**解約申入れにより終了**する場合，**原賃貸人（A）**は，**原賃貸借の終了を転借人（C）に通知**しなければ，原賃貸借の終了を転借人に対抗することができません（34条1項）。そして，この通知があれば，転貸借契約は，**通知後6か月を経過することで終了**します（同2項）。この規定は，原賃貸借契約が定期建物賃貸借契約の期間満了により終了する場合にも適用されます。

答 91

[R2]

〇

平成12（2000）年3月1日（定期建物賃貸借を定めた改正借地借家法の施行日）前に締結された居住用建物の普通建物賃貸借契約については，貸主と借主が合意しても，これを終了させ，新たに定期建物賃貸借契約を締結することは**できません**（良質な賃貸住宅等の供給の促進に関する特別措置法附則3条）。定期建物賃貸借の内容を理解しないまま，切り替えに応じてしまい，期間満了時に予定外の明渡しを迫られることとなる危険があるので，居住用建物賃貸借について切り替えを認めないこととしました。

事業用建物の場合は，普通建物賃貸借契約については，これを終了させ，**新たに定期建物賃貸借契約を締結**することができます。

重要度 **A**

問 92 □□□

宅地建物取引業者が定期建物賃貸借契約の再契約について貸主を代理して締結する場合には，宅地建物取引業法の定めるところにより，あらためて重要事項説明をしなければならない。

. . . .

重要度 **A**

問 93 □□□

契約期間を2年とする定期建物賃貸借契約が終了した後の再契約として，契約期間を6か月とする定期建物賃貸借契約を締結することはできない。

. . . .

重要度 **A**

問 94 □□□

定期建物賃貸借契約の保証人は，定期建物賃貸借契約が期間満了後に再契約された場合には，新たに保証契約を締結することなく，当然に再契約後の債務について保証債務を負う。

[H27]

答 92

○

定期建物賃貸借は，期間の満了により終了する契約ですので，引き続き同一の借主が物件を賃借する場合は，**再契約が必要**となります。そして，定期建物賃貸借の再契約は，新たな賃貸借契約の締結となるため，宅建業者が貸主を代理して締結する場合には，宅建業法の適用により，あらためて重要事項説明を行わなければなりません。

. . . .

[H28]

答 93

×

定期建物賃貸借の再契約は，新たな賃貸借契約の締結となるため，契約条件は前の契約と同一である必要はなく，**当事者間の合意で自由に定める**ことができます。したがって，契約期間を6か月とする再契約を締結することも可能です。

. . . .

[H28]

答 94

×

定期建物賃貸借契約が，契約期間の満了により終了すると，保証債務の附従性（主たる債務が消滅すると保証債務も消滅する性質）により，**保証債務も当然に消滅**します。したがって，**定期建物賃貸借契約を再契約する場合には，すでにそれ以前の契約の保証債務は消滅**していますので，新たに保証契約を締結しなければなりません。

Section 4 賃貸借契約④（賃借権の譲渡・転貸借等）

重要度 **A**

賃借権の譲渡・転貸

重要度 A

問 95

所有者が転貸借を承諾しており，賃貸借契約の月額賃料が10万円，転貸借契約における月額賃料が12万円の場合，所有者が転借人（入居者）に対して12万円の支払を請求したときは，転借人（入居者）は12万円の支払義務を負う。

重要度 A

問 96

転借人（入居者）は，所有者（原賃貸人）との関係で転貸人（管理業者）の履行補助者には該当しないため，転借人（入居者）が帰責事由に基づき賃貸不動産を毀損しても，転貸人（管理業者）は所有者（原賃貸人）に対して責任を負わない。

重要度 C

問 97

A所有のマンションの一室を，管理業者であるBがAから賃借し，Cに転貸している場合において，AがAB間の賃貸借契約の更新を拒絶する場合には，更新拒絶の正当事由の判断に当たっては，契約当事者ではないCの事情は考慮されない。

[R1]

答 95

✗

貸主（所有者）は，転借人に対して，**直接賃料の支払請求がで
きます**（民法613条１項）。この場合，貸主が請求できるのは，
**賃貸借契約で定めた賃料と転貸借契約で定めた賃料（転借料）
を比べ少額の方まで**となります。したがって，賃貸借契約の月
額賃料が10万円，転貸借契約の月額賃料が12万円の場合，転借
人は貸主に対して少額である**10万円の支払い義務を負いま
す**。

[H29]

答 96

✗

借主が，過失により目的物を損傷した場合，保管義務違反とし
て貸主に債務不履行責任を負います。転貸借契約の場合，**転借
人は，転貸人（借主）の履行補助者**とされているため，賃貸不
動産が転借人の帰責事由に基づき損傷した場合には，借主であ
る管理業者は，**貸主に対し債務不履行に基づく損害賠償責任を
負う場合があります**（415条１項）。

履行補助者とは，債務者が債務の履行のために使用する者（家族等）を
いいます。

[H27]

答 97

✗

貸主が賃貸借契約の**更新を拒絶する場合**には，**正当事由が必要**
となります。正当事由は建物の**貸主・借主（転借人を含む）が
建物の使用を必要とする事情等を考慮して判断されます**（借地
借家法28条）。したがって，正当事由の判断の際には，実際に
建物を使用している**転借人Cの事情も考慮**されます。

重要度 C

問 98

賃貸住宅管理業者がサブリース方式により賃貸管理を行う場合において，転借人が転貸借契約の終了により賃貸物件を明け渡した場合，原賃貸人と管理業者は，転借人に対して，連帯して敷金返還債務を負う。

重要度 A

問 99

賃貸人AがBに賃貸し，BがAの承諾を得てCに転貸する建物について，AB間の原賃貸借契約に，同契約の終了によりAが転貸借契約を承継する旨の特約がある場合，AB間の原賃貸借契約が終了すれば，AはBの転貸人の地位を承継するが，BのCに対する敷金返還義務は承継しない。

無断譲渡・無断転貸

重要度 A

問 100

建物の所有者が転貸借を承諾していない場合，転貸借契約は無効である。

重要度 A

問 101

個人の借主が，同居している子に対して賃貸物件を貸主の承諾を得ることなく転貸した場合，貸主は無断転貸を理由として賃貸借契約を解除することができる。

答 98 [H30]
×

転借人に対する敷金返還債務は，転貸人である管理業者が負い，原賃貸人（所有者）は負いません。したがって，原賃貸人と管理業者が連帯して敷金返還債務を負うわけではありません。

答 99 [R2]
×

原賃貸人（Ａ），借主（転貸人・Ｂ）および転借人（Ｃ）の合意により賃貸借契約に，契約の終了によりＡが転貸借契約を承継する旨の特約は有効です。この特約がある場合には，原賃貸借契約が終了すれば，ＡがＢの地位を承継することになりますから，Ｃが差し入れた敷金（保証料）の返還義務もＡが承継することになります。

答 100 [R1]
×

貸主（所有者）が転貸借を承諾していない場合であっても，転貸借契約は有効であり，当然に無効とはなりません。貸主の承諾を得ていない転貸借（無断転貸借）で，転借人が使用・収益を開始した場合，原則として，貸主は賃貸借契約の解除をすることができます（民法612条2項）。

答 101 [H29]
×

貸主の承諾を得ていない転貸借（無断転貸借）で，転借人が使用・収益を開始した場合，原則として，貸主は賃貸借契約の解除をすることができます（612条2項）。ただし，このような場合でも，借主の行為が，貸主に対する背信的行為と認めるに足らない特段の事情があるときには，貸主は賃貸借契約を解除することができません（判例）。個人の借主が同居している子に賃貸不動産を転貸するように，貸主に何ら損害が生じない場合にまで，貸主が無断転貸を理由に建物賃貸借契約を解除できるというのは，不合理だからです。

転貸借契約の終了

重要度 A

問 102
□□□
A所有のマンションの一室を，管理業者であるBがAから賃借し，Cに転貸している場合において，AB間の賃貸借契約とBC間の転貸借契約は別個の契約であるため，Bの債務不履行によりAがAB間の賃貸借契約を解除し，Cに対して賃貸物件の返還を請求しても，BC間の転貸借契約は終了しない。

重要度 A

問 103
□□□
建物の所有者は，賃貸住宅管理業者との間の原賃貸借契約を管理業者の賃料不払いを理由に解除したときは，転借人（入居者）に対して明渡しを請求することができる。

重要度 A

問 104
□□□
原賃貸借契約を転貸人の債務不履行を原因として解除する場合，転借人に対し，解除に先立って催告しなければ，債務不履行解除を転借人に対抗することができない。

重要度 A

問 105
□□□
原賃貸人と転貸人が原賃貸借契約を合意解約した場合，原則として，原賃貸人は合意解約を転借人に対抗することができる。

重要度 A

問 106
□□□
賃貸人AがBに賃貸し，BがAの承諾を得てCに転貸する建物について，AがBとの間で原賃貸借契約を合意解除した場合，その当時，AがBの賃料滞納を理由とする原賃貸借契約の解除権を有していたとしても，AはCに対して建物の明渡しを請求することはできない。

[H27]

答 102

✕

原賃貸借契約が債務不履行**を理由に解除**された場合，原則として，原賃貸人が転借人に対して**賃貸物件の返還を請求したとき**，転貸借契約は転貸人の転借人に対する債務の履行不能により終了します（判例）。

[R1]

答 103

○

問 102 の解説参照。転貸借契約は終了するので，原賃貸人（所有者）は，転借人（入居者）に対して明渡しを請求することができます。

[H29]

答 104

✕

転貸借契約は，原賃貸借契約が成立していることが前提ですので，原賃貸借契約が債務不履行による解除で終了した場合，転借人が賃貸人に対抗できる場合を除いて，転貸借契約も終了します。この場合，原賃貸人は転借人に催告することなく，原賃貸借契約の解除を転借人に対抗することができます（判例）。

[H29]

答 105

✕

原賃貸人と転貸人が原賃貸借契約を合意解除した場合でも，原則として，原賃貸人はこの合意による解除を転借人に対抗することができません（民法613条３項）。原賃貸人と転貸人の自由な意思のみで転貸借を終了させることができるとするのは転借人にとって著しく不利であり，不合理だからです。

[R2]

答 106

✕

原賃貸人（Ａ）と借主（Ｂ）が原賃貸借契約を合意解除した場合でも，Ａはこの合意による解除を転借人（Ｃ）に対抗することができません。ただし，その合意解除の当時，原賃貸人が借主の債務不履行による解除権を有していたときは，転借人に対抗することができます（613条３項）。つまり，債務不履行による解除もできる状況下において当事者が合意解除を選択した場合には，転借人に対抗できるということです。したがって，ＡはＣに対して建物の明渡しを請求することが可能です。

重要度 A

問 107

□□□

原賃貸借契約が期間満了により終了する場合，原賃貸人は原賃貸借契約の終了を転借人に通知しなければ，原賃貸借契約の終了を転借人に対抗することができない。

建物の所有者が変更になった場合

重要度 A

問 108

□□□

Aを貸主，Bを借主とする賃貸住宅（甲建物）の所有権がCに移転した場合において，Aが甲建物を譲渡する前にBがAから引渡しを受けていれば，賃貸人たる地位はCに移転する。

重要度 A

問 109

□□□

貸主Aが賃貸物件を第三者Bに譲渡する際，賃貸人たる地位をAに留保する旨，AB間で合意すれば，貸主の地位はAに留保され，Aは敷金返還義務を負う。

重要度 A

問 110

□□□

Aを貸主，Bを借主とする賃貸住宅（甲建物）の所有権がCに移転した場合において，Aが甲建物を譲渡する前にBがAから引渡しを受けている場合に，所有権移転登記を経由していないCから甲建物の賃料の支払を求められても，Bは支払を拒むことができる。

[H29]

答 107

○

原賃貸借契約が期間満了または解約の申入れにより終了する場合，原賃貸人は，**原賃貸借の終了を転借人に通知しなければ，原賃貸借の終了を転借人に対抗することができません**（借地借家法34条1項）。そして，この通知があれば，**転貸借契約は，通知後6か月を経過することで終了します**（同2項）。

[R3]

答 108

○

借主が建物について**対抗要件（賃借権の登記または引渡し）**を備えた場合において，その不動産が譲渡されたときは，**その不動産の貸主たる地位は，その譲受人に移転します**（民法605条の2第1項，605条，借地借家法31条）。

> 賃貸住宅が譲渡（売却）されても，**借主が対抗要件**を備えていれば，借主は譲受人に賃借権を対抗できるので，この**譲渡に借主の承諾は必要とされていません**（605条の3）。

[R2]

答 109

×

不動産の譲渡人および譲受人が，①貸主の地位を譲渡人に留保する旨，②その不動産を譲受人が譲渡人に賃貸する旨の2点について合意をしたときは，貸主の地位は譲渡人に留まり，譲受人に移転しません（民法605条の2第2項前段）。しかし，本問の場合は②の合意をしていないので，**貸主の地位はAに留保されず，Bに移転してしまいます**ので，敷金の返還義務は，Aではなく，**Bが負います**。

[R3]

答 110

○

借主が賃借権の対抗要件を備えている場合，**貸主たる地位の移転は，賃貸物である不動産について所有権の移転の登記をしなければ，借主に対抗することができません**（605条の2第3項）。つまり，新貸主が借主に対して賃料を請求するためには，所有権移転登記が必要となります。したがって，所有権移転登記を経由していないCから賃料の支払を求められても，Bは支払を拒むことができます。

問 111

貸主が，自己の所有建物を借主に賃貸して引き渡した後，第三者に当該建物を売却し，所有権移転登記を完了した場合には，特段の事情がない限り，貸主の地位もこれに伴って第三者に移転し，敷金に関する権利義務も第三者に承継される。

問 112

Aを貸主，Bを借主とする賃貸住宅（甲建物）の所有権がCに移転した場合において，Aが甲建物を譲渡する前にBがAから引渡しを受けておらず，かつ賃貸借の登記も経由していない場合に，AC間で賃貸人の地位を移転することにつき合意しても，Bの承諾がなければ，賃貸人の地位はCに移転しない。

問 113

抵当権の設定登記がされている建物の抵当権が実行された場合，競売で買受人が建物を競落した場合，抵当権の実行前に賃貸借契約が締結され引渡しを受けていれば，賃借人は買受人に賃借権を対抗することができる。

問 114

建物について抵当権が設定され，その登記がされた後に，賃貸借契約が締結された場合，当該抵当権が実行され，買受人に当該建物の所有権が移転したときは，貸主の地位は当然に買受人に移転する。

[H28]

答 111

○

借主が建物について**対抗要件（賃借権の登記または引渡し）**を備えた場合において，その不動産が譲渡されたときは，その**不動産の貸主たる地位は，その譲受人（第三者）に移転**します（605条の２第１項，605条，借地借家法31条）。そして，**借主が譲渡人（旧貸主）に差し入れていた敷金**も，当然に，**譲受人（第三者）に承継されます**（民法605条の２第４項）。

[R3]

答 112

×

借主が対抗要件を備えていない場合に，**貸主たる地位は，借主の承諾を要しないで，譲渡人と譲受人との合意により，譲受人に移転させることができます**（605条の３）。借主が対抗要件を備えていないので，譲受人は借主に立退きを請求できますが，**譲受人が借主との賃貸借契約を承継したい場合は，譲渡人と譲受人との合意で譲受人が貸主になることができます**。これによって借主は不利益を受けませんからその承諾は不要です。

[R2]

答 113

×

抵当権が設定登記された後，抵当権実行前に賃貸借契約が締結され借主が建物の引渡しを受けていても，抵当権が賃借権に優先するので，借主は買受人に賃借権を対抗できません（605条の２第１項）。

[H28]

答 114

×

借主の賃貸建物の引渡し前に抵当権の設定登記がされていれば，賃借権よりも抵当権の方が優先します。借主は賃借権を抵当権者や買受人に対抗できません。そして，この場合，抵当権が実行（競売）され，新所有者（買受人）に建物の所有権が移転した場合には，賃貸借契約は終了し，買受人は貸主にはなりません。つまり，**貸主の地位は移転しません**。

問 115 建物について抵当権設定登記がされる前に賃貸借契約が締結され，借主が当該建物の引渡しを受けた場合，その後に設定された抵当権が実行され，買受人に当該建物の所有権が移転したときは，借主は建物を明け渡さなければならないが，買受けから6か月間は明渡しを猶予される。

問 116 抵当権が設定されている建物の抵当権が実行された場合，競落した建物に，買受人に賃借権を対抗できない建物使用者がある場合，買受人は，建物使用者に対して，買受けの時より後に建物の使用をしたことの対価を請求できる。

問 117 賃貸借の期間内に建物が競売により売却され，その所有権が他の者に帰属した場合に賃貸借契約が終了する旨の特約は，無効である。

[H28]

答 115

✕

本問は，**抵当権設定登記がされる**前に賃貸借契約が締結され，**借主が当該建物の引渡しを受けている**ので，その後に設定された抵当権が実行され，買受人（新所有者）に当該建物の所有権が移転しても，**借主は賃借権を買受人に対抗できる**ので，**賃貸借契約は終了しません**（605条の２第１項，借地借家法31条）。したがって，買受人が貸主となり賃貸借契約が引き継がれることになりますので，**借主は建物を明け渡す必要はありません**。なお，買受けの時から６か月間は明渡しを猶予されるというのは，**買受人に賃借権を対抗できない**場合に適用される規定ですから本問には適用されません（民法395条１項）。

[R2]

答 116

◯

競落した建物に，**買受人に賃借権を対抗できない建物使用者が**ある場合，その**建物使用者は，買受人の買受けの時から６か月間明渡しを猶予**されます。この場合でも，他人の物を使用・収益することには変わりがないので，買受人に対して，**買受け時より後に建物を使用したことの**賃料相当額の対価を支払わなければなりません。

[H30]

答 117

◯

賃貸借の期間内に建物が競売された場合でも，**借主が建物の引渡しを受けていれば，賃貸借契約は買受人に当然に承継されます**（借地借家法31条１項）。本問は「賃貸借の期間内」としていますので，**当然に引渡しは受けている**と考えられます。したがって，建物が競売により売却され，その所有権が他の者に帰属した場合に賃貸借契約が終了する旨の特約は，借主に不利なものとして**無効**となります（37条）。

Section 5 賃貸借契約⑤（賃貸借契約の終了等）

賃貸借契約の終了

重要度 A

問 118

期間の定めのない建物賃貸借契約は，特約のない限り，借主による解約申入れから3か月の経過により終了する。

重要度 A

問 119

期間の定めのない普通建物賃貸借契約において，貸主が解約を申し入れた場合，正当事由を具備することで，解約申入日から3か月の経過により契約が終了する。

契約期間の定めがある場合の中途解約申入れ

重要度 A

問 120

期間の定めのある普通建物賃貸借契約において，借主は1か月前に予告することで解約することができるとの特約を定めても無効であり，期間が満了するまでは契約は終了しない。

重要度 B

問 121

期間の定めのある建物賃貸借契約において期間内解約条項がある場合，予告期間に関する特約のない限り，賃貸借契約は借主による期間内解約の申入れと同時に終了する。

[H29]

答 118

○

期間の定めのない建物賃貸借契約において，特約がない限り，借主から解約申入れがあった場合は，解約申入日から3か月経過することで，契約は終了します（民法617条1項2号）。

[R2]

答 119

✕

期間の定めのない普通建物賃貸借契約において，貸主から解約の申入れがあった場合，正当事由を具備することで，解約申入日から6か月の経過により，契約が終了します（借地借家法27条1項，28条）。

[R2]

答 120

✕

期間の定めのある普通建物賃貸借契約において，期間内解約を認める条項（中途解約特約）がある場合，賃貸借契約の期間中に解約ができます（民法618条参照）。この場合，解約の申入れに予告期間を設けることができ，本問の特約は有効です。

[H29]

答 121

✕

期間の定めのある建物賃貸借契約において，借主からの期間内解約を認める条項があっても，予告期間に関する特約がなければ，借主が期間内解約の申入れをしても，建物賃貸借契約は，解約申入れから3か月を経過しなければ終了しません（618条，617条1項2号）。

重要度 **A**

問 122 □□□

期間の定めのある普通建物賃貸借契約において，貸主は３か月前に予告することで解約することができるとの特約を定めた場合であっても，正当事由のない解約申入れは無効である。

. . . .

重要度 **B**

問 123 □□□

期間の定めのある建物賃貸借契約において期間内解約条項がない場合，貸主は契約期間中に賃貸借契約を一方的に解約することはできない。

物件の滅失による賃料の減額・契約の終了等

重要度 **A**

問 124 □□□

賃貸建物が全部滅失した場合，当該滅失について借主に帰責事由があっても，賃貸借契約は履行不能により終了する。

「取壊し予定建物」の場合の契約の終了

重要度 **B**

問 125 □□□

法令又は契約により一定の期間を経過した後に建物を取り壊すべきことが明らかな場合において，建物の賃貸借をするときは，建物を取り壊すこととなる時に賃貸借が終了する旨を定めることができる。

債務不履行による解除

重要度 **A**

問 126 □□□

書面又は電磁的記録によらずに賃貸借契約を解除する旨の意思表示をした場合，契約解除の意思表示としての効力を有する。

答 122

〇

期間の定めのある普通建物賃貸借契約において，期間内解約を認める条項がある場合，貸主が解約の申入れをしたときは，**解約申入日から6か月を経過することで終了します**（借地借家法27条1項）。そして，**貸主からの解約の申入れには正当事由が必要です**（28条）。

答 123

〇

期間の定めのある建物賃貸借契約において，期間内解約を認める条項がない場合，建物賃貸借契約の当事者双方は，互いに契約期間中に契約を解約することができません（民法618条参照）。

答 124

〇

賃貸建物の全部が滅失その他の事由により使用・収益をすることができなくなった場合は，建物賃貸借契約は終了します（616条の2）。賃貸建物の全部滅失について貸主または借主に帰責事由があるとしても，それは「誰が損害賠償責任を負うか否か」についての問題であり，賃貸借が履行不能により終了するという結論に変わりありません。

答 125

〇

法令または契約により一定の期間を経過した後に建物を取り壊す予定が明らかな場合（取壊し予定の建物の賃貸借）に，建物の賃貸借をするときは，「建物を取り壊すこととなる時に賃貸借が終了する」旨を定めることができます。この特約は「建物の取壊事由を記載した書面（または電磁的記録）」によってしなければなりません（借地借家法39条）。

答 126

〇

契約の解除は，相手方に対する意思表示によって行います（民法540条1項）。その意思表示は，書面または電磁的記録だけではなく，口頭でも行うことができます。

重要度 B

問 127 ☐☐☐

賃貸借契約を解除する場合，借主に対して解除の意思表示を行えば，その意思表示が借主に到達していなくても効力が生じる。

重要度 B

問 128 ☐☐☐

解除の意思表示は，撤回することができない。

重要度 B

問 129 ☐☐☐

賃貸借契約を解除するために行う催告は，内容証明郵便でしなければ効力を生じない。

重要度 A

問 130 ☐☐☐

賃貸借契約において無催告解除について何らの定めもない場合，借主が長期にわたり賃料を滞納し，信頼関係を著しく破壊していると認められるときであっても，貸主は賃貸借契約を無催告で解除することができない。

重要度 A

問 131 ☐☐☐

債務不履行を理由に賃貸借契約を解除する方法として，催告と同時に「期間内に支払がない場合には，この催告をもって賃貸借契約を解除することとします。」と記載して解除の意思表示を行うことは，解除に条件を付するものであるため，無効である。

[H28]

答 127

✕

契約の解除は，相手方に対する意思表示によって行います（540条1項）。そして，解除の意思表示は相手方に到達した時点で効力が生じます（97条1項）。

> 実務上は解除の意思表示が到達したことを明らかにするため，多くの場合に**配達証明付き内容証明郵便**が用いられます。

[H28]

答 128

◯

解除の意思表示は，法律関係を複雑にするため撤回する（取り消す）ことは認められていません（540条2項）。

[R1]

答 129

✕

債務不履行に基づく解除を行うためには，原則として，解除権の行使に先立ち，催告をしなければなりません（541条本文）。賃貸借契約を解除するために行う催告は，口頭で行うことや，なんらかの書面の提示等によって行うことも可能であり，必ずしも内容証明郵便を用いなくても効力は生じます。

[H29]

答 130

✕

問 129 の解説参照。義務違反が重大であり，是正の機会を与える必要がないほど賃貸借関係の継続を著しく困難とさせるような不信行為がある場合は，例外的に，催告なしで解除できます（判例）。

[H29]

答 131

✕

解除権の行使は，単独行為（行為者の一方的な意思表示のみで成立する行為）であり，単独行為に条件を付けることは，相手に不利益を与えることがあるため，原則としてできません。しかし，賃貸借契約の解除に関しては，解除権に条件を付けた場合でも，借主が期間内に賃料を支払えば契約は解除されず，借主に不利益は生じないため，有効となります。

問 132
☐☐☐

貸主が，借主の賃料不払を理由として建物賃貸借契約を解除する場合，賃料の支払を１か月でも滞納すれば貸主が催告を経ずに賃貸借契約を解除できるという特約を定めた場合，11月分までの賃料に滞納はなかったが，11月末日が支払期限である12月分の賃料が支払われなかったときは，12月１日に貸主が行った解除通知は有効である。

問 133
☐☐☐

貸主が，６か月分の賃料として60万円を滞納している借主に対し「滞納賃料60万円を本通知書到達後７日以内にお支払い下さい。万一支払がないときは，契約解除をいたしますことを申し添えます。」という通知をした場合，通知書が到達してから７日以内に支払がなかったときは，あらためて解除通知することなく，賃貸借契約は解除により終了する。

問 134
☐☐☐

貸主が，借主の賃料不払を理由として建物賃貸借契約を解除する場合，借主に対して解除を通知した上で建物明渡請求訴訟を提起した貸主は，賃料の不払につき借主に帰責事由があったことについては立証する必要はない。

問 135
☐☐☐

借主が死亡し，複数の相続人がいる場合，貸主が賃貸借契約の債務不履行を理由に解除するためには，相続人の一人に解除の意思表示をすればよい。

[R2]

答 132 ✕

本問のような無催告解除の特約について，判例は，無催告解除をするためには，長期間の賃料滞納のような，「無催告解除でも不合理ではない事情」が当事者間に必要であるとしています。本問の「賃料１か月分の滞納」は，長期間の賃料滞納とはいえず，「無催告解除でも不合理ではない事情」とはいえないため，無催告で解除することはできません。したがって，12月分の賃料が支払われなかったときに12月１日に貸主が行った解除通知は無効です。

[H27]

答 133 ✕

本問の催告は，「万一支払がないときは，契約解除をいたします」という表現から，「借主の態度（期間内に支払うか，支払わないか）によって解除するか否かを別途判断する」という趣旨と考えられますので，借主が支払わなかった場合の契約の解除には，あらためて解除通知が必要です。

[R2]

答 134 ◯

賃料の不払を理由として賃貸借契約を解除する場合，債務者（借主）の帰責事由は不要です（民法541条，542条参照）。したがって，貸主は賃料の不払につき借主に帰責事由があったことを立証する必要はありません。解除は，債務者に責任が有ろうと無かろうと債権者にとっては履行を受けられないことに変わりはなく，そのような契約から債権者を解放するための制度であるため，債務者の帰責事由は不要とされています。

[R1]

答 135 ✕

借主が死亡し，複数の相続人が賃借権を相続により承継した場合のように，契約当事者の一方が複数である場合，全員に対して，解除の意思表示をしなければなりません（544条１項）。したがって，貸主が賃貸借契約を債務不履行により解除するときは，相続人全員に対して解除の意思表示をしなければなりません。

重要度 **B**

問 136

☐☐☐

家賃債務保証業者が連帯保証人となっている場合において，当該業者が借主による賃料不払に関して保証債務を履行していても，信頼関係が破壊されたとして，貸主による賃貸借契約の解除が認められる場合がある。

重要度 **A**

問 137

☐☐☐

賃貸借契約が解除されると，契約当初から賃貸借契約が存在しなかったことになる。

貸主・借主の死亡と賃借権の承継

重要度 **A**

問 138

☐☐☐

貸主が死亡し，相続人のあることが明らかでない場合，賃貸借契約は終了する。

重要度 **A**

問 139

☐☐☐

貸主が死亡し，相続人が複数いる場合，相続開始から遺産分割が成立するまでの間に生じた賃料は，遺産分割により賃貸物件を相続した者がすべて取得する。

[R5]

答 136

○

家賃債務保証業者が連帯保証人として，借主による賃料不払いに関して保証債務を履行していても，**借主が貸主に賃料を支払っていないことには変わりがなく**，賃貸借契約における**契約当事者間の信頼関係を破壊するものとして**，**貸主による**賃貸借契約の解除が認められる場合もあります（判例）。

[H27]

答 137

✕

民法では，契約を解除した場合は，原則として，**契約締結時にさかのぼって契約が失効する**とされています。しかし，**賃貸借契約の解除**に関しては，その効果は契約締結時にさかのぼらず，**解除の効果は将来に向かってのみ生じます**（民法620条）。

[R1]

答 138

✕

賃貸借契約の当事者（貸主）が死亡し，相続人のあることが明らかでない場合でも，**賃貸借契約は終了**しません。この場合，利害関係人（借主）や検察官の請求によって家庭裁判所が**相続財産清算人を選任**し，相続債権者や受遺者への支払をすすめます（952 ～ 957条）。**特別縁故者**がいれば，相応の支払をする場合があります（959条の2）。これらの手続きが終わったら，残りの財産は**国庫に帰属**することになります（959条）。

> **特別縁故者**とは，「被相続人と生計を同じくしていた者，被相続人の療養看護に努めた者，その他被相続人と特別の縁故があった者」であり，具体的には被相続人の**内縁の配偶者**や**事実上の養子**，被相続人の**療養看護に特に尽力した親族や知人**などです。

[H30]

答 139

✕

相続開始から遺産分割が成立するまでの間の**賃料債権**は，遺産とは別個の財産というべきであって，**各共同相続人が**相続分に応じて**分割単独債権として確定的に取得する**ことになり，遺産分割により賃貸物件を相続した者がすべて取得するのではありません（判例）。

問 140

借主が死亡した場合，借主が同居している相続人のみが相続により借主の地位を承継するため，雨漏りが生じたときは，当該相続人が貸主に対して修繕を請求する権利を有する。

問 141

借主が死亡し，相続人が複数いる場合，遺産分割が成立するまでの間，貸主は各共同相続人に対して賃料全額の支払を請求することができる。

問 142

Aを貸主，Bを借主とする建物賃貸借契約においてBが死亡した場合において，Bの内縁の妻Cは，Bとともに賃貸住宅に居住してきたが，Bの死亡後（Bには相続人が存在しないものとする。），Aから明渡しを求められた場合，明渡しを拒むことができない。

問 143

Aを貸主，Bを借主とする建物賃貸借契約においてBが死亡した場合において，Aが地方公共団体の場合で，賃貸住宅が公営住宅（公営住宅法第2条第2号）であるときに，Bが死亡しても，その相続人は当然に使用権を相続によって承継することにはならない。

[H27]

答 140

✕

借主が死亡し，その相続人が**複数いる場合**は，その全員が共同で**賃借権を承継**します（民法896条，898条）。本問では，雨漏りの修繕請求権を相続人全員で承継します。つまり，借主と同居中の相続人のみが借主の権利を承継するのではありません。

- -

[H30]

答 141

◯

借主が死亡し，共同相続人が賃借権を共同で相続した場合，共同相続人が負う賃料債務は，**不可分債務（分割することができない債務）**と解されています（判例）。不可分債務の債権者は，各債務者（本問では「各共同相続人」）に対して，相続分に応じて分割された賃料ではなく，**賃料全額を請求することができます**（民法430条，436条）。

- -

[R3]

答 142

✕

居住用の建物の借主が相続人なしに死亡した場合，建物の借主と事実上の夫婦（内縁の配偶者）または養親子と同様の関係にあった同居者は，建物の借主の権利義務（借主の地位）を承継します（借地借家法36条１項）。したがって，内縁の妻ＣはＢの借主の地位を承継することができ，Ａから明渡しを求められた場合，借主として明渡しを拒むことができます。

承継したくない場合には，借主が相続人なしに死亡したことを知った時から１か月以内に貸主に「承継しません」と意思表示をすれば，借主の権利義務は承継されません。

- -

[R3]

答 143

◯

公営住宅の入居者が死亡し，その死亡時に入居者と同居していた者は，国土交通省令で定めるところにより，事業主体の承認を受けて，引き続き，**公営住宅に居住することができます**（公営住宅法27条６項）。したがって，相続人が事業主体の承認を受けられない可能性もあるので，相続人は当然に使用権を相続によって承継することにはなりません（判例）。

平面駐車場の賃貸借契約の終了

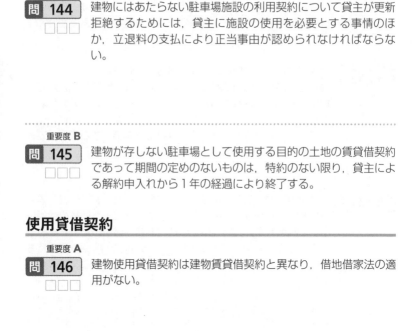

重要度 B

問 144 □□□
建物にはあたらない駐車場施設の利用契約について貸主が更新拒絶するためには，貸主に施設の使用を必要とする事情のほか，立退料の支払により正当事由が認められなければならない。

重要度 B

問 145 □□□
建物が存しない駐車場として使用する目的の土地の賃貸借契約であって期間の定めのないものは，特約のない限り，貸主による解約申入れから1年の経過により終了する。

使用貸借契約

重要度 A

問 146 □□□
建物使用貸借契約は建物賃貸借契約と異なり，借地借家法の適用がない。

重要度 A

問 147 □□□
使用貸借契約の場合も，賃貸借契約の場合も，引渡しは契約成立の要件とされていない。

重要度 B

問 148 □□□
期間10年の建物賃貸借契約は有効だが，期間10年の建物使用貸借契約は無効である。

[H27]

答 144

✕

借地借家法で保護される借地権は，「建物所有」を目的とする地上権または賃借権ですので，単なる駐車場として使用する目的の土地の賃貸借は，借地借家法では保護されず，**民法上の賃借権**となります。そして，**民法上の賃借権は，貸主が更新を拒絶するために正当事由は必要とされていません**ので，正当事由としての立退料の支払も不要となります（民法604条2項参照）。

[H29]

答 145

◯

建物が存しない駐車場として使用する目的の土地の賃貸借契約は民法上の賃貸借となります。**民法上の期間の定めがない土地の賃貸借契約の場合は，貸主からの解約申入れから，1年経過により契約は終了**することとなります（617条1項1号）。

[R1]

答 146

◯

使用貸借は，貸主が貸借物を引き渡すことを約し，借主が貸借物を無償で使用・収益をして契約が終了したときに返還をすることを約することによって成立する契約です（593条）。目的物が建物の場合でも，無償で使用・収益する借主を厚く保護する必要性がないため，借地借家法の適用はありません。

[R1]

答 147

◯

使用貸借契約の場合も，賃貸借契約の場合も，**当事者の合意により契約は成立（諾成契約）し，引渡しは契約成立の要件とされていません**（593条，601条）。

[R4]

答 148

✕

建物賃貸借契約の存続期間は，民法では最長50年ですが，借地借家法では最長期間の定めはなく，1年未満の期間を定めた場合，期間の定めのない建物賃貸借契約となるので，**期間10年の建物賃貸借契約は有効**です（借地借家法29条）。これに対して，**使用貸借契約には存続期間に関する規定がなく**，存続期間は当事者が自由に定めることができます。したがって，**期間10年の建物使用貸借契約も有効**です。

問 149

☐☐☐

建物賃貸借契約の期間が満了した場合，同契約が法定更新されることはあるが，建物使用貸借契約の期間が満了しても，同契約が法定更新されることはない。

問 150

☐☐☐

使用貸借契約の対象建物が売却された場合，賃貸借契約と異なり，借主は当該建物の買主に対して使用貸借契約を対抗することができない。

問 151

☐☐☐

契約に特段の定めがない場合，建物賃貸借契約における必要費は貸主が負担し，建物使用貸借契約における通常の必要費は借主が負担する。

問 152

☐☐☐

建物使用貸借契約は建物賃貸借契約と異なり，期間満了による契約終了に当たり，賃貸借契約の終了時に必要とされる正当事由を要しない。

問 153

☐☐☐

貸主が死亡した場合，使用貸借契約は終了するが，賃貸借契約は終了しない。

[R4]

答 149

○

建物賃貸借契約については，借地借家法の規定に法定更新の規定が存在します（26条，27条）。しかし，**建物使用貸借契約については，法定更新を定めた法律は存在せず**，法定更新されることはありません。

[H28]

答 150

○

建物賃貸借の場合，賃借権の登記または建物の引渡しが対抗要件とされています（民法605条，借地借家法31条）。これに対して，**建物使用貸借は**，無償で目的物を使用・収益できる借主を保護する必要性が低いことから，民法上，**対抗要件に関する規定がなく**，また，**借地借家法の適用もありません**。そのため，対象建物が売却された場合，借主は，買主に対して**使用貸借契約（使用借権）を対抗することができません**。

[R4]

答 151

○

賃貸借契約の場合，必要費は貸主の負担となります（民法606条1項本文，608条1項）。これに対して，**使用貸借契約の場合，通常の必要費（公租公課・損害保険料・日常の修繕費等）は借主の負担**となります（595条1項）。

使用貸借契約の場合でも，**特別の必要費**(台風や水害で損傷した場合の修繕費等)は**貸主負担**となります。

[R1]

答 152

○

建物使用貸借契約には，**借地借家法の適用がない**ので，使用貸借契約の終了に当たって，**貸主の正当事由は不要**です。なお，建物賃貸借契約の場合は，貸主による更新拒絶や解約の申入れを行う場合は，妥当と認められるための理由（正当事由）が必要となります（借地借家法28条）。

[H28]

答 153

✕

使用貸借契約は，「この借主だから貸した」という借主の地位が重要であるため，**借主の死亡によって終了します**が，貸主の死亡では終了しません（民法597条3項）。また，賃貸借契約では，貸主の地位は財産権の一種として相続され，貸主の死亡によって相続人がその地位を承継するため，**貸主の死亡では終了しません**。

共有物の管理

重要度 B

問 154
☐☐☐

3人が共有している賃貸住宅について，賃貸住宅の窓ガラスが台風により破損した場合の，窓ガラスの交換は，共有者の持分の価格に従い，その過半数で決することを要する。

. . . .

重要度 A

問 155
☐☐☐

賃貸物件が共有の場合には，賃貸借契約を解除するためには，貸主たる共有者全員の同意が必要である。

. . . .

重要度 B

問 156
☐☐☐

3人が共有している賃貸住宅について，契約期間を3年とする定期建物賃貸借契約の締結は，共有者の持分の価格に従い，その過半数で決することを要する。

. . . .

重要度 C

問 157
☐☐☐

賃貸借契約の貸主の地位を複数の貸主が共に有する場合（ただし，各貸主の持分は相等しいものとする。），各貸主は単独で賃料増額請求権を行使することができる。

答 154 [R5]
×

共有物である賃貸住宅の「窓ガラスの交換」は，共有物の保存行為（現状を維持する行為）であり，各共有者が単独で行うことができます（252条5項）。

答 155 [H28]
×

共有物の賃貸借契約の解除は，共有物の管理に関する事項に該当します。そして，共有物の管理に関する事項は，共有物の持分の価格に従い，その過半数で決するため（252条1項本文），本問のように賃貸物件が貸主の共有物である場合，その過半数の共有持分を有する共有者の同意で賃貸借契約を解除することができます（判例）。共有者である貸主全員の同意は必要ありません。

答 156 [R5]
○

共有物が建物の場合，期間が3年を超えない賃貸借契約（短期賃貸借）を締結する場合は，管理行為として，共有者の持分の価格に従い，その過半数で決することができます（252条4項3号）したがって，契約期間を3年とする定期建物賃貸借契約の締結は，期間が3年を超えていないので共有者の持分の価格に従い，その過半数で決することが必要です。

これに対して，共有物が建物の場合，契約期間を**5年とする定期建物賃貸借契約の締結**は，**長期賃貸借**となり，共有者全員の合意が必要となります。

答 157 [R1]
×

賃貸人が複数の場合の**賃料増額請求権の行使**については，共有物の管理行為に当たるとされています（判例）。そして，**共有物の管理行為**は，共有物の持分の価格に従い，その過半数で決するため（民法252条1項本文），各貸主は単独で賃料増額請求をすることはできません。

Section 6　その他建物賃貸借に関する制度等

重要度 **C**

高齢者住まい法

重要度 B

問 158

高齢者の居住の安定確保に関する法律（高齢者住まい法）に基づく終身建物賃貸借契約は，公正証書等の書面または電磁的記録で行うことが必要であり，賃貸借契約は借主が死亡した時に終了する。

重要度 C

問 159

高齢者住まい法に基づく終身建物賃貸借契約の対象となる賃貸住宅は，高齢者住まい法が定めるバリアフリー化の基準を満たす必要がある。

重要度 C

問 160

高齢者住まい法に基づく終身建物賃貸借契約では，賃料増額請求権及び賃料減額請求権のいずれも排除することができる。

民泊新法

重要度 A

問 161

住宅宿泊事業法によれば，住宅宿泊管理業を行うためには，国土交通大臣の登録を受けなければならない。

[H27]

答 158 ○

高齢者住まい法に基づく**終身建物賃貸借契約の締結**は，公正証書等の書面または電磁的記録で行うことが必要です（高齢者住まい法52条1項・2項）。

> **終身建物賃貸借**とは，**高齢者(60歳以上)である借主の死亡**に至るまで存続し，かつ，借主が死亡したときに終了する，賃借権が相続人に相続されない**「一代限り」の建物賃貸借**をいいます。

[R4]

答 159 ○

終身建物賃貸借契約の対象となる賃貸住宅は，高齢者住まい法が定めるバリアフリー化の基準を満たすこと等一定の要件を満たしている必要があります（54条）。なお，バリアフリー化の基準だけでなく，賃貸住宅の規模（25㎡以上）・設備（各戸が台所，水洗便所，浴室等を具備していること）等も要件とされています。

[R4]

答 160 ○

終身建物賃貸借契約においては，当事者の特約が優先し，**借地借家法で認められた賃料増額請求権および賃料減額請求権のいずれも排除することができます**（63条）。

[R1]

答 161 ○

住宅宿泊管理業を営もうとする者は，国土交通大臣の登録を受けなければなりません（住宅宿泊事業法22条1項）。

重要度 B

問 162 住宅宿泊事業法によれば，住宅宿泊事業者は，狭義の家主不在型の住宅宿泊事業については，住宅宿泊管理業務を住宅宿泊管理業者に委託しなければならない。

重要度 C

問 163 住宅宿泊事業法によれば，住宅宿泊管理業者が管理受託契約の締結前に委託者に対して行う締結前書面の交付は，電磁的方法による情報提供を行った場合であっても，別途行わなければならない。

重要度 C

問 164 住宅宿泊事業法によれば，住宅宿泊管理業者は，住宅宿泊事業者から委託された住宅宿泊管理業務の全部を他の者に対し，再委託することができる。

住宅セーフティネット法

重要度 B

問 165 住宅確保要配慮者に対する賃貸住宅の供給の促進に関する法律（住宅セーフティネット法）に基づき住宅確保要配慮者の入居を拒まない賃貸住宅として登録を受けるためには，国土交通省令で定める登録基準に適合していなければならない。

[R1]

答 162

◯

住宅宿泊事業者は，住宅宿泊事業のうち「居室数5を超える家主居住型」および「狭義の家主不在型」については，住宅宿泊管理業務を住宅宿泊管理業者に委託することが義務付けられています（11条1項，国・厚規則9条4項）。

「狭義の家主不在型」とは，家主不在型のうち居室数が5以下であって，住宅宿泊事業者が自己の生活の本拠として使用する住宅と届出住宅が，同一の建築物内もしくは敷地内にあるときまたは隣接しているとき（一定の場合は除く）を除いたものをいいます。

[R1]

答 163

✕

住宅宿泊管理業者は，管理受託契約を締結しようとするときは，委託者に対し，管理受託契約を締結するまでに，管理受託契約の内容およびその履行に関する事項について，契約締結前の書面を交付して説明しなければなりません（住宅宿泊事業法33条1項）。そして，この書面の交付については，委託者の承諾を得て，電磁的方法による情報提供に代えることもできます（同2項）。したがって，電磁的方法により情報提供をすれば，別途書面の交付は不要です。

[R1]

答 164

✕

住宅宿泊管理業者は，住宅宿泊事業者から委託された住宅宿泊管理業務の全部を他の者に対し，再委託することはできません（35条）。

[R3]

答 165

◯

住宅セーフティネット法に基づき住宅確保要配慮者の入居を拒まない賃貸住宅として登録を受けるためには，国土交通省令で定める登録基準に適合していなければなりません（住宅セーフティネット法10条1項）。

登録基準として，次のような要件があります。
①耐震性を有すること
②原則として住戸の床面積が25㎡以上であること
③台所・食事室・便所・浴室・洗面所等を適切に設けること等

重要度 C

問 166

☐☐☐ 住宅セーフティネット法に基づき登録された賃貸住宅（セーフティネット住宅）は，あらゆる住宅確保要配慮者の入居を常に拒まない賃貸住宅である。

重要度 C

問 167

☐☐☐ セーフティネット住宅の貸主は，バリアフリー等の改修費に対し，国や地方公共団体等による経済的支援を受けることができる。

重要度 B

問 168

☐☐☐ セーフティネット住宅に入居する住宅確保要配慮者が支払う家賃に対し，国や地方公共団体等による経済的支援が行われる。

重要度 A

問 169

☐☐☐ セーフティネット住宅の借主が生活保護受給者であって家賃滞納のおそれがある場合，保護の実施機関が住宅扶助費を貸主に代理納付することができる。

賃貸住宅標準契約書

重要度 A

問 170

☐☐☐ 賃貸住宅標準契約書では，更新料の支払に関する定めはない。

[R2]

答 166

✕

セーフティネット住宅とは，住宅確保要配慮者（高齢者，障害者，子育て世帯等）の入居を拒まない賃貸住宅として，住宅セーフティネット制度に基づき登録された住宅をいいますが，この登録の際には，入居を拒まない住宅確保要配慮者の範囲を限定することが可能です（17条，9条1項6号）。したがって，限定した範囲外の入居者を拒むことは可能なので，「常に拒まない」わけではありません。

....

[R2]

答 167

◯

セーフティネット住宅には，バリアフリー等の改修費に対し，国や地方公共団体等が補助する助成措置が講じられています。

....

[R2]

答 168

◯

地域の実情に応じて，セーフティネット住宅に入居する住宅確保要配慮者の家賃の低廉化に対し，国や地方公共団体等が補助する助成措置が講じられています。

....

[R2]

答 169

◯

セーフティネット住宅の借主が生活保護受給者であって家賃滞納のおそれがある場合，事業者は，その旨を保護の実施機関（福祉事務所）に通知し，通知を受けた保護の実施機関は事実確認を行い，必要があると判断した場合は，住宅扶助費を貸主に代理納付することができます（21条1項・2項，生活保護法37条の2）。

....

[R3]

答 170

◯

更新料の支払は，全国的な慣行ではありません。そのため，賃貸住宅標準契約書では，そのことを考慮し，更新料の授受に関する条項を設けていません（賃貸住宅標準契約書2条2項参照）。

問 171

賃貸住宅標準契約書では，敷引及び保証金に関する条項が設けられている。

問 172

賃貸住宅標準契約書では，建物賃貸借の目的を「住居」と「事務所」に限定している。

問 173

賃貸住宅標準契約書では，賃料は，建物の使用対価のみを指し，敷地の使用対価は含まないものとされている。

問 174

賃貸住宅標準契約書では，共用部分にかかる水道光熱費等の維持管理費用は，貸主が負担するものとされている。

問 175

賃貸住宅標準契約書では，貸主，借主いずれについても，契約期間中に中途解約できる旨の特約（解約権留保の特約）を定めている。

[H27]

答 171 ✕

敷引や保証金のような敷金以外の一時金の授受は，全国的な慣行ではありません。そのため，賃貸住宅標準契約書では，全国的な慣行であり債務の担保としての格付けが明瞭な敷金のみについて条項を定め，**敷金以外の一時金の授受**については，あくまでも特約事項としています（6条1項参照）。

[R3]

答 172 ✕

「借主は，居住のみを目的として本物件を使用しなければならない」として，**建物賃貸借の目的を**住居**に限定しています**（3条）。

[R3]

答 173 ✕

建物賃貸借における賃料は，建物および敷地の使用の対価として，借主から貸主に対し支払われる金銭等をいいます（4条参照）。

[R3]

答 174 ✕

「借主は，階段，廊下等の共用部分の維持管理に必要な光熱費，上下水道使用料，清掃費等（維持管理費用）に充てるため，共益費を貸主に支払うものとする」として，**共用部分にかかる水道光熱費等の維持管理費用は，「借主」が負担するものとしています**（5条1項）。

[H27]

答 175 ✕

「契約期間中に中途解約できる」旨の特約について，**借主側については定めていますが，貸主側については定めていません**。したがって，**貸主側からの解約はできません**（11条1項）。なお，借主については，少なくとも30日前に貸主に解約の申入れをするか，解約申入れの日から30日分の賃料を貸主に支払うことで，賃貸借契約の解約が認められています（同条2項）。

問 176 賃貸住宅標準契約書では，天災，火災その他貸主，借主いずれの責めに帰することができない事由により，賃貸借の目的物である物件の全部が滅失した場合，賃貸借契約は当然に終了する旨が定められている。

特定賃貸借標準契約書

問 177 特定賃貸借標準契約書では，賃料の支払義務発生日とは別に，賃料の支払い免責期間を定めることができないとされている。

問 178 特定賃貸借標準契約書では，転貸借契約を定期建物賃貸借にするか否かは，借主と転借人との間の合意により自由に決定することができるとされている。

問 179 特定賃貸借標準契約書によれば，借主は，賃貸住宅の適切な維持保全を行うために必要な事項については，書面により貸主に情報の提供を求めなければならない。

[H27]

答 176

○

賃貸住宅標準契約書では，「賃貸借契約は，物件の全部が滅失その他の事由により使用できなくなった場合には，これによって終了する」とされています（13条）。この規定によると物件の全部が滅失した理由は問いませんので，天災・地変・火災その他貸主・借主いずれの責めに帰さない事由により，本物件の全部が滅失した場合も，賃貸借契約は当然に終了することになります。

[R2]

答 177

✕

特定賃貸借標準契約書では，賃料の支払義務発生日とは別に，賃料の支払い免責期間を定めることができるとし，フリーレント期間を認めています（特定賃貸借標準契約書頭書（5））。転貸借契約では，貸主（物件のオーナー）と借主（転貸人，サブリース業者）の間の特定賃貸借契約後に入居者（転借人）が決まるので，借主に賃料が支払われるのが，特定賃貸借契約から少し経過してからになります。そのため，免責期間が必要となります。

[R3]

答 178

✕

特定賃貸借標準契約書では，貸主と借主の特定賃貸借契約時に「転貸の条件」の「契約態様」として，「普通建物賃貸借」と「定期建物賃貸借」のどちらかを選択することとされています（頭書（8））。したがって，転貸借契約を定期建物賃貸借にするか否かは，貸主と借主の間で転貸条件として定めるものであり，借主と転借人との間の合意により自由に決定することはできません。

[R4]

答 179

✕

貸主は，借主が物件の適切な維持保全を行うために必要な情報を提供しなければなりません（3条2項）。したがって，貸主から当然に情報提供をしなければならず，借主が，書面により貸主に情報の提供を求める必要はありません。

問 180

□□□

特定賃貸借標準契約書では，借主が賃貸住宅の維持保全をするに当たり，特定賃貸借契約締結時に貸主から借主に対し必要な情報の提供がなかったことにより借主に損害が生じた場合には，その損害につき貸主に負担を求めることができるとされている。

問 181

□□□

特定賃貸借標準契約書に準拠して特定賃貸借契約を締結した場合，借主は，貸主が承諾した場合であっても，賃借権の一部を反社会的勢力に譲渡することはできない。

問 182

□□□

特定賃貸借標準契約書では，転貸の条件として，民泊の用途に転貸することの可否についても明示することとされている。

問 183

□□□

賃貸住宅において借主が住宅宿泊事業法に基づく住宅宿泊事業（いわゆる民泊）を目的として転貸することは認めないことが前提とされているため，民泊を認める場合は，特約事項欄に記載する必要がある。

問 184

□□□

特定賃貸借標準契約書では，転借人が賃貸借の目的物を反社会的勢力の事務所に供していた場合には，借主は，催告をすることなく，転貸借契約を解除することができるとされている。

答 180 [R3]

○

貸主は，借主が物件の適切な維持保全を行うために必要な情報を提供しなければなりません（3条2項）。貸主が，この情報を提供せず，そのために生じた借主の損害は，貸主が負担します（同条3項）。

答 181 [R5]

○

特定賃貸借標準契約書では，「借主は，貸主の承諾の有無にかかわらず，本物件の全部または一部について，反社会的勢力に賃借権を譲渡してはならない」とされています（8条2項）。したがって，借主は，貸主が承諾した場合であっても，賃借権の一部を反社会的勢力に譲渡することはできません。

答 182 [R2]

○

特定賃貸借標準契約書では，転貸の条件として，民泊の用途に転貸することの可否についても明示することとされています（頭書（8））。

答 183 [R4]

✕

特定賃貸借標準契約書では，貸主が，「頭書（8）に記載する転貸条件に従い借主が本物件を転貸することを承諾する」とされています（9条1項）。そして，頭書（8）には，「民泊（住宅に人を宿泊させるサービス）の可否」を記載する欄が設けられていますので，民泊を認めるか否かは当事者で決定することとなり，「民泊を目的として転貸することを認めない」ことは前提とされていません。

答 184 [R3]

○

特定賃貸借標準契約書では，転借人は，物件の使用にあたり，物件を「反社会的勢力の事務所その他の活動の拠点に供すること」は転貸の条件として禁止されています（9条2項3号イ）。そして，借主は，転借人がこの規定に違反した場合には，何らの催告も要せずして，転貸借契約を解除することができることも転貸条件とされています（同条2項5号）。

重要度 B

問 185 特定賃貸借標準契約書では，借主は，転貸借契約から生じる転借人の債務の担保として転借人から交付された敷金について，整然と管理する方法により，自己の固有財産及び他の賃貸人の財産と分別して管理しなければならないとされている。

重要度 B

問 186 特定賃貸借標準契約書に準拠して特定賃貸借契約を締結した場合，借主は，清掃業務を第三者に再委託することができる。

重要度 C

問 187 特定賃貸借標準契約書では，賃貸住宅の修繕に係る費用については，借主又は転借人の責めに帰すべき事由によって必要となったもの以外であっても，貸主に請求できないものがあるとされている。

重要度 C

問 188 特定賃貸借標準契約書では，貸主が賃貸住宅の修繕を行う場合は，貸主はあらかじめ自らその旨を転借人に通知しなければならないとされている。

重要度 B

問 189 修繕を必要とする箇所を発見した場合，それが緊急を要する状況ではなかったときには，定期報告において貸主に書面を交付して報告を行うことができる。

[R2]

答 185

○

特定賃貸借標準契約書では，借主は，転貸借契約から生じる転借人の債務の担保として転借人から交付された敷金について，整然と管理する方法により，自己の固有財産および他の貸主の財産と分別して管理しなければならないとされています（9条3項）。

[R5]

答 186

○

特定賃貸借標準契約書では，「借主は，頭書（6）に記載する業務の一部を，頭書（6）に従って，他の者に再委託することができる」とされています（10条2項）。「清掃業務」は頭書（6）に記載されている業務ですから，第三者に再委託することができます。

[R3]

答 187

○

物件につき借主が使用するために必要な修繕を行った場合，その修繕に要する費用は，次のものを除いて貸主が負担します（11条3項）。

① 一定の修繕等で借主が費用を負担するとしているもの（頭書（7））

② 借主の責めに帰すべき事由（転借人の責めに帰すべき事由を含む）によって必要となった修繕費用

つまり，賃貸住宅の修繕に係る費用については，①に該当するものは借主が負担するので，②以外であっても，貸主に請求できないものがあります。

[R3]

答 188

✕

貸主が，物件につき借主が使用するために必要な修繕を行う場合，貸主は，あらかじめ借主を通じて，その旨を転借人に通知しなければなりません（11条4項）。貸主が「自らその旨を転借人に通知」するのではありません。

[R3]

答 189

✕

借主は，修繕が必要な箇所を発見した場合には，その旨を速やかに貸主に通知し，修繕の必要性を協議します（11条5項）。緊急を要する状況ではなかったときでも，貸主に通知をしなければならず，定期報告において貸主に書面を交付して報告を行うとすることはできません。

問 190

□□□

自然災害が発生し緊急に修繕を行う必要が生じたため，貸主の承認を受ける時間的な余裕がなく，承認を受けずに当該業務を実施したときは，貸主への報告をする必要はない。

問 191

□□□

特定賃貸借標準契約書では，賃貸住宅内の修繕を借主が実施するとしている場合には，転貸借契約終了時の賃貸住宅内の修繕は，貸主と協議をすることなく借主がその内容及び方法を決定することができるとされている。

問 192

□□□

特定賃貸借標準契約書では，借主が行う賃貸住宅の維持保全の内容及び借主の連絡先については，転借人に対し，書面又は電磁的方法による通知をしなければならないとされている。

問 193

□□□

借主は，貸主との合意に基づき定めた期日において，賃貸住宅の維持保全の実施状況や転貸条件の遵守状況，転借人からの転借料の収納状況について，貸主に対し書面を交付して定期報告を行わなければならない。

問 194

□□□

貸主は，借主との合意に基づき定めた期日以外であっても，必要があると認めるときは，借主に対し，維持保全の実施状況に関して報告を求めることができる。

[R3]

答 190 ✕

災害または事故等の事由により，緊急に行う必要がある業務で，貸主の承認を受ける時間的な余裕がないものについては，貸主の承認を受けないで実施することができます。この場合，借主は，速やかに書面をもって，その業務の内容およびその実施に要した費用の額を貸主に通知（報告）しなければなりません（11条7項）。

[R3]

答 191 ✕

特定賃貸借標準契約書では，借主が修繕を行うに際しては，その内容および方法についてあらかじめ貸主と協議して行うものとされています（11条9項，頭書（6））。また，転貸借契約終了時の賃貸住宅内の修繕は，あらかじめその内容および方法について貸主と協議をして定めるのであり，貸主と協議をすることなく借主が決定することができるとはされていません。

[R3]

答 192 ○

借主は，賃貸住宅について自らを転貸人とする転貸借契約を締結したときは，転借人に対し，遅滞なく，維持保全の内容および借主の連絡先を記載した書面または電磁的方法により通知します（12条）。

[R3]

答 193 ✕

借主は，貸主との合意に基づき定めた期日に，貸主と合意した頻度に基づき定期に，貸主に対し，維持保全の実施状況の報告をする必要があります。報告の対象には「転貸の条件の遵守状況」が含まれますが，「転借人からの転借料の収納状況」は含まれていません（13条1項）。また，特定賃貸借標準契約書では，「書面を交付して」ともされていません。

[R3]

答 194 ○

定期報告のほか，貸主は，必要があると認めるときは，借主に対し，維持保全の実施状況に関して報告を求めることができます（13条2項）。

問 195
□□□

特定賃貸借標準契約書では，貸主は，借主が家賃支払義務を3か月分以上怠っている場合であっても，相当の期間を定めて当該義務の履行を催告することなく契約を解除することはできないとされている。

- -

問 196
□□□

特定賃貸借標準契約書によれば，特定賃貸借契約が終了した場合において借主が転借人から敷金の交付を受けているときは，これを転借人との間で精算し，転借人から貸主に敷金を交付させなければならないとされている。

※Section❼に該当する問題はありません。

答 195

⭕

貸主（原貸主）は，借主が，次の①〜③に該当する場合，**貸主が相当の期間を定めてこれらの義務の履行を催告したにもかかわらず，当該期間内に義務が履行されないときは，契約を解除することができます**（18条1項）。
① 家賃支払義務を3か月分以上怠った場合
② 転貸条件等に関する義務に違反した場合
③ サブリース業者の維持保全に要する費用負担義務に違反した場合

答 196

✖

特定賃貸借契約が終了した場合（物件の全部滅失等の事由で使用できなくなったことにより契約が終了した場合を除く）には，**貸主は，転貸借契約における借主の転貸人の地位を当然に承継します**（21条1項）。この場合，借主は，**転借人から交付されている敷金，賃貸借契約書，その他地位の承継に際し必要な書類を貸主に引き渡さなければなりません**（同3項）。したがって，転借人の敷金は，借主から貸主に引き渡されるため，**借主と転借人との間で精算し，転借人から貸主に新たに敷金を交付する必要はありません。**

CH.
3

6 その他建物賃貸借に関する制度等

8 個人情報保護法

重要度 B

重要度 A

問 197

□□□

個人情報保護法が適用される「個人情報」とは，広く個人一般に関する情報であって，当該情報により特定の個人を識別することができるものをいう。

重要度 B

問 198

□□□

番号，記号や符号は，その情報だけで特定の個人を識別できる場合であっても，個人情報に該当しない。

[H28]

答 197 ✕

個人情報とは，生存する個人に関する情報であって，次のいずれかのものをいいます（個人情報保護法2条1項）。

① その情報に含まれる氏名，生年月日その他の記述等により特定の個人を識別することができるもの（他の情報と容易に照合することができ，それにより特定の個人を識別することができるものを含む）

② 個人識別符号が含まれるもの

「広く個人一般に関する情報」ではなく，「生存する個人に関する情報」です。

たとえば，管理物件内で**死亡した借主に関する情報**は，個人情報保護法による**個人情報に該当しません**。

[R2]

答 198 ✕

生存する個人に関する情報であって，個人識別符号が含まれるもの（特定の個人の身体的特徴を変換した文字，番号，記号その他の符号などや，カードや書類（運転免許証等）で個人に割り当てられた文字，番号，記号その他の符号 などで，特定の個人を識別できるもの）は，個人情報に該当します（2条1項2号・2項）。

個人識別符号には，運転免許証番号・マイナンバー・パスポートの番号等や顔認識データ・指紋認証等が該当します。

問 199

□□□

個人情報を含む情報の集合物については，電子計算機によって特定の個人情報が検索できるように体系的に構成されていなくても，「個人情報データベース等」に該当することがある。

問 200

□□□

5,000人以下の個人情報しか取り扱わない中小企業・小規模事業者に対しては，個人情報保護法は適用されない。

問 201

□□□

指定流通機構（レインズ）にアクセスできる管理業者は，自ら作成した個人情報データベース等を保有していなくても，個人情報保護法による個人情報取扱事業者である。

答 199

⭕

個人情報データベース等とは，個人情報を含む情報の集合物であって，次のどちらかに該当するものをいいます（16条1項）。

①　特定の個人情報をパソコン等の電子計算機を用いて検索することができるように体系的に構成したもの（個人情報をコンピュータで体系化したもの）

②　（個人情報をコンピュータで体系化していなくても）特定の個人情報を容易に検索することができるように体系的に構成したもの

したがって，電子計算機によって特定の個人情報が検索できるようにされていなくても，**体系的に構成され，特定の個人情報を容易に検索することができる**（名簿，顧客カードや名刺を50音順に並べたもの等）のであれば，**個人情報データベース等に**該当します。

答 200

✕

平成29（2017）年の改正前は，「保有する個人情報の数の合計が過去6か月以内のいずれの日においても5,000件を超えない者」は，個人情報取扱事業者から除かれていましたが，改正によりこの規定は撤廃されました。したがって，現行法では，**5,000人以下の個人情報しか取り扱わない中小企業・小規模事業者であっても個人情報取扱事業者であり，個人情報保護法**が適用されます。

答 201

⭕

自ら作成した個人情報データベース等を保有していなくても，業務に当たって**他人の大規模な個人情報データベース等を利用**していれば，**個人情報保護法による個人情報取扱事業者に該当**します。したがって，指定流通機構（レインズ：宅地建物取引業者のみが利用できるコンピューター・ネットワークによる不動産流通のシステム）に**アクセスできる事業者**は，**個人情報取扱事業者に該当**します。

CH.
3

⑧
個人情報保護法

問 202 □□□ 個人情報取扱事業者は，あらかじめ利用目的を公表していれ ば，個人情報を取得した場合に，その利用目的を本人に口頭又 は書面等で直接に通知する必要はない。

問 203 □□□ 個人情報取扱事業者が個人情報を取得する場合は，利用目的を できる限り特定して通知又は公表する必要があるが，要配慮個 人情報でない限り，本人の同意を得る必要はない。

問 204 □□□ 個人情報取扱事業者は，個人情報を書面で取得する場合，常に 利用目的を本人に明示しなければならない。

[H27]

答 202

○

個人情報取扱事業者は，個人情報（要配慮個人情報を含む）を取得した場合は，あらかじめその利用目的を公表している場合を除き，速やかに，その利用目的を，本人に通知し，または公表しなければなりません（21条１項，２条３項）。したがって，あらかじめ利用目的を公表していれば，本人に口頭または書面等で通知する必要はありません。

要配慮個人情報とは，**本人の人種，信条，社会的身分**，病歴，犯罪の経歴，犯罪により害を被った事実など本人に対する不当な差別，偏見その他の不利益が生じないようにその**取扱いに特に配慮を要する個人情報**をいいます。

[R4]

答 203

○

個人情報取扱事業者は，要配慮個人情報を含む個人情報を取得した場合は，あらかじめその利用目的を公表している場合を除き，速やかに，その利用目的を，本人に通知し，または公表しなければなりません（21条１項，２条３項）。さらに，一定の場合を除いて，要配慮個人情報を取得する場合には，通知または公表に加え，あらかじめ本人の同意を得なければなりません（20条２項）。

要配慮個人情報を取得する場合には，一定の場合を除いて，**「利用目的の通知または公表」**と**「本人の同意」**の両方が必要となります。

[R2]

答 204

✗

個人情報取扱事業者は，本人との間で契約を締結することに伴って契約書などの書面（電磁的記録を含む）に記載された本人の個人情報を取得する場合など，本人から直接書面に記載された本人の個人情報を取得する場合は，あらかじめ，本人に対し，その利用目的を明示しなければなりません。しかし，人の生命，身体または財産の保護のために緊急に必要がある場合には，明示は不要となります（21条２項）。したがって，「常に」明示が必要となるわけではありません。

問 205 □□□ 個人情報取扱事業者が，個人データを漏えいした場合，不正アクセスによる場合であっても，本人の数が1,000人を超える漏えいでない限り，個人情報保護委員会に報告する義務はない。

問 206 □□□ 個人情報取扱事業者が委託先に個人データを提供することは，それが利用目的の達成に必要な範囲内であっても，個人データの第三者提供に該当するため，本人の同意を得る必要がある。

問 207 □□□ 管理業者が，あらかじめ借主の同意を得て，その借主の個人情報を第三者に提供する場合には，当該第三者が記録を作成するので，管理業者としての記録作成義務はない。

[R4]

答 205 ✕

個人情報取扱事業者は，その取り扱う個人データの漏えい，滅失，毀損等の個人データの安全の確保に係る事態であって個人の権利利益を害するおそれが大きいものとして個人情報保護委員会規則で定めるものが生じたときは，**個人情報保護委員会に報告しなければなりません**（26条1項本文）。不正アクセス等で1人以上の個人データが漏えいした場合（不正の目的をもって行われたおそれがある個人データの漏えい等）には，本人の数が1,000人を超えていなくても**個人情報保護委員会に報告する義務があります**（施行規則7条3号）。

個人データの性質・内容，漏えい等の態様を問わず，本人の数が**1,000人を超える**場合には，**個人情報保護委員会に報告**する義務があります（施行規則7条4号）。

[R4]

答 206 ✕

個人情報取扱事業者は，一定の場合を除いて，**あらかじめ本人の同意を得ないで，個人データを第三者に提供してはなりません**（個人情報保護法27条1項）。ただし，個人情報取扱事業者が利用目的の達成に必要な範囲内において個人データの取扱いの全部または一部を委託することに伴って当該個人データが提供される場合（業務を他の業者に委託する場合等），提供を受ける側は第三者に該当しないので，**本人の同意を得ないで個人データの提供をすることができます**（同条5項1号）。

[R1]

答 207 ✕

個人情報取扱事業者は，原則として，**個人データを提供した年月日，第三者の氏名または名称その他の事項に関し，記録を作成しなければなりません**（29条1項）。したがって，**個人情報取扱事業者である管理業者が記録を作成しなければならない**のであり，個人情報の提供を受ける第三者が記録を作成するのではありません。

Section
9

保証契約

重要度
A

普通保証

重要度 A

問 208

書面又は電磁的記録によらずに連帯保証契約を締結した場合，保証契約としての効力を有する。

重要度 C

問 209

保証契約は書面又は電磁的記録でしなければ効力を生じないから，賃貸借契約書中に保証の規定及び保証人の署名押印があったとしても，新たに保証契約書を作成しなければ，保証契約は無効である。

重要度 A

問 210

賃貸人の地位が移転した場合は，保証人は，新賃貸人に対しては保証債務を負わない。

重要度 B

問 211

保証人は，借主が賃貸借契約の解除後に明渡しを遅滞したことによって生じた賃料相当損害金について，保証債務を負う。

[H30]

答 208

✕

保証契約は，書面または電磁的記録でしなければ効力を生じません（民法446条2項・3項）。これは，連帯保証契約でも同様です。

[H28]

答 209

✕

不動産の賃貸借の場合，賃貸借契約の契約書面の中に保証の規定および保証人の署名押印があれば，「書面で保証契約をした」ことになりますので，新たに保証契約書を作成する必要はありません。

[R2]

答 210

✕

貸主が賃貸物件を第三者に譲渡したこと等により貸主の地位が移転し，主たる債務の債権者に変更が生じた場合，保証債務も主たる債務に随伴して新債権者に移転します（随伴性）。したがって，保証人は新貸主との間で保証債務を負うことになります。

[H28]

答 211

〇

保証債務の範囲は，借主の債務に関する利息・違約金・損害賠償その他その債務に関連するすべての債務を含みます（447条1項）。したがって，保証人は，契約の解除後に生じた賃料相当損害金についても保証する責任を負わなければなりません。

問 212

☐☐☐

賃貸借に関する保証契約書に保証債務の範囲として「賃貸借契約から生じる借主の債務」と記載されている場合、保証人は賃料についてのみ保証債務を負い、原状回復義務については保証債務を負わない。

問 213

☐☐☐

賃貸借契約の保証人は、更新後の賃貸借から生ずる借主の債務については、別途、保証契約を更新しない限り、保証債務を負わない。

連帯保証

問 214

☐☐☐

Aを貸主、Bを借主とする建物賃貸借においてCを連帯保証人とする保証契約が締結された場合、Aの賃料債権を被担保債権とする抵当権がD所有の甲不動産に設定されているときは、Dの負う責任は甲不動産の範囲に限られるところ、Cの負う責任はCの全財産に及ぶ。

問 215

☐☐☐

連帯保証人は、貸主から保証債務の履行を求められたときに、まず借主に催告すべき旨を請求することができない。

答 212
[H29]
✕

賃貸借契約が解除された場合，借主は賃貸物件について**原状回復義務**を負います。そして，保証契約書に記載された保証債務の範囲である「**賃貸借契約から生ずる借主の債務**」には，この原状回復義務も含まれるとされています（447条1項参照）。したがって，保証人は，賃料についてのみではなく，借主が負う原状回復義務についても保証債務を負います。

答 213
[H29]
✕

賃貸借の保証人は，**更新後**の賃貸借から生ずる借主の債務についても保証する責任を負うとされています（判例）。賃貸借契約は更新されることが通常ですので，保証人も更新されることは予見できたはずです。そのため，更新後の賃貸借契約についても保証人は責任を負います。

答 214
[R3]
○

保証は，保証人の**全財産**が主たる債務の引当てになる（無限責任）のに対し，**抵当権**は，抵当権が設定された**不動産のみ**が債務の引当てとなります（有限責任）。

答 215
[H29]
○

債権者が保証人に債務の履行を請求したときは，**普通保証人**は，まず主たる債務者に催告をすべき旨を請求することができます（催告の抗弁権，民法452条本文）。しかし，連帯保証人は，この**催告の抗弁権**を有していないので，貸主から保証債務の履行を求められたときに，まず借主に催告すべき旨を請求することができません（454条）。

> 普通保証人であっても主たる債務者が破産手続開始の決定を受けたとき，またはその行方が知れないときは，**催告の抗弁権は行使できません**（452条ただし書）。

問 216

☐☐☐

Aを貸主，Bを借主とする建物賃貸借においてCを連帯保証人とする保証契約が締結された場合，Bが賃料の支払を怠ったので，AがCに対して保証債務履行請求権を行使した場合，Cは，Bには弁済する資力があり，かつその執行が容易である旨を証明すれば，AがBの財産について執行を行わない間は保証債務の履行を免れる。

. . . .

重要度 C

問 217

☐☐☐

連帯保証においては，附従性が否定されるため，連帯保証人は，借主が負担する債務よりも重い保証債務を負担する。

根保証

重要度 A

問 218

☐☐☐

Aを貸主，Bを借主とする建物賃貸借においてCを連帯保証人とする保証契約が締結された場合，Cが自然人ではなく法人のときは，極度額を書面又は電磁的記録で定めなくてもよい。

. . . .

重要度 B

問 219

☐☐☐

令和6年4月1日以降に締結した賃貸借契約において，管理業者は，連帯保証人に対しては極度額の範囲内であれば何度でも未収賃料の請求ができる。

[R3]

答 216 ✕

普通保証人は，貸主が借主に催告をした場合であっても，借主に弁済をする資力があり，かつ，執行が容易であることを証明したときは，まず借主の財産について執行するように要求し，貸主がそれを行わない場合は保証債務の履行を拒否できます（検索の抗弁権，453条）。しかし，連帯保証人は，この検索の抗弁権を有していないので，借主には弁済する資力があり，かつその執行が容易である旨を証明できたとしても，保証債務の履行を免れることはできません（454条）。

[H30]

答 217 ✕

連帯保証でも，保証債務の負担は主たる債務の負担の限度でのみ存在するという性質（内容における附従性）は，否定されていません（448条・454条参照）。したがって，連帯保証人は，借主が負担する債務よりも重い保証債務は負担しません。

[R3]

答 218 ◯

根保証契約（一定の範囲に属する不特定の債務を主たる債務とする保証契約）であって，個人根保証契約（保証人が法人でないもの）を締結する場合，書面または電磁的記録によって極度額を定めなかったときは，個人根保証契約は効力を生じません（465条の2第1〜3項，446条2・3項）。この規定は保証人が個人の場合のみに適用されるので，法人が保証人となるときは，極度額を定める必要はありません。

不動産賃貸借の保証人のような，不特定の債務を個人が保証する場合，個人根保証契約に該当します。

[R2]

答 219 ◯

令和2年4月1日施行の改正民法により個人根保証契約を締結する場合には，極度額を定めることが必要となりました（465条の2第1・2項）。そして，管理業者は，個人根保証契約を締結した連帯保証人に対しては，極度額の範囲内であれば何度でも未収賃料の請求ができます。

問 220

□□□

Aを貸主，Bを借主として令和6年5月1日に締結された期間1年の建物賃貸借契約において，個人であるCはBから委託を受けてAと連帯保証契約を同日締結した。Aは極度額の記載のない連帯保証契約書を持参してCと面会し，口頭で極度額について合意した上，Cの署名押印を得た。この場合も連帯保証契約は効力を生じる。

問 221

□□□

Aを貸主，Bを借主として令和6年5月1日に締結された期間1年の建物賃貸借契約において，個人であるCはBから委託を受けてAと連帯保証契約を同日締結した。この場合，Bが死亡すると，連帯保証契約の元本は確定する。

問 222

□□□

個人根保証契約における連帯保証人は，借主が死亡して，その相続人が借主の地位を相続した後に発生する賃料債務について，保証債務を負わない。

主債務の元本等の情報の提供

問 223

□□□

Aを貸主，Bを借主として令和6年5月1日に締結された期間1年の建物賃貸借契約において，CはBから委託を受けてAと連帯保証契約を同日締結した。Cが，Aに対して，Bの賃料その他の債務について，不履行の有無，利息，違約金，損害賠償などの額について情報提供を求めた場合，Aは個人情報保護を理由に情報提供を拒むことはできない。

[R4]

答 220

×

個人根保証契約を締結する場合，書面または電磁的記録によって極度額を定めなかったときは，個人根保証契約は効力を生じません（465条の2第1〜3項，446条2・3項）。したがって，口頭で合意したのみで，連帯保証契約書に極度額が記載されていない場合，連帯保証契約は効力を生じません。

[R4]

答 221

○

個人根保証契約における元本確定事由は，次の通りです（465条の4第1項）。

① 債権者が，保証人の財産について，金銭の支払を目的とする債権についての強制執行または担保権の実行を申し立てたとき

② 保証人が破産手続開始の決定を受けたとき

③ 主たる債務者または保証人が死亡したとき

したがって，主たる債務者であるBが死亡すると，連帯保証契約の元本は確定します。

[H28]

答 222

○

個人根保証契約では，借主が死亡した場合，元本が確定するため，その時点までに発生している賃料債務等について，保証人は責任を負います（465条の4第1項3号）。しかし，借主が死亡し相続人が借主の地位を相続した後に発生した賃料債務については，元本確定後の債務であるため責任を負いません。

[R4]

答 223

○

保証人が主たる債務者の委託を受けて保証をした場合，保証人の請求があったときは，債権者は，保証人に対し，遅滞なく，「主たる債務の元本および主たる債務に関する利息，違約金，損害賠償その他その債務に従たる全てのものについての不履行の有無ならびにこれらの残額およびそのうち弁済期が到来しているものの額」に関する情報を提供しなければなりません（458条の2）。

Section 10 委任契約

管理受託契約と委任契約

重要度 B

問 224
□□□
管理受託契約は，民法上の委任と雇用の性質を併有することが想定されている。

重要度 B

問 225
□□□
委任契約は，請負と異なり，仕事の完成は目的となっていない。

重要度 A

問 226
□□□
民法上の委任契約は，書面で契約を締結することが義務付けられている。

重要度 B

問 227
□□□
貸主が賃貸住宅管理業者との間で，賃貸物件の管理について委任契約としての管理受託契約を締結した場合，管理受託契約は，無償であっても管理業者は委託者に対して善管注意義務を負う。

[R3]

答 224

✕

委任は，委任者が契約や訴訟等の法律行為をすることを受任者に委託し，受任者がこれを承諾することによって成立する契約です（民法643条）。管理受託契約はこの委任（準委任）の性質を有することがありますが，雇用の性質は有していません。雇用とは，雇用者が使用者の労働に従事する契約をいいます（623条）。

[H30]

答 225

○

請負は，仕事を完成させることがその目的ですが，委任（準委任）は，仕事の完成ではなく，契約や訴訟等の法律行為を行うこと（または賃貸物件の管理等の事実行為をすること）を目的としている点で異なります（632条，643条，656条）。

[R3]

答 226

✕

民法上の委任契約は，委任者と受任者の合意で成立をする諾成契約です。書面で契約を締結することは義務付けられていません（643条参照）。

[H28]

答 227

○

受任者は，委任の本旨に従い，善良な管理者の注意をもって，委任事務を処理する義務を負います（善管注意義務，644条）。そして，受任者が無償で委任事務の処理を受託した場合でも，この義務を免れることはできません。

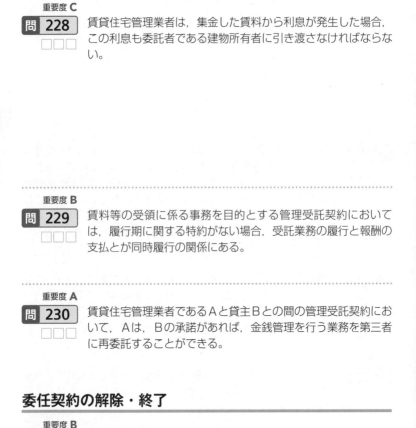

問 228
□□□

賃貸住宅管理業者は，集金した賃料から利息が発生した場合，この利息も委託者である建物所有者に引き渡さなければならない。

問 229
□□□

賃料等の受領に係る事務を目的とする管理受託契約においては，履行期に関する特約がない場合，受託業務の履行と報酬の支払とが同時履行の関係にある。

問 230
□□□

賃貸住宅管理業者であるＡと貸主Ｂとの間の管理受託契約において，Ａは，Ｂの承諾があれば，金銭管理を行う業務を第三者に再委託することができる。

委任契約の解除・終了

問 231
□□□

貸主が賃貸住宅管理業者との間で，賃貸物件の管理について委任契約としての管理受託契約を締結した場合，貸主たる委託者が死亡した場合，特約がない限り，相続人が管理受託契約上の地位を相続する。

問 232
□□□

貸主が賃貸住宅管理業者との間で，賃貸物件の管理について委任契約としての管理受託契約を締結した場合，管理業者が破産手続開始の決定を受けた場合，管理受託契約は終了する。

答 228

〇

物の使用の対価として受ける金銭その他の物を，果実といい，利息はこの果実に該当します。受任者は，委任事務を処理するにあたって受け取った金銭等を委任者に引き渡さなければならず，利息等の果実を収受した場合も引き渡さなければなりません（646条1項）。したがって，管理業者は，集金した賃料から利息が発生した場合，この利息も委託者である建物所有者に引き渡さなければなりません。

民法上，**果実**には，①**天然果実**(野菜や果物等)と②**法定果実**(利息や賃料等)の2種類があります(88条)。

答 229

✕

委任契約では，報酬の支払時期は後払が原則です（648条2項本文）。したがって，履行期に関する特約がない場合，受託業務の履行と報酬の支払は同時履行の関係になく，受託業務の履行を先にする必要があります。

答 230

〇

受任者は，委任者の許諾を得たとき，またはやむを得ない事由があるときでなければ，復受任者を選任することができません（644条の2第1項）。したがって，受託者（受任者）であるAは，委託者（委任者）であるBの承諾があれば，金銭管理を行う業務を第三者に再委託（復受任）することができます。

答 231

✕

委任契約は，委任者（委託者）または受任者（受託者）の死亡により終了します（653条1号）。したがって，委託者が死亡した場合，「委託者の死亡によっても契約は終了しない旨」の特約がないと，相続人は委託者にならず，管理受託契約は終了します。

答 232

〇

委任契約は，委任者または受任者が破産手続開始の決定を受けたことにより終了します（653条2号）。したがって，受任者である管理業者が破産手続開始の決定を受けた場合，管理受託契約は終了します。

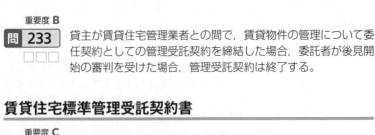

重要度 B

問 233

貸主が賃貸住宅管理業者との間で，賃貸物件の管理について委任契約としての管理受託契約を締結した場合，委託者が後見開始の審判を受けた場合，管理受託契約は終了する。

賃貸住宅標準管理受託契約書

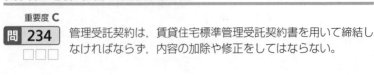

重要度 C

問 234

管理受託契約は，賃貸住宅標準管理受託契約書を用いて締結しなければならず，内容の加除や修正をしてはならない。

重要度 C

問 235

賃貸住宅標準管理受託契約書では，入居者から代理受領した敷金等は，速やかに賃貸人に引き渡すこととされている。

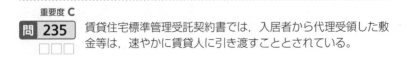

重要度 C

問 236

賃貸住宅標準管理受託契約書では，管理業務を「点検・清掃等」，「修繕等」，「家賃等の徴収等」，「その他」の４つに分類し，賃貸住宅管理業者が行う管理業務の内容について委託者と管理業者が協議，合意の上，可能な限り具体的に記入するものとしている。

重要度 B

問 237

賃貸住宅標準管理受託契約書では，鍵の管理（保管・設置，交換及びその費用負担）に関する事項は，賃貸住宅管理業者が行うこととされている。

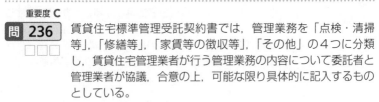

重要度 A

問 238

賃貸住宅標準管理受託契約書では，賃貸住宅管理業者は，管理業務の一部を他の者に再委託することが認められている。

[H27]

答 233

✕

委任契約は，受任者が後見開始の審判を受けたことにより**終了**します（653条3号）。しかし，**委任者が後見開始の審判を受けても終了しません**。したがって，委任者である委託者が後見開始の審判を受けた場合でも管理受託契約は終了しません。

- -

[R4]

答 234

✕

賃貸住宅標準管理受託契約書は，賃貸住宅に共通する管理事務に関する標準的な契約内容を定めたものであり，実際の契約書作成にあたっては，**個々の状況や必要性に応じて内容の加除，修正を行い活用されるべきもの**です（賃貸住宅標準管理受託契約書コメント全般関係②）。

- -

[R4]

答 235

◯

賃貸住宅標準管理受託契約書では，賃貸住宅管理業者は，**入居者から代理受領した敷金等**を，契約書の頭書に記載する振込先に振り込むことにより，**速やかに，貸主に引き渡さなければならない**とされています（7条1項）。

- -

[R2]

答 236

◯

賃貸住宅標準管理受託契約書では，**管理業務を「点検・清掃等」，「修繕等」，「家賃等の徴収等」，「その他」の4つに分類**し，管理業者が行う管理業務の内容について**委託者（貸主）と管理業者が協議，合意の上，可能な限り具体的に記入**するものとしています（9条，頭書（3））。

- -

[R4]

答 237

✕

賃貸住宅標準管理受託契約書では，**鍵の管理**（保管・設置，交換および費用負担含む）に関する事項は**貸主が行う**とされており，管理業者が行うとはされていません（12条1項）。

> 管理業者は，入居者への鍵の引渡し時，入居者との解約，明け渡し業務に付随して**鍵を一時的に預かる**ことができます。

- -

[R2]

答 238

◯

賃貸住宅標準管理受託契約書では，管理業者は，**管理業務の一部を他の者に再委託**することが認められています（13条1項）。

問 239 賃貸住宅標準管理受託契約書において，「賃貸借契約の更新」は，賃貸住宅管理業者に代理権が授与されている事項である。

□□□

問 240 賃貸住宅標準管理受託契約書において，「未収金回収の紛争対応」は，賃貸住宅管理業者に代理権が授与されている事項である。

□□□

問 241 賃貸住宅標準管理受託契約書において，「修繕の費用負担についての入居者との協議」は，賃貸住宅管理業者に代理権が授与されている事項であるが，当該業務を実施する場合には，その内容について事前に委託者と協議し，承諾を得なければならない。

□□□

問 242 賃貸住宅標準管理受託契約書では，賃貸住宅管理業者が管理業務を行うために必要な情報を提供することは，委託者（貸主）の義務とされている。

□□□

答 239 [R3]

◯

管理業者は，管理業務のうち次の業務について，委託者を代理することができます。ただし，④〜⑥の業務を実施する場合には，その内容について事前に委託者と協議し，承諾を得なければなりません（14条）。

① 敷金，その他一時金，家賃，共益費（管理費）および附属施設使用料の徴収
② 未収金の督促
③ 賃貸借契約に基づいて行われる入居者から委託者への通知の受領
④ 賃貸借契約の更新
⑤ 修繕の費用負担についての入居者との協議
⑥ 賃貸借契約の終了に伴う原状回復についての入居者との協議

賃貸借契約の更新は，管理業者に代理権が授与されている事項に含まれます（同4号）。

答 240 [R3]

✗

「未収金の督促」は，管理業者に代理権が授与されている事項です（14条2号）。しかし，「未収金回収の紛争対応」は，管理業者に代理権が授与されている事項ではありません。

答 241 [R3]

◯

「修繕の費用負担についての入居者との協議」は，管理業者に代理権が授与されている事項です（14条5号）。そして，この業務を実施する場合には，その内容について事前に委託者と協議し，承諾を得なければなりません（同条柱書）。

答 242 [R2]

◯

賃貸住宅標準管理受託契約書では，委託者は，管理業者が管理業務を行うために必要な情報を提供しなければならないとされています（16条1項）。

問 243

□□□

賃貸住宅標準管理受託契約書では，賃貸住宅管理業者は，あらかじめ入居者に通知し，承諾を得なければ住戸に立ち入ることができないものとされている。

問 244

□□□

賃貸住宅標準管理受託契約書では，賃貸住宅管理業者は，委託者である建物所有者に対し，各契約で定める予告期間をもって申し入れることにより，管理受託契約を解約することができるとされている。

問 245

□□□

賃貸住宅標準管理受託契約書では，管理受託契約が終了したときは，賃貸住宅管理業者は，新たに賃貸物件の管理を行うこととなる者に対し，物件に関する書類及びこの契約に関して管理業者が保管する金員を引き渡すとともに，家賃等の滞納状況を報告しなければならないとされている。

問 246

□□□

賃貸住宅標準管理受託契約書では，賃貸住宅管理業者は，賃貸人との間で管理受託契約を締結したときは，入居者に対し，遅滞なく連絡先等を通知しなければならず，同契約が終了したときにも，管理業務が終了したことを通知しなければならないとされている。

答 243
〇

[R4]

賃貸住宅標準管理受託契約書では，管理業者は，**管理業務を行うため必要があるときは**，**住戸に立ち入ることができる**とされています（17条1項）。この場合，管理業者は，あらかじめその旨を物件の**入居者に通知**し，**その承諾を得なければなりません**（同条2項本文）。

防災等の緊急を要するときは，あらかじめ住戸に立ち入ることを物件の入居者に**通知する必要はありません**（17条2項ただし書）。

答 244
〇

[H28]

賃貸住宅標準管理受託契約書では，**委託者または管理業者**は，その相手方に対して，**少なくとも○か月前に文書により解約の申入れを行う**ことにより，この契約を終了させることができるとされています（21条1項）。予告期間である「○か月」は契約時に自由に定めておくことができます。

答 245
✕

[R2]

賃貸住宅標準管理受託契約書では，**管理受託契約が終了したとき**は，管理業者は，**委託者に対し**，物件に関する書類およびこの契約に関して管理業者が保管する金員を引き渡すとともに，**家賃等の滞納状況を報告**しなければならないとされています（22条）。「新たに賃貸物件の管理を行うこととなる者」に対してではありません。

答 246
〇

[R4]

賃貸住宅標準管理受託契約書では，**管理業者**は，物件について**管理受託契約を締結したとき**は，入居者に対し，遅滞なく，頭書の記載に従い，管理業務の内容・実施方法および管理業者の連絡先を書面または電磁的方法により通知するものとされています（23条1項）。また，**契約が終了したとき**は，**貸主および管理業者**は，入居者に対し，遅滞なく，**管理業者による物件の管理業務が終了したことを通知**しなければなりません（同条2項）。

Section 11 請負契約

重要度 **B**

問 247

賃貸住宅管理業者であるAが，賃貸人であるBとの管理受託契約に基づき，管理業務として建物の全体に及ぶ大規模な修繕をした場合，Aに対する修繕の報酬の支払とBに対する建物の引渡しとは，同時履行の関係にあるのが原則である。

重要度 **B**

問 248

賃貸住宅管理業者であるAが，賃貸人であるBとの管理受託契約に基づき，管理業務として建物の全体に及ぶ大規模な修繕をした場合，引き渡された建物が契約の内容に適合しないものであるとして，Aに対して報酬の減額を請求したBは，当該契約不適合に関してAに対し損害賠償を請求することができない。

重要度 **B**

問 249

賃貸住宅管理業者であるAが，賃貸人であるBとの管理受託契約に基づき，管理業務として建物の全体に及ぶ大規模な修繕をした場合，引き渡された建物が契約の内容に適合しないものである場合，Bがその不適合を知った時から1年以内にその旨をAに通知しないと，Bは，その不適合を理由として，Aに対し担保責任を追及することができない。

請負は，当事者の一方（請負人）がある仕事を完成することを約し，相手方（注文者）がその仕事の結果に対して報酬を支払うことを約することによって，成立する契約です（民法632条）。本問の建物全体に及ぶ大規模な修繕は，この請負契約に該当します。請負契約では，仕事の目的物の引渡しが必要な場合，特約がなければ，注文者は，仕事の目的物の引渡しと同時に，請負人に報酬を支払わなければなりません（633条本文）。つまり，**報酬の支払と目的物の引渡しは同時履行の関係**にあります。

[R4]**答 248** ✕

請負契約において引き渡された仕事の目的物の**種類・品質**に関して契約の内容に適合しない場合（契約不適合），注文者（本問のB）は，請負人（本問のA）に対し，①**追完請求（目的物の修補，代替物の引渡し等）**，②**報酬の減額請求**，③**損害賠償請求**，④**契約の解除**をすることができます（請負人の担保責任，559条，562～564条，415条，541条，542条）。そして，Aに対して報酬の減額を請求したBは，**その契約不適合により損害が発生**しているのであれば，**加えてAに対し損害賠償を請求することもできます**。

[R4]**答 249** 〇

注文者が**契約不適合を知った時から1年以内にその旨を請負人に通知しない**ときは，注文者は，その不適合を理由として，①追完請求，②報酬減額請求，③損害賠償請求，④契約の解除の**担保責任を追及することができません**（637条1項）。

引き渡した時に，**請負人がその不適合を知り，または重大な過失によって知らなかったとき**は，知った時から1年以内にその旨を請負人に通知しなかったとしても，**担保責任を追及することができます**（637条2項）。

Section

12　不法行為

重要度
B

重要度 B

問 250 　建物の設置又は保存に瑕疵があることによって他人に損害を生じたときは，一次的には所有者が土地工作物責任を負い，所有者が損害の発生を防止するのに必要な注意をしたときは，占有者が土地工作物責任を負う。

重要度 C

問 251 　建物の管理を行う賃貸住宅管理業者は，建物の安全確保について事実上の支配をなしうる場合，占有者として土地工作物責任を負うことがある。

重要度 C

問 252 　建物に建築基準法違反があることによって他人に損害を生じたときは，建設業者が損害賠償責任を負うのであって，建物の所有者及び占有者は土地工作物責任を負わない。

答 250
[R3]
✕

土地の工作物の設置または保存に瑕疵があることによって他人に損害を生じた場合、一次的には占有者が被害者に対してその損害を賠償する責任を負いますが、占有者が損害の発生を防止するのに必要な注意をしていたことを立証した場合には、占有者は責任を負わず、二次的には所有者が無過失であっても責任を負います（土地工作物責任，民法717条1項）。

> ここでいう「設置の瑕疵」とは、設置当初から欠陥がある場合をいい、「保存の瑕疵」とは、設置当初は欠陥がなかったのですが、設置後の維持管理の過程で欠陥が生じた場合をいいます。

答 251
[R3]
○

建物の管理を行う**管理業者**は、建物の安全確保について事実上の支配をなしうる場合、**建物の占有者**として扱われます。したがって、損害の発生を防止するのに必要な注意をしていたことを立証できない場合には、占有者として土地工作物責任を負うことがあります（717条1項）。

答 252
[R3]
✕

損害の原因について他に責任を負う者（本問の場合，建設業者）があるときは、土地工作物責任として損害を賠償した占有者または所有者は、損害の原因について他に責任を負う者に対して求償権を行使することができます（717条3項）。ただ、この場合でも**占有者または所有者**は、賠償後に求償権を行使することができるだけであり、被害者に対する損害賠償責任を免れるわけではありません。

13 その他賃貸住宅管理業 に関する法令

消費者契約法

重要度 B

問 253
□□□

賃貸住宅の敷地の南側に隣接する土地に高層建物が建設されることを知りながら，「陽当たり良好」と説明して賃貸借契約を成立させた場合，消費者契約法に基づき，当該賃貸借契約が取り消される場合がある。

家賃債務保証業者登録制度

重要度 C

問 254
□□□

家賃債務保証業者登録規程（平成29年10月2日国土交通省告示第898号）によれば，国土交通大臣は，家賃債務保証業者登録簿を一般の閲覧に供する。

[R3]

答 253

◯

消費者は，事業者が**消費者契約の締結について勧誘**をするに際し，**重要事項について事実と異なる内容を告げられ**，その結果誤認して契約をした場合，**その契約を取り消す**ことができます（消費者契約法４条１項１号）。賃貸住宅の敷地の南側に隣接する土地に高層建物が建設されることを知りながら，**「陽当たり良好」と説明して賃貸借契約を成立**させた場合，この規定によりその**賃貸借契約が取り消される可能性があります**。

[R3]

答 254

◯

告示による家賃債務保証業者登録制度により**家賃債務保証業**（賃貸住宅の借主の委託を受けて当該借主の家賃債務を保証することを業として行うこと）を営む者は，**国土交通大臣の登録**を受けることができます（家賃債務保証業者登録規程３条１項）。国土交通大臣は，一定事項を家賃債務保証業者登録簿に記載して，登録をします（５条１項）。そして，国土交通大臣は，**家賃債務保証業者登録簿を一般の閲覧に供します**（８条）。

障がい者の差別の解消の推進に関する法律

問 255

□□□

「国土交通省所管事業における障害を理由とする差別の解消の推進に関する対応指針（令和5年11月）」（ガイドライン）によれば，宅地建物取引業者が障害者に対して，客観的に見て正当な理由が無いにもかかわらず，「火災を起こす恐れがある」等の懸念を理由に，仲介を断ることは，不当な差別的取扱いに該当しない。

問 256

□□□

ガイドラインのよれば，宅地建物取引業者が，障害の状況等を考慮した適切な物件紹介や適切な案内方法等を検討するため，必要な範囲で，プライバシーに配慮しつつ，障害者に障害の状況等を確認することは，不当な差別的取扱いに該当しない。

[R5]

答 255

ガイドラインによれば，宅建業者が障害者に対して，客観的に見て正当な理由が無いにもかかわらず，「火災を起こす恐れがある」等の懸念を理由に，仲介を断ることは，不当な差別的取扱いに該当するとされています（【不動産業関係】2（1）①）。

宅建業者が障害者に対して，**障害を理由とした誓約書の提出**を求めることも**不当な差別的取扱いに該当**します。

[R5]

答 256

ガイドラインによれば，宅建業者が，障害の状況等を考慮した適切な物件紹介や適切な案内方法等を検討するため，**必要な範囲で，プライバシーに配慮しつつ，障害者に障害の状況等を確認することは，不当な差別的取扱いに該当しない**とされています（【不動産業関係】2（1）②）。

CHAPTER

4

建物・設備

Section 1

建築構造等

建築構造の種類

重要度 B

問 1
木造は，建物の重量が軽く，施工もしやすいが，防火，耐火性能において他の建築構造より劣る。

重要度 B

問 2
鉄骨造は，鋼材の加工性が良く，工期は比較的短く，省力化が可能である。

重要度 B

問 3
鉄筋コンクリート造は，建物の重量が重いため，地震による影響が大きい。

重要度 B

問 4
鉄筋コンクリート造は，建設工事現場でコンクリートを打ち込むので，乾燥収縮によるひび割れは発生しにくい。

重要度 C

問 5
鉄骨鉄筋コンクリート造は，鉄筋コンクリート造より施工がしやすく，工期も短い。

[H28]

答 1
○

木造は，建物の重量が軽く，施工もしやすい等がメリットですが，防火・耐火性能においては他の建築構造より劣る等が，デメリットです。

[H28]

答 2
○

鉄骨造は，鋼材の加工性が良く，工期は比較的短く，省力化が可能である等がメリットです。なお，風や地震による揺れの影響を受けやすいこと等が，デメリットとなります。

[H28]

答 3
○

鉄筋コンクリート造は，地震による影響が大きいというデメリットがあります。その他にも，工期が長くかかる，解体がしにくい等もデメリットとして挙げられます。

鉄筋コンクリート造は，耐火・耐久性に富む，設計の自由度が高い，遮音性・断熱性が高い等がメリットです。

[R4]

答 4
×

鉄筋コンクリート造は，建設工事現場でコンクリートを打ち込むので，乾燥収縮によるひび割れが発生しやすい構造です。コンクリートは水，セメント，骨材（砂・砂利等）を混ぜてつくります。このコンクリート中に含まれる水分が，外気などの影響で蒸発し，コンクリートが収縮することを乾燥収縮といいます。

[H28]

答 5
×

鉄骨鉄筋コンクリート造は，耐火・耐久性に富み，耐震性に優れる等がメリットですが，鉄筋コンクリート造より施工の難易度が高く，工期も長い等が，デメリットです。

建物の基礎

重要度 B

問 6

基礎とは，上部の建物に加わる力を地盤に伝える部分である。

ラーメン構造と壁式構造

重要度 A

問 7

ラーメン構造は，各節点において部材が剛に接合されている骨組であり，鉄筋コンクリート造の建物に数多く用いられている。

重要度 A

問 8

壁式構造は，壁体や床板で構成する構造方式である。

重要度 B

問 9

壁式鉄筋コンクリート造は，ラーメン構造と異なり，柱が存在しない形式で耐力壁が水平力と鉛直荷重を支える構造であり，特に低層集合住宅で使われている。

重要度 A

問 10

壁式鉄筋コンクリート造は，建設可能な建物の階数，高さ等，また，単位面積当たりの必要壁量や厚さが法令で規定されている。

木造住宅の材料・工法による分類と特徴

重要度 B

問 11

木造ツーバイフォー工法は，枠組みに構造用合板を張った壁，床によって構成された壁式構造の工法であり，枠組壁工法ともいう。

[H27]

答 6

○

基礎とは，建築物の最下部に設置され，上部の建築物に加わる種々の力（荷重等）を地盤に伝える部分をいいます。

[R4]

答 7

○

柱と梁で枠組みを作る構造をラーメン構造といいます。ラーメン構造は，各節点において部材が剛に接合（溶接などで一体化させる接合）されている骨組構造であり，鉄筋コンクリート造の建物に数多く用いられています。ラーメンとは，ドイツ語で「枠」を意味します。

[H27]

答 8

○

壁式構造は，柱や梁を設けず，壁体や床板で構成する構造方式です。壁式構造は，壁で建物を支えるため，壁量が多くなり，また窓等の開口部が限定されているため，一般に，全体として頑丈な構造となります。

[R4]

答 9

○

壁式鉄筋コンクリート造は，ラーメン構造と異なり，柱が存在しない形式で耐力壁が水平力と鉛直（垂直）荷重を支える構造であり，特に低層集合住宅で使われています。

[R1]

答 10

○

壁式鉄筋コンクリート造は，建設可能な建物の階数，高さ等，また，単位面積当たりの必要壁量や厚さが法令で規定されています。

[R1]

答 11

○

木造ツーバイフォー工法は，枠組みに構造用合板を張った壁，床によって構成された壁式構造の工法であり，枠組壁工法ともいいます。木材の基準断面が 2 × 4 インチであることからツーバイフォー工法と呼ばれています。

問 12 プレハブ工法は，構成部材を工場製作し，現場では部材の組立を主に行うため，工期短縮，品質向上に優れている。

問 13 ＣＬＴ工法は，木質系工法で，繊維方向が直交するように板を交互に張り合わせたパネルを用いて，床，壁，天井（屋根）を構成する工法である。

答 12

○

プレハブ工法は，構成部材を工場製作し，現場では部材の組立を主に行うため，工期短縮，品質向上に優れています。

答 13

○

ＣＬＴ工法は，木質系工法で，繊維方向が直交するようにひき板（ラミナ）を交互に張り合わせたパネルを用いて，床，壁，天井（屋根）を構成する工法です。

CH.
4

❶

建築構造等

耐震構造

重要度

B

耐震診断

重要度 B

問 14
□□□

「建築物の耐震改修の促進に関する法律（耐震改修促進法）」によれば、耐震診断とは、建物に必要とされる耐力と現に保持している耐力を比較し、評価するものである。

耐震改修促進法

重要度 A

問 15
□□□

「耐震改修促進法」によれば、特定既存耐震不適格建築物の所有者は、耐震診断を行い、診断の結果、地震に対する安全性の向上を図る必要があると認められるときは、耐震改修を行うよう努めなければならない。

重要度 B

問 16
□□□

「耐震改修促進法」によれば、昭和56年5月31日以前に新築の工事に着手した賃貸住宅（共同住宅に限る）は、特定既存耐震不適格建築物となる。

重要度 C

問 17
□□□

「耐震改修促進法」によれば、所管行政庁は、特定既存耐震不適格建築物の耐震診断及び耐震改修の的確な実施を確保するために必要があるときは、所有者に対し、必要な指導及び助言をすることができる。

[H29]

答 14

○

耐震診断とは，建物に必要とされる耐力と，現に保持している耐力を比較し，**地震に対する安全性を評価するもの**です（耐震改修促進法2条1項）。

[H29]

答 15

○

一定規模以上の建築物で，**建築基準法の耐震規定に適合しない建築物（特定既存耐震不適格建築物）の所有者**は，耐震診断を行い，診断の結果，地震に対する安全性の向上を図る必要があると認められるときは，**耐震改修を行うよう努めなければなりません**（14条）。耐震診断と耐震改修は，**義務ではなく**，「努めなければならない」という**努力義務**とされています。

[H29]

答 16

✕

賃貸住宅（共同住宅に限る）については，①**3階以上，かつ，床面積1,000㎡以上**，②**建築基準法の耐震規定に適合しない（不明な場合は昭和56年5月31日以前に新築の工事に着手していること）**ことの**どちらにも該当**する場合に，**特定既存耐震不適格建築物**となります（耐震改修促進法施行令3条，6条1項7号・2項3号）。したがって，昭和56年5月31日以前に新築の工事に着手した賃貸住宅すべてが，特定既存耐震不適格建築物に該当するのではありません。

[H29]

答 17

○

所管行政庁は，**特定既存耐震不適格建築物**の耐震診断・耐震改修の的確な実施を確保するため必要があると認めるときは，その**所有者に対し**，それらについて**必要な指導・助言をすることができます**（耐震改修促進法15条1項）。

耐震構造等の種類

 制振(制震)構造は，建物に入った地震力を吸収する制震部材（ダンパー）等を建物の骨組み等に設置することにより，振動を低減，制御する構造である。

 免震構造は，建物に地震力が伝わりにくくするように，基礎と建物本体との間に免震ゴムなど免震装置を設け，揺れを低減する構造である。

 塔状の建物では，制振（制震）構造による風揺れ対策の効果は期待できない。

耐震改修

 木造において，基礎と土台，柱と梁を金物で緊結して補強することは，耐震改修方法として適切である。

 木造において，壁や開口部を構造パネルや筋かい等で補強することは，耐震改修方法として適切である。

[R5]

答 18

○

制振(制震)構造は，建物に伝わった地震等による揺れを建物の骨組み等に設置したダンパー等により吸収することにより，大地震であっても中地震程度に振動を低減，制御することができる構造です。

[R5]

答 19

○

免震構造は，建物に地震力が伝わりにくくするように，基礎と建物本体との間に免震装置（免震ゴム＋ダンパー）を設け，地震の揺れをゆったりとした揺れに変える構造です。免震装置部分は機械装置なので，設備として定期的な点検と管理が必要となります。

> 制振(制震)構造は，制震装置(ダンパー等)で「地震の揺れを吸収」し，免震構造は，免震装置(積層ゴム等)で「地震の揺れを建物に伝えない」構造です。

[R5]

答 20

✕

制振（制震）構造は，軽く柔らかい建物（木造や鉄骨造等）に有効で，塔状の建物では，風揺れ対策の効果が期待できます。

[R3]

答 21

○

木造において，基礎と土台，柱と梁を金物で緊結して補強することは，耐震改修方法として適切です。柱や梁などの接合部を効率よく緊結し，しっかりと補強するのに使用される金属の部品を金物といいます。

[R3]

答 22

○

木造において，既存壁を構造パネル等で補強することや開口部を筋かい等で補強することは，耐震改修方法として適切です。筋かいとは，柱と柱の間に斜めに入れて建築物を補強する部材をいいます。

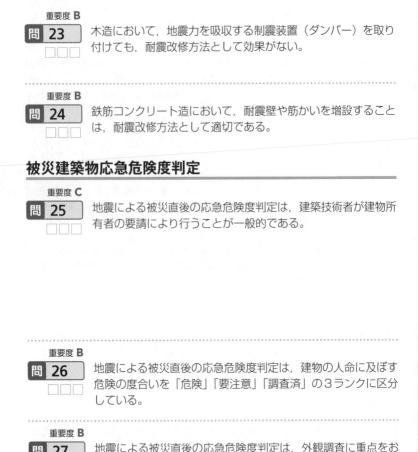

重要度 B

問 23 ☐☐☐ 木造において，地震力を吸収する制震装置（ダンパー）を取り付けても，耐震改修方法として効果がない。

重要度 B

問 24 ☐☐☐ 鉄筋コンクリート造において，耐震壁や筋かいを増設することは，耐震改修方法として適切である。

被災建築物応急危険度判定

重要度 C

問 25 ☐☐☐ 地震による被災直後の応急危険度判定は，建築技術者が建物所有者の要請により行うことが一般的である。

重要度 B

問 26 ☐☐☐ 地震による被災直後の応急危険度判定は，建物の人命に及ぼす危険の度合いを「危険」「要注意」「調査済」の3ランクに区分している。

重要度 B

問 27 ☐☐☐ 地震による被災直後の応急危険度判定は，外観調査に重点をおいて応急的な危険度の判定を行う。

重要度 C

問 28 ☐☐☐ 地震による罹災証明書は，家屋の財産的被害の程度（全壊，半壊など）を市町村長（東京都においては区長）が証明するものである。

答 23 [R3]
✗

木造において，地震の揺れ（地震力）を吸収する制震装置（ダンパー）を取り付けることは，耐震改修方法として適切であり，効果があります。

答 24 [R3]
○

鉄筋コンクリート造において，耐震壁や筋かいを増設することは，耐震改修方法として適切です。

答 25 [R1]
✗

応急危険度判定とは，地震により被災した建物およびその周辺について，その後の余震等による倒壊の危険性・建物の部分等（非構造部材）の落下・付属設備の転倒が人命に及ぼす危険性（危険度）をできるだけ速やかに調査し，建物等の使用に対する制限の要否を判定することをいいます。応急危険度判定は，都道府県知事等が認定した建築技術者が地方公共団体の要請により行うことが一般的です。建物所有者の要請により行うのではありません。

答 26 [R1]
○

応急危険度判定では，危険度を危険・要注意・調査済の3ランクに区分します。「危険」→赤色，「要注意」→黄色，「調査済」→緑色のステッカーで表示を行います。

答 27 [R1]
○

応急危険度判定は，外観調査に重点をおいた地震直後の短時間での調査によって応急的な危険度の判定を行うものです。

答 28 [R1]
○

罹災証明書とは，保険の請求や税の減免等，被災者が各種支援を受ける際等に必要な「家屋の財産的被害程度（全壊・半壊等）」を市町村長（東京都においては区長）が証明するものです。

Section 3　建物の維持・保全

重要度 A

維持・保全の意義

重要度 B

問 29 予防保全は，事故や不具合が生じる前に，あらかじめ適切な処置を施す保全である。

重要度 B

問 30 事後保全は，事故や不具合が生じてから，修繕等を行う保全である。

重要度 C

問 31 予防保全においても，事後保全においても，法定耐用年数どおりに機器を交換することが重要である。

建物の点検

重要度 B

問 32 巡回点検は，管理業者が担う役割のうち重要なものではない。

重要度 C

問 33 貸主に対し，日常点検業務に関する費用の見積りと結果報告は必ず行わなければならない。

[H28]

答 29

○

点検や保守により前兆を捉え，故障する前に適切な処置を施すことを，予防保全といいます。

[H28]

答 30

○

事故や不具合が生じてから，修繕等を行うことを，事後保全といいます。

[H28]

答 31

✕

予防保全においては，機器の交換については，法定耐用年数にとらわれることなく，**現場の劣化状況と収支状況を考えあわせ，予防的に交換・保守・修繕する**ことが求められます。また，**事後保全**においての機器の交換は，故障や不具合が生じてから行うこととなります。

[H27]

答 32

✕

巡回点検は，周期を決めて継続的に行う業務であり，**管理業者が受け持つ重要な役割**です。なお，その際には，結果を整理・保管し，時間経過と状態変化を把握できるようにすることが大切です。

[H27]

答 33

○

管理業者は，あらかじめ貸主に，日常点検業務にはコストがかかることを理解してもらわなければならず，そのためにも，**貸主に対し，日常点検業務に関する**費用の見積りと結果報告は必ず行わなければなりません。

重要度 B

問 34
☐☐☐

漏水している水が雨水なのか，給水や排水管からの漏水かを特定することは，原因調査において重要なことである。

重要度 B

問 35
☐☐☐

雨水による漏水の発生源を特定することは，困難な場合が多い。

重要度 B

問 36
☐☐☐

雨水による漏水は，建物の最上階では，屋上や屋根，庇からの漏水が多い。

重要度 B

問 37
☐☐☐

雨水による漏水は，建物の中間階では，外壁や出窓，ベランダからの浸水は少ない。

重要度 B

問 38
☐☐☐

外壁からの雨水の侵入について，外壁がタイル張りの場合は，タイルの剥がれやクラック，目地やコーキングの劣化に起因する漏水は発生しにくい。

重要度 C

問 39
☐☐☐

屋上や屋根からの雨水の浸入は，防水部材の劣化や破損によって生ずるものやコンクリート等の構造部材のクラックや破損によるものなどであるが，いずれの場合も部分補修で十分である。

重要度 B

問 40
☐☐☐

出窓からの雨水の浸入は，出窓の屋根と外壁との取り合い箇所やサッシ周りが主な原因となることが多い。

重要度 C

問 41
☐☐☐

レンジフード，浴室，トイレの換気扇の排気口からの雨水の浸入による漏水は発生しにくい。

[R2]

答 34

○

漏水している水が雨水なのか，給水（上水）や排水管（汚水・雑排水）からの漏水かを特定することは，原因調査において重要です。

[H29]

答 35

○

雨水による漏水の原因としては，外壁のクラック（ひび割れ），外壁・屋根の劣化，コーキング（シーリング）材の劣化等様々なものが考えられ，発生源を特定することは困難な場合が多いとされています。

[H29]

答 36

○

雨水による漏水は，最上階の場合，屋上や屋根・庇からのものであることが多いとされています。

[H29]

答 37

×

雨水による漏水は，建物の中間階の場合，外壁や出窓，ベランダからの浸水であることが多いとされています。

[R4]

答 38

×

雨水による漏水は，外壁がタイル張りの場合は，タイルの剥がれやクラック，目地やコーキングの劣化に起因する雨水の漏水が多いとされています。

[R4]

答 39

×

屋上や屋根からの雨水の浸入は，防水部材の劣化や破損によって生ずるものやコンクリート等の構造部材のクラックや破損によるものなどがありますが，いずれの場合も部分補修で漏水を止めるのは難しく，場合によっては，防水の全面修理や排水設備のやり直しに発展することもあります。

[R4]

答 40

○

出窓からの雨水の浸入は，出窓の屋根と外壁との取り合い箇所（接続部分）やサッシ周りが主な原因となることが多いです。

[R4]

答 41

×

レンジフード，浴室，トイレの換気扇の排気口からの雨水の浸入による漏水は発生しやすいです。

問 42

□□□

入居者の不注意等による漏水としては，洗濯水の溢れ，流し台や洗面台の排水ホースの外れ，トイレの詰まりを放置したことによる漏水などがある。

問 43

□□□

給水管の保温不足による結露は，漏水の原因とはならない。

問 44

□□□

マンションなどでは，上の階が漏水の発生源であることが多いが，漏水が給水管からの場合，上階の部屋の給水を止めて発生箇所を特定することが必要となる。

問 45

□□□

配管からの漏水の場合，床下やスラブの埋設配管，壁の内側に隠れた配管等からの漏水の有無を調査するために一部の壁等を壊す必要があるときは，入居者への影響は避けられない。

問 46

□□□

傾斜屋根には，金属屋根，スレート屋根などがあり，経年劣化により屋根表面にコケ・カビ等が発生したり，塗膜の劣化による色あせ等が起きたりするので，概ね3年前後での表面塗装の補修が必要である。

問 47

□□□

陸屋根では，土砂や落ち葉，ゴミ等が排水口（ルーフドレイン）をふさいでしまうと，屋上に雨水が溜まり，防水の性能に影響を与え，漏水の原因にもなる。

[R5]

答 42

〇

室内での漏水については，入居者の不注意等による漏水として，洗濯水の溢れ，流し台や洗面台の排水ホースの外れ，トイレの詰まりを放置したことによる漏水などがあります。

[R2]

答 43

✕

配管からの漏水には，給水管の保温不足による結露を原因とするものがあります。

[R2]

答 44

〇

マンション等で漏水が給水管からの場合，被害を受けた部屋の上の階が漏水の発生源であることが多く，上階の部屋や横系統バルブ（仕切弁）を閉めて給水を遮断して，発生箇所を特定することが必要となります。

[R2]

答 45

〇

配管からの漏水の場合，築年の古い建物では，床下やスラブの埋設配管，壁の内側に隠れた配管等からの漏水の有無を調査するために一部の壁等を壊す必要があります。この場合，入居者には工事が終わるまで仮住まいを求める等，入居者への影響は避けられません。

スラブとは，一般的に鉄筋コンクリート造の床版や屋根版をいいます。

[R5]

答 46

✕

傾斜屋根には，金属屋根，スレート屋根などがあり，経年劣化により屋根表面にコケ・カビ等が発生したり，塗膜の劣化による色あせ等が起きたりしますので，概ね10年前後での表面塗装の補修が必要となります。

[R3]

答 47

〇

陸屋根では，土砂や落ち葉，ゴミ等が排水口（ルーフドレイン）をふさいでしまうと，屋上に雨水が溜まり，防水の性能に影響を与え，漏水の原因にもなります。

問 48

□□□

雨樋に落ち葉などが蓄積し詰まりが生じると，降雨時にオーバーフローを起こし，軒天や破風部に水が回り，建物全体の劣化を早めることがある。

問 49

□□□

ルーフバルコニーでは，防水面の膨れや亀裂，立ち上がりのシーリングの劣化などが発生するので，定期的な点検や補修が必要である。

問 50

□□□

コンクリート打ち放しでは，コンクリート自体の塩害，中性化，凍害などを点検する必要はない。

問 51

□□□

コンクリート打ち放しの外壁は，鉄筋発錆に伴う爆裂を点検する必要はない。

問 52

□□□

タイル張り外壁の定期調査方法で，接着剤張り工法以外は，劣化等によりタイルが剥離するおそれがあるので，原則竣工後10年ごとに全面打診等の調査を行わなければならない。

問 53

□□□

タイル外壁やモルタル外壁等に多く発生する現象は，外壁を直接目視することによって確認するほか，外壁周辺におけるタイルなどの落下物の有無によって確認できることがある。

[R5]

答 **48**

〇

雨樋に落ち葉などが蓄積し詰まりが生じると，降雨時にオーバーフローを起こし，軒天（屋根の外壁より出ている部分である軒先の天井部分）や破風部（屋根の先端部分）に水が回り，建物全体の劣化を早めることがあります。

[R5]

答 **49**

〇

ルーフバルコニーでは，防水面の膨れや亀裂，立ち上がりのシーリングの劣化などが発生することがあるので，定期的な点検や補修が必要となります。

[R2]

答 **50**

✕

コンクリート打ち放しでは，コンクリート自体の**塩害**，中性化，凍害等を点検する必要があります。

中性化とは，コンクリートが空気中の炭酸ガス等と化合して，**アルカリ性を失う現象**です。中性化が進むと**コンクリート中の鉄筋が錆びやすく**なります。

[R3]

答 **51**

✕

コンクリート打ち放しの外壁は，コンクリート自体の塩害・中性化・凍害の影響に加え，**鉄筋発錆に伴う爆裂**も点検する必要があります。

[R3]

答 **52**

✕

タイル張り外壁の定期調査方法で，「接着剤張り工法」についても，劣化等によりタイルが剥離するおそれがあるので，原則として，**竣工後10年ごとに全面打診または赤外線調査による**調査を行わなければなりません。

[R4]

答 **53**

〇

タイル外壁やモルタル外壁等に多く発生する現象は，外壁を直接目視することによって確認することができます。また，外壁周辺における**タイルなどの落下物の有無によって確認**できる場合もあります。

問 54 外壁タイルやモルタル塗りでは，下地のコンクリートや下地モルタルとの付着力が低下すれば，剥落事故につながる。

問 55 モルタルやコンクリート中に含まれる石灰分が水に溶けて外壁表面に流れ出し，白く結晶化する現象は，内部に雨水等が浸入することにより発生し，目視によって確認することができる。

問 56 外壁面の塗膜及びシーリング材の劣化により表面が粉末状になる現象は，手で外壁などの塗装表面を擦ると白く粉が付着することによって確認できる。

定期報告（建物等の定期報告制度）

問 57 建築基準法第8条は，「建築物の敷地，構造及び建築設備を常時適法な状態に維持するように努めなければならない」と規定しているが，これは建物管理者にも課せられた義務である。

問 58 賃貸住宅管理業者が管理する賃貸住宅が建築基準法第12条第1項による調査及び報告を義務付けられている場合，調査及び報告の対象は，建築物たる賃貸住宅の敷地，構造及び建築設備である。

[R2]

答 54

○

外壁タイルやモルタル塗りでは，その剥離・剥落に注意を払わねばならず，下地のコンクリートや下地モルタルとの付着力が低下すれば，剥落事故につながります。

[R4]

答 55

○

モルタルやコンクリート中に含まれる石灰分が水に溶けて外壁表面に流れ出し，白く結晶化する現象（白華現象：エフロレッセンス）は，内部に雨水等が浸入することにより発生し，目視によって確認することができます。

[R4]

答 56

○

外壁面の塗膜およびシーリング材の劣化により表面が粉末状になる現象（白亜化：チョーキング）は，手で外壁などの塗装表面を擦ると白く粉が付着することによって確認できます。

[R3]

答 57

○

建築物の所有者，管理者または占有者は，その建築物の敷地，構造および建築設備を常時適法な状態に維持するように努めなければなりません（建築基準法8条1項）。したがって，管理者にもこの義務は課せられています。

[R4]

答 58

○

一定の特殊建築物（共同住宅等）で安全上，防火上または衛生上特に重要であるものとして政令で定めるものおよび当該政令で定めるもの以外の特定建築物で特定行政庁が指定するものの所有者（所有者と管理者が異なる場合においては，管理者）は，これらの建築物の敷地，構造および建築設備について，国土交通省令で定めるところにより，定期に，一級建築士もしくは二級建築士または建築物調査員資格者証の交付を受けている者（建築物調査員）にその状況の調査をさせて，その結果を特定行政庁に報告しなければなりません（12条1項）。

問 59

賃貸住宅管理業者が管理する賃貸住宅が建築基準法第12条第1項による調査及び報告を義務付けられている場合，調査を行うことができる者は，一級建築士，二級建築士又は建築物調査員資格者証の交付を受けている者である。

問 60

賃貸住宅管理業者が管理する賃貸住宅が建築基準法第12条第1項による調査及び報告を義務付けられている場合，報告が義務付けられている者は，原則として所有者であるが，所有者と管理者が異なる場合には管理者である。

問 61

賃貸住宅管理業者が管理する賃貸住宅が建築基準法第12条第1項による調査及び報告を義務付けられている場合，調査及び報告の周期は，特定行政庁が定めるところによる。

問 62

建築基準法第12条により特定建築物において義務付けられる定期調査・検査報告の対象には，昇降機は含まれない。

計画修繕工事

問 63

中長期的には，修繕計画による的確な修繕の実施により，賃貸経営の収支上プラスに働くこともあり，計画修繕が望まれる。

問 64

建物は時間の経過とともに劣化するので，長期修繕計画を策定し，維持管理コストを試算することは有益である一方，その費用は不確定なことから賃貸経営の中に見込むことはできない。

答 59 [R4]

⭕

調査を行うことができる者は，**一級建築士，二級建築士または建築物調査員資格者証の交付を受けている者（建築物調査員）**です（12条1項）。

答 60 [R4]

⭕

報告が義務付けられている者は，原則として**所有者**ですが，所有者と管理者が異なる場合には管理者となります（12条1項）。

答 61 [R4]

⭕

建築物の定期調査の報告の時期は，建築物の用途，構造，延べ面積等に応じて，**おおむね6か月から3年までの間隔をおいて特定行政庁が定める時期**となります（施行規則5条1項）。

答 62 [R3]

❌

特定建築物において義務付けられる**定期調査・検査報告**は，昇降機も含まれます（建築基準法12条3項）。

答 63 [H30]

⭕

中・長期的に考えれば，修繕計画による的確な修繕の実施により，建物の資産価値や借主の建物に対する好感度が上がり，結果的に入居率が上がって，賃貸経営の収支上プラスに働くと考えられます。

答 64 [R3]

❌

建物は時間の経過とともに劣化するので，長期修繕計画を策定し，維持管理コストを試算することは有益です。そして，計画修繕を着実に実施していくためには，資金的な裏付けを得ることが必要であり，長期修繕計画を策定して維持管理コストを試算し，維持管理費用を賃貸経営の中に見込まなければなりません。

重要度 C

問 65

賃貸管理では，建物の劣化状態について外観調査を手掛かりに修繕の必要性を判断し，効果的な修繕計画を立案することが求められるが，見えない部分は考慮しなくてよい。

重要度 C

問 66

計画修繕の実施に当たっては，計画された修繕部位を点検，調査した上で状況を把握することが重要である。

重要度 B

問 67

長期修繕計画によって修繕費とその支払時期が明確になることから，将来に備えて計画的な資金の積立てが必要となる。

重要度 B

問 68

長期修繕計画は，数年に一度は見直しを行うことにより，適切な実施時期を確定することが必要である。

修繕履歴

重要度 B

問 69

建物の修繕履歴情報の利用によっては，建物の維持保全にかかる費用の無駄を省くことはできない。

重要度 B

問 70

正確な建物の修繕履歴情報を利用することにより，災害が発生した際の復旧に迅速かつ適切な対応をとることが可能となる。

重要度 B

問 71

建物の修繕履歴情報は，建物の所有者に帰属するものであるが，所有者から管理委託を受けている者が，必要に応じて利用に供することが考えられる。

[R2]

答 65

✕

賃貸管理では，建物の劣化状態について外観調査を手掛かりに，見えない部分も含めて修繕の必要性を判断し，効果的な修繕計画を立案することが求められます。

[H30]

答 66

◯

修繕計画に基づいた計画修繕の実施にあたっては，まず，計画された修繕部位を現場で点検・調査したうえで，他に不具合が生じている箇所がないかどうかもあわせてみるなど，全体状況を把握することが重要です。

[R3]

答 67

◯

長期修繕計画によって修繕費とその支払時期が明確になることから，将来に備えて計画的な資金の積立てが必要となります。

[R3]

答 68

◯

長期修繕計画は，数年に一度は見直しを行うことにより，適切な実施時期を確定することが必要です。

[R3]

答 69

✕

正確な建物の修繕履歴情報を利用することにより，過去に実施された維持保全等の詳細が分かり，必要十分なメンテナンスを随時行うことができることはもとより，計画管理を適切に行うことができるため，建物の維持保全にかかる費用の無駄を省くことができます。

[R3]

答 70

◯

正確な建物の修繕履歴情報を利用することにより，災害が発生した際の復旧に迅速かつ適切な対応を行うことが可能となります。

[R3]

答 71

◯

建物の修繕履歴情報は，建物に附随するものとして，建物所有者に帰属するものであるが，修繕履歴情報の蓄積と利用の実効性を確保するためには，所有者から委託を受けている管理業者が保管し，必要に応じて利用することが考えられます。

問 72

□□□

賃貸建物については，退去時の敷金精算等も視野に入れ，賃貸時の原状等について，客観的なデータを履歴情報として保存しておくことは重要である。

[R2]

答 72

○

賃貸建物については，退去時の敷金精算等も視野に入れ，賃貸時の原状等について，客観的なデータを履歴情報として保存しておくことは重要です。

4 建築基準法による規制

重要度 A

・・・・・・・・・・・・・・・・・・・・・・・・・・・・・・

建築基準法の用語の定義

重要度 B

問 73
□□□

主要構造部には，間柱，小ばり，屋外階段，ひさしも含まれる。

居室等に関する規定

重要度 B

問 74
□□□

住宅の居室とは，人が長時間いる場所のことであり，居間や寝室等が該当し，便所は除かれる。

・・

重要度 A

問 75
□□□

住宅の居室では，開口部の面積のうち，採光に有効な部分の面積は，原則として，その居室の床面積の7分の1以上としなければならない。

・・

重要度 A

問 76
□□□

事務所や店舗用の建築物に対しては，採光規定が適用される。

[R5]

答 73

✕

建築基準法において，**主要構造部**とは，「**壁，柱，床，はり，屋根，または階段**」をいいます。ただし，建築物の構造上重要でない「間仕切壁，**間柱**（まばしら），付け柱，揚げ床，最下階の床，回り舞台の床，小ばり，ひさし，局部的な小階段，屋外階段その他これらに類する建築物の部分」は**主要構造部に含まれません**（建築基準法 2 条 5 号）。

[R3]

答 74

○

住宅の居室とは，人が長時間いる場所のことであり，**居間**や寝**室**等が該当しますが，**便所**や浴室等は居室から除かれます。

[R1]

答 75

○

住宅の居室の場合，**採光に有効な部分の面積**は，その**居室の床面積**に対して，原則として，**7 分の 1 以上**としなければなりません（**採光規定**，28 条 1 項，施行令19条 3 項）。なお，国土交通大臣が定める基準に従い，照明設備の設置等の措置が講じられている場合は，7 分の 1 から10分の 1 の範囲内で国土交通大臣が定める割合となります。

[R1]

答 76

✕

住宅の居室等には，**採光のための窓**その他の開口部を設け，その採光に有効な部分の面積は，その**居室の床面積**に対して，**一定割合以上**としなければなりません（建築基準法28条 1 項）。しかし，**事務所**や**店舗用**の建築物については，この採光規定は適用されません。

重要度 A

問 77 住宅の居室には，原則として，床面積の20分の1以上の換気に有効な開口部が必要である。

重要度 A

問 78 襖など常に開放できるもので間仕切られた2つの居室は，採光規定上，1室とみなすことができる。

重要度 B

問 79 シックハウス対策として，居室を有する建築物は，建築材料及び換気設備に関する技術基準に適合するものとしなければならない。

重要度 A

問 80 シックハウス症候群の原因は，建材や家具，日用品等から発散するホルムアルデヒドやVOC（揮発性の有機化合物）等と考えられている。

重要度 A

問 81 天井裏，床下，壁内，収納スペースなどから居室へのホルムアルデヒドの流入を防ぐため，建材による措置，気密層・通気止めによる措置，換気設備による措置のすべての措置が必要となる。

[R3]

答 77

〇

住宅の居室には，一定の換気設備を設けた場合を除いて，**換気のための窓その他の開口部**を設け，その換気に有効な部分の面積は，その居室の**床面積**に対して，**20分の1以上**としなければなりません（換気規定，28条2項）。

･･････････････････････････････

[R1]

答 78

〇

採光規定について，**襖や障子**など常に開放できるもので間仕切られた2つの居室は，**1室とみなす**ことができます（28条4項）。

> **換気規定**でも襖や障子など常に開放できるもので間仕切られた2つの居室は，**1室とみなす**ことができます。

･･････････････････････････････

[H30]

答 79

〇

居室を有する建築物は，**シックハウス対策**として，その居室内において政令で定める化学物質の発散（クロルピリホスとホルムアルデヒド）による衛生上の支障がないよう，**建築材料および換気設備**を一定の技術的基準に適合するものとしなければなりません（28条の2第3号）。

･･････････････････････････････

[R4]

答 80

〇

シックハウス症候群の原因は，建材や家具，日用品等から発散する**ホルムアルデヒド**や**VOC**（揮発性の有機化合物）等と考えられています。なお，建築基準法でシックハウス対策の規制が適用されるのは，**クロルピリホス**（シロアリ駆除剤に含まれる）と**ホルムアルデヒド**（接着剤等に含まれる）の2種類です（施行令20条の5）。

･･････････････････････････････

[R4]

答 81

✕

天井裏，床下，壁内，収納スペースなどから居室へのホルムアルデヒドの流入を防ぐため，**①建材による措置，②気密層・通気止めによる措置，③換気設備による措置のいずれか**が必要となります（平成15年国土交通省告示274号）。すべての措置が必要なわけではありません。

重要度 A

問 82 ホルムアルデヒドは建材以外からも発散されるため，ごく一部の例外を除いて，居室を有する新築建物に24時間稼働する機械換気設備の設置が義務付けられている。

重要度 A

問 83 建築基準法上のシックハウス対策の規定は，中古住宅の増築や改築を行う場合には適用されない。

重要度 B

問 84 アスベストとは，天然の鉱石に含まれる繊維のことで，石綿ともいわれる。

重要度 B

問 85 アスベスト粉じんは，肺がんや中皮腫，肺繊維症（じん肺）の原因になる。

重要度 B

問 86 アスベストが含まれる建築材料を使用することは，すべて禁止されている。

重要度 A

問 87 居室の天井高は，2.1m以上としなければならない。

重要度 B

問 88 一室の中で天井の高さが異なったり，傾斜天井がある場合は，平均天井高が2.1m必要である。

[R4]

答 82

○

ホルムアルデヒドは建材以外からも発散されるため，ごく一部の例外を除いて，**居室を有する新築建物に24時間稼働する機械換気設備の設置が義務付けられています**（施行令20条の8第1項）。

[H27]

答 83

×

シックハウス対策の規定は，建築物を新築する場合だけではなく，**中古住宅の増改築・大規模な修繕・大規模な模様替を行う場合にも適用**されます。

[H30]

答 84

○

アスベストとは，天然の鉱石に含まれる繊維のことで，石綿（いしわた）ともいわれます。

[H30]

答 85

○

アスベスト粉じんは，肺がんや中皮腫，肺が繊維化してしまう肺繊維症（じん肺）等の原因となります。

[H30]

答 86

×

アスベストを建築材料として使用したり，アスベストが含まれる建築材料を使用することは，**原則として，禁止**されています（建築基準法28条の2第1号）。ただし，建築材料に含まれるアスベスト等について，**飛散または発散するおそれがないとして国土交通大臣が定めたもの，または国土交通大臣の認定したものは使用することができます**（同2号）。すべてが禁止されているわけではありません。

[R2]

答 87

○

居室の天井の高さは，2.1m以上でなければなりません（施行令21条1項）。

[R2]

答 88

○

天井の高さは，室の床面から測り，**1室で天井の高さの異なる部分がある**場合においては，**その平均の高さ**によります（施行令21条2項）。

問 89

天井高が1.4m以下で，かつ設置される階の床面積の2分の1未満であるなどの基準を満たし，小屋裏物置（いわゆるロフト）として扱われる部分は，床面積に算定される。

問 90

一定の基準を満たした小屋裏物置（いわゆるロフト）は，居室として使用することはできない。

問 91

共同住宅では，隣接する住戸から日常生活に伴い生ずる音を衛生上支障がないように低減するため，原則として，小屋裏又は天井裏まで達する構造とした界壁を設けなければならない。

問 92

建築基準法では，内装材料など，内装制限に関する規定があるが，入居者の入替え時に行う原状回復のための内部造作工事は対象とならない。

問 93

賃貸住宅管理業者による日常的な維持管理においては，防火区画のための防火設備の機能を阻害しないような維持管理を行う必要がある。

[R2]

答 89 ✕

天井高が1.4m以下で，かつ設置される階の床面積の2分の1未満であるなどの基準を満たし，**小屋裏物置**（いわゆるロフト）として扱われる部分は，**床面積に算定されません**（平成12年6月1日住指発682号）。

[R2]

答 90 ◯

一定の基準を満たした**小屋裏物置**（いわゆるロフト）は，小屋裏の余剰空間を利用するもので，**用途については収納等に限定**されます。したがって，**小屋裏物置**を居室として使用することはできません（同通達）。

[R4]

答 91 ◯

共同住宅では，隣接する住戸から**日常生活に伴い生ずる音を衛生上支障がないように低減**するため，原則として，**小屋裏または天井裏まで達する構造とした界壁**を設けなければなりません（建築基準法30条1項2号）。

[R4]

答 92 ✕

建築基準法では，内装制限として，火災の発生による建物内部の延焼を防ぐため，**その用途規模に応じて**内装材料**などにさまざまな制限を加えています**（**内装制限**，35条の2）。この規定は入居者の入替え時に行う原状回復のための内部造作工事**も対象となります。**

[R5]

答 93 ◯

防火区画とは，耐火構造・準耐火構造の建築物について，内部の火災や煙が拡大することを防ぐために，**建築物内部を防火上有効に区画**することをいいます（36条）。管理業者による日常的な維持管理では，**防火区画のための防火設備の機能を阻害しないような維持管理**を行う必要があります。

具体的には，**防火戸が自動的に開閉するのを妨げないようにしたり**，入居者に火災発生時には**防火戸が自動的に閉鎖することを伝えたり**します。

問 94 防火区画には，面積区画，高層区画，竪穴区画，異種用途区画
がある。

避難等に関する規定

問 95 住戸の床面積の合計が100㎡を超える階では，両側に居室の
ある場合には，1.2m以上の廊下の幅が必要とされる。

問 96 直上階の居室の床面積の合計が200㎡を超える階では，120
cm以上の階段の幅が必要とされる。

問 97 屋外階段では，90cm以上の階段の幅が必要とされる。

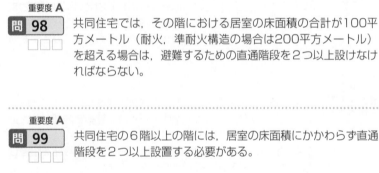

問 98 共同住宅では，その階における居室の床面積の合計が100平
方メートル（耐火，準耐火構造の場合は200平方メートル）
を超える場合は，避難するための直通階段を2つ以上設けなけ
ればならない。

問 99 共同住宅の6階以上の階には，居室の床面積にかかわらず直通
階段を2つ以上設置する必要がある。

問 100 共同住宅では，居室の各部分から直通階段までの距離の制限が
ある。

[R5]

答 94

◯

防火区画には，面積区画（一定の面積ごとに区画），高層区画（11階以上の高層部分を区画），竪穴区画（階段室，エレベーターシャフト，吹き抜け等を他の室と区画），異種用途区画（要との異なる部分を区画）があります（施行令112条）。

[H29]

答 95

✕

共同住宅では，住戸の床面積の合計が100㎡を超える階について，両側に居室のある場合は，1.6m以上の廊下の幅が必要です（119条）。

[H29]

答 96

◯

階段の幅は，直上階の居室の床面積の合計が200㎡を超える階では120cm以上必要です（23条1項）。

[H29]

答 97

◯

屋外階段の幅は，90cm以上必要です（23条1項）。

[R3]

答 98

◯

共同住宅では，その階における居室の床面積の合計が100㎡（主要構造部が耐火構造，準耐火構造または不燃材料で造られている場合は200㎡）を超える場合は，その階から避難するために避難階または地上に通ずる直通階段を2つ以上設けなければなりません（121条1項5号，2項）。

[R4]

答 99

◯

6階以上の階でその階に居室を有するものにおいては，その階から避難するために避難階または地上に通ずる直通階段を2つ以上設けなければなりません（121条1項6号イ）。

[R4]

答 100

◯

建築物の避難階以外の階においては，避難階または地上に通ずる直通階段（傾斜路を含む）を居室の各部分からその1つに至る歩行距離が一定の距離以下となるように設けなければなりません（120条1項）。

問 101 建築物の各室から地上へ通じる避難通路となる廊下や階段（外気に開放された部分は除く。）には，非常用照明の設置義務が課されている。

問 102 防火区画となる壁・床は，耐火構造等一定の基準を満たすものとしなければならず，区画を構成する部分に開口部を設ける場合には，防火扉や防火シャッターなどの防火設備としなければならない。

その他（建蔽率）

問 103 建蔽率とは，建築面積の敷地面積に対する割合である。

問 104 住居系の用途地域での建蔽率は，30％から80％の範囲で指定される。

[R4]

答 101 ⭕

建築物の居室から地上に通ずる**廊下，階段その他の通路**（採光上有効に直接外気に開放された通路を除く）ならびにこれらに類する建築物の部分で照明装置の設置を通常要する部分には，**非常用の照明装置**を設けなければなりません（126条の4）。

> 共同住宅の「住戸」には，非常用の照明装置を設ける**必要はありません**。

[R4]

答 102 ⭕

防火区画となる壁・床は，**耐火構造等一定の基準を満たすもの**としなければならず，区画を構成する部分に開口部を設ける場合には，**防火扉や防火シャッターなどの防火設備**としなければなりません（112条7項参照）。防火区画は火災が発生した際に火災の拡大被害を最小限に抑えるために，建築物の区画を制限する壁や床等をいいます。

> 火災において最終段階で燃える「床」は**内装制限の対象ではありません**。

CH. 4

❹ **建築基準法による規制**

[H28]

答 103 ⭕

建蔽率とは，**建築面積の敷地面積に対する割合**のことで，都市計画によって用途地域ごとに指定されます（建築基準法53条）。

[H28]

答 104 ⭕

住居系の用途地域での建蔽率は，**30％から80％**の範囲で指定されます。

> このほか，**建蔽率**は，**商業系の用途地域**では「**60％から80％**」，**工業系の用途地域**では「**30％から80％**」の範囲で指定されます。

Section
5

給水設備

給水設備

重要度 **B**

問 105
☐☐☐

塩ビ管は，強靱性，耐衝撃性，耐火性で鋼管より劣るが，軽量で耐食性に優れている。

重要度 **C**

問 106
☐☐☐

給水管内に発生する錆による赤水や腐食障害を防止するため，給水配管には，各種の樹脂ライニング鋼管・ステンレス鋼鋼管・銅管・合成樹脂管などが使用されている。

重要度 **B**

問 107
☐☐☐

受水槽の天井，底又は周壁は，建物の躯体と兼用することができる。

重要度 **C**

問 108
☐☐☐

給水圧力が高い場合などにおいて，給水管内の水流を急に締め切ったときに，水の慣性で管内に衝撃と高水圧が発生するウォーターハンマー現象は，器具の破損や漏水の原因となる。

重要度 **C**

問 109
☐☐☐

クロスコネクションとは，飲料水の給水・給湯系統の配管が飲料水以外の系統の配管と接続されていることである。

[H29]

答 105 ○

塩ビ管（塩化ビニール管）は，**強靭性・耐衝撃・耐火性**において鋼管より劣りますが，軽量で**耐食性**に優れているので，専用部分の給水管や排水管などに多く用いられます。

[R5]

答 106 ○

給水管内に発生する**錆による赤水や腐食障害を防止**するため，給水配管には，**各種の樹脂ライニング鋼管・ステンレス鋼鋼管・銅管・合成樹脂管**などが使用されています。

[R3]

答 107 ✕

受水槽の天井，底または周壁は，受水槽の外部より衛生上有害な物質の流入および浸透の危険を排除するため，**建築物の床版や外壁等と兼用する**ことはできません（昭和50年建設省告示第1597号）。

受水槽は**6面の保守点検と清掃**ができるように，タンクの**周壁と底部は60cm以上**のスペースを確保し，**タンクの上部は100cm以上**のスペースを確保しなければなりません。

[R5]

答 108 ○

給水圧力が高い場合，給水管内の水流を急に締め切ったときに，水の慣性で管内に衝撃と高水圧が発生するウォーターハンマー現象は，メーターやバルブなどの**器具の破損**を引き起こし，**漏水**の原因にもなります。

[R5]

答 109 ○

クロスコネクションとは，「飲料水の給水・給湯系統の配管」が「排水管等の飲料水以外の系統の配管」と**直接接続**されていることをいいます。クロスコネクションは**禁止**されています。

給水方式

増圧直結方式は，水道本管から分岐して引き込んだ上水を増圧給水ポンプで各住戸へ直接給水する方式であり，中規模以下のマンションやビルを対象とする方式である。

受水槽方式のうち高置（高架）水槽方式は，水道本管から分岐して引き込んだ上水をいったん受水槽に蓄え，揚水ポンプによって屋上に設置された高置水槽に送水し，重力により各住戸へ給水する方式である。

高置水槽方式は，受水槽と高置水槽を利用するため，水道本管の断水時や，停電時でも一定の時間なら給水することが可能である。

配管方式

さや管ヘッダー方式は，洗面所等の水回り部に設置されたヘッダーから管をタコ足状に分配し，各水栓等の器具に単独接続する方式である。

さや管ヘッダー方式は，台所と浴室等，同時に2か所以上で使用しても水量や水圧の変動が少ない。

[H29]

答 110 ⭕

増圧直結（直結増圧）方式は，水道本管から分岐して引き込んだ上水を，増圧給水ポンプによって圧力を加え，各住戸へ直接給水する方式で，中規模までのマンションやビルが対象です。

増圧直結(直結増圧)方式は，設備として増圧給水ポンプを使用しますので，**定期的なポンプの検査が必要**となります。

[R2]

答 111 ⭕

受水槽方式のうち高置（高架）水槽方式は，水道本管から分岐して引き込んだ上水をいったん受水槽に蓄え，揚水ポンプによって屋上に設置された高置水槽に送水し，重力により各住戸へ給水する方式です。

高置(高架)水槽方式の場合，受水槽や高置水槽に貯水されているので，**給水本管の断水時や停電時にも，短時間ならば給水が可能**です。

[R1]

答 112 ⭕

高置水槽方式は，受水槽と高置水槽を利用するため，水道本管の断水時や停電時でも水槽内の水を一定の時間なら給水することが可能です。

[R2]

答 113 ⭕

さや管ヘッダー方式は，洗面所等の水回り部に設置されたヘッダーから管をタコ足状に分配し，各水栓等の器具に単独接続する方式です。

[R3]

答 114 ⭕

さや管ヘッダー方式は，台所と浴室等，同時に２か所以上で使用しても水量や水圧の変動が少ないという特徴があります。

重要度 **C**

問 115
☐☐☐

逆サイホン作用により，一度吐水した水や飲料水以外の水が飲料水配管へ逆流することがある。

簡易専用水道の管理

重要度 **B**

問 116
☐☐☐

簡易専用水道の設置者は，毎年1回以上，地方公共団体の機関又は国土交通大臣及び環境大臣の登録を受けた者の検査を受け，その検査結果を国土交通大臣及び環境大臣に報告しなければならない。

[R1]

答 **115**

○

逆サイホン作用とは，洗面器や流しなどの水受け容器中にいった ん吐き出された水が給水管内に生じた負圧（周囲よりも気圧 が下がる）による吸引作用により給水管内に逆流する現象で す。逆サイホン作用により，一度吐水した水や飲料水以外の水 が飲料水配管へ逆流することがあります。

[R5]

答 **116**

✗

簡易専用水道の設置者は，毎年１回以上，地方公共団体の機関 または国土交通大臣および環境大臣の登録を受けた者の検査を 受けて，その簡易専用水道の管理について検査を受けなければ なりません（水道法34条の２第２項，施行規則56条1項）。そし て，設置者は，検査結果を速やかに保健所等に報告しなければ なりません。国土交通大臣および環境大臣に報告するのではあ りません。

排水・通気設備

排水設備

重要度 B

問 117 公共下水道は，建物外部の下水道管の設置方法により，汚水，雑排水と雨水を同じ下水道管に合流して排水する合流式と，雨水用の下水道管を別に設けて排水する分流式がある。

重要度 C

問 118 雑排水槽や汚水槽を設けて，水中ポンプで汲み上げる排水方式では，定期的な点検や清掃が必要である。

重要度 B

問 119 排水管内の圧力変動によって，トラップの封水が流出したり，長期間排水がされず，トラップの封水が蒸発してしまうことをトラップの破封という。

重要度 A

問 120 排水トラップの封水深は，深いと破封しやすく，浅いと自浄作用がなくなる。

重要度 C

問 121 管内の圧力変動による排水トラップの封水の流出や，長期間の空室による封水の蒸発は，悪臭の原因となる。

答 117 [R4]
〇

公共下水道は，建物外部の下水道管の設置方法により，**汚水，雑排水と雨水を同じ下水道管に合流して排水する合流式**と，雨水用の下水道管を別に設けて排水する**分流式**があります。

答 118 [R5]
〇

ポンプアップ方式において，排水は，地盤面より低い部分では**雑排水槽**や**汚水槽**を設けて，いったんこれらに排水を貯留し，**水中ポンプで汲み上げる**ことにより行います。この場合，設備である**ポンプ**，**雑排水槽**や**汚水槽**について，**定期的な**点検や清掃が必要となります。

答 119 [R4]
〇

排水管内の圧力変動によって，**トラップの封水が流出**したり，長期間排水がされず，**トラップの排水が蒸発**してしまうことを**トラップの破封**（封水がなくなること）といいます。

答 120 [R1]
✕

封水深は，浅いと破封しやすく，深いと排水がスムーズに流れず，自浄作用がなくなります。

> 通常，**封水深は50mm〜100mm**必要であり，封水を失いにくい構造とします。

答 121 [R5]
〇

管内の圧力変動による**排水トラップの封水の流出**や，**長期間の空室による封水の蒸発**などにより破封すると，下水道から下水臭が室内に侵入し，**悪臭の原因**となります。

問 122

ドラムトラップは，封水の安定度が高く，台所の流し等に使用される。

問 123

洗濯機の防水パンに使用されるサイホン式トラップには，毛髪や布糸などが詰まりやすく，毛細管作用により破封することがある。

問 124

1系統の排水管に対し，2つ以上の排水トラップを直列に設置することは，排水の流れを良くする効果がある。

通気設備

問 125

伸頂通気方式は，排水立て管の先端を延長した通気管を，屋上等で大気に向けて開口する方式である。

問 126

特殊継手排水方式は，排水横枝管の接続器具数が比較的少ない集合住宅や，ホテルの客室系統に多く採用されている。

浄化槽

問 127

浄化槽では，微生物によって分解された汚物等が汚泥となり，槽の底部に堆積する。

[R1]

答 122 ◯

ドラムトラップは，封水の安定度が高く，台所の流し等に使用されます。

[R5]

答 123 ✕

洗濯機の防水パンに多く使用されるのは，非サイホン式トラップ（隔壁トラップ）のうちわんトラップ（ベルトラップ）です。洗濯機の防水パンにサイホン式トラップが採用されることはありません。

[R4]

答 124 ✕

1つの排水系統に対し，2以上の排水トラップを直列に配置することを二重トラップといい，二重トラップとすることは，排水の流れが悪くなるため禁止されています。トラップが2つあると，トラップとトラップの間に空気がたまってしまうことがあり，排水を流した場合に，このたまった空気が逃げる場所がなく，極端に流れが悪くなることがあります。

[R1]

答 125 ◯

伸頂通気方式は，排水立て管の先端を延長した伸頂通気管を，屋上または最上階の外壁等で大気に向けて開口する方式です。

[R5]

答 126 ◯

特殊継手排水方式は，排水横枝管の接続器具数（洗面ボウル，便器，浴槽等）が比較的少ない集合住宅や，ホテルの客室系統に多く採用されています。

特殊継手排水方式（システム）は，伸頂通気方式を改良したものが多く，各階排水横枝管接続用の排水管継手が特殊な形状をしたもの（特殊継手）をいいます。

[R1]

答 127 ◯

浄化槽は，微生物によって分解された汚物等が汚泥となり，槽の底部に堆積し，上澄みのきれいな水を消毒した上で川などに放流する仕組みです。

問 128

□□□ 浄化槽の法定点検には，定期検査と設置後等の水質検査がある
が，その検査結果は，どちらも都道府県知事に報告しなければ
ならないこととされている。

答 128

○

浄化槽の法定点検には，使用開始後3か月を経過した日から5か月の間に行う設置後等の水質検査（浄化槽法7条1項，施行規則4条1項）と，**毎年1回行う定期検査**（浄化槽法11条1項）があります。そして，どちらの検査結果等も都道府県知事に**報告**しなければなりません（7条2項，11条2項）。

CH.
4

6
排水・通気設備

Section 7　消防設備

防火対象物

重要度 B

問 129

共同住宅は，消防法上「特定防火対象物」に分類される。

防火管理者

重要度 A

問 130

共同住宅は，賃貸物件であっても，収容人員が50人以上の場合は防火管理者を定め，防火管理を行う必要がある。

重要度 B

問 131

防火管理者の行う業務のうち，特に重要なものは，消防計画の作成である。

重要度 B

問 132

管理権原者は，管理業者を防火管理者として選任することで，防火管理責任を免れることができる。

[H27]

答 129

✕

消防法では，不特定多数の人が出入りをする店舗や集会施設等を特定防火対象物といい（消防法17条の2の5第2項4号），**不特定多数の人が出入りをする用途ではない共同住宅や事務所等の建物を，一般に非特定防火対象物といいます。**

[H29]

答 130

◯

非特定用途防火対象物である**共同住宅は，賃貸物件であっても，収容人員が50人以上の場合は，防火管理者を選任して防火管理を行わせる必要があります**（8条1項，施行令1条の2第3項）。

防火管理者は，**管理権原者が選任**します。管理権原者とは，建物の管理について権原を有する者をいい，賃貸住宅の場合は，貸主(所有者)等が該当します。

[H30]

答 131

◯

防火管理者の行う業務のうち，特に重要なものは，消防計画の作成です。

[H30]

答 132

✕

管理権原者は，防火管理の最終責任者であり，防火管理者を選任することで，その責任を免責されるわけではありません。

消防設備の点検

重要度 B

問 133

消防用設備等の点検には機器点検と総合点検があるが，その検査結果はどちらも所轄の消防署長等に報告しなければならない。

消防用設備

重要度 B

問 134

B火災とは，石油類その他の可燃性液体，油脂類等が燃える油火災のことである。

重要度 B

問 135

自動火災報知設備における定温式スポット型は，火災の熱によって一定の温度以上になると作動する。

重要度 B

問 136

自動火災報知設備における煙感知器のうち，イオン式スポット型は，機器の中のイオン電流が煙によって遮断されると作動する。

[R5]

答 133

○

消防用設備等の点検には，機器の外観，機能および作動状況を確認する機器点検（6か月に1度）と，設備全体の作動状況を確認する総合点検（1年に1回）があります（消防法17条の3の3，施行規則31条の6，平成16年5月31日消防庁告示第9号）。その検査結果はどちらも所轄の消防長または消防署長（消防署長等）に報告しなければなりません（消防法17条の3の3）。

[H27]

答 134

○

火災は，A火災・B火災・C火災の3種類に分類されます。①A火災（普通火災）とは，木材・紙・繊維等が燃える火災，②B火災（油火災）とは，石油類その他の可燃性液体・油脂類などが燃える火災，③C火災（電気火災）とは，電気設備・電気機器等の漏電等による火災のことをいいます。

[H27]

答 135

○

自動火災報知設備は，主に**火災報知機**（火災を感知した際に警報等を発する）と**感知器**で構成されます。**感知器**には，熱感知器の他に**煙感知器・炎感知器**があります。この熱感知器のうち，**定温式スポット型**は，火災の熱によって周囲が一定の温度以上になると作動します。

炎感知器は主に天井が高い建物で用いられ，**一般的には使われていません**。

[H28]

答 136

○

自動火災報知設備における**煙感知器**のうち，**イオン式スポット型**は，機器の中の**イオン電流**が煙によって遮断されると作動します。

問 137

□□□

自動火災報知器等が設置されていないすべての住宅には，原則として，住宅用火災警報器（住宅用防災警報器）の設置が義務付けられている。

問 138

□□□

複合用途建物では，住宅用火災警報器（住宅用防災警報器）を住宅部分又はその他の部分のいずれかに設置しなければならない。

問 139

□□□

避難設備には，避難器具，誘導灯及び誘導標識がある。

[H27]

答 137

○

自動火災報知器等が設置されていないすべての住宅には，原則として，**住宅用火災警報器（住宅用防災警報器）**または住宅用防災報知設備の**設置が義務付けられています**（消防法9条の2，施行令5条の6）。**住宅用火災警報器等の設置義務者**は，管理業者が貸主から施設設備の設置保全等も含めて委託されている場合を除き，**貸主になります**。住宅用火災警報器（住宅用防災警報器）とは，火災が発生した際に鳴動し，火災の発生を音で知らせる警報器のことをいいます。

[H28]

答 138

✕

住宅用火災警報器（住宅用防災警報器）または住宅用防災報知設備は，住宅の用途として使用されているものが対象であり，**事務所や店舗等と住居等が混在する複合用途建物**でも，住宅部分に設置しなければなりません（消防法9条の2）。したがって，「その他の部分」には設置する必要がありません。

[H28]

答 139

○

避難設備は，**避難器具（すべり台・避難はしご・救助袋・緩降機等）・誘導灯・誘導標識**に分類されます（施行令7条4項）。管理業者は，万が一火災が生じた際に，避難や消火活動の妨げにならないよう，避難器具の周辺やバルコニー，非常階段の踊り場等に障害物を置かないことを入居者に徹底させなければなりません。

Section 8 電気設備

重要度 B

重要度 A

問 140

電力会社からの電力供給は，供給電圧によって，「低圧引込み」「高圧引込み」「特別高圧引込み」の3種類に分けられる。

重要度 A

問 141

ある規模以上の共同住宅で，各住戸と共用部分の契約電力の総量が50キロワット以上のときは，6,000ボルトの高圧引き込みとなり，受変電設備を設置する必要がある。

重要度 A

問 142

高圧受電は，高圧受変電室を設置して，標準電圧6,000ボルトで受電し，大規模な建物などの照明コンセントや給排水ポンプ，空調機器などの動力設備で使用する電気を供給する方式である。

重要度 A

問 143

建物への電力の供給方式における借室方式は，建物内の一室を変圧器室として電力会社へ提供する方式である。

重要度 A

問 144

住戸に供給される電力の単相3線式では，3本の電線のうち真ん中の中性線と上または下の電圧線を利用すれば100ボルト，中性線以外の上と下の電圧線を利用すれば200ボルトが利用できる。

重要度 B

問 145

自家用電気工作物の設置者は，保安規程を定め，使用の開始の前に経済産業大臣に届け出なければならない。

[H27]

答 140

○

電力会社からの建物への電力供給は，供給電圧によって，①低圧引込み（200Ｖ（ボルト）），②高圧引込み（6,000Ｖ），③特別高圧引込み（20,000Ｖ以上）の３種類に分けられます。

[R2]

答 141

○

ある規模以上の共同住宅で，各住戸と共用部分の契約電力の総量が50kw（キロワット）以上のときは，6,000Ｖの高圧引き込みとなり，低圧に変圧するための受変電設備を設置する必要があります。

[R4]

答 142

○

高圧受電は，高圧受変電室を設置して，標準電圧6,000ボルトで受電し，大規模な建物などの照明コンセントや給排水ポンプ，空調機器などの動力設備で使用する電気を供給する方式です。

[H27]

答 143

○

借室方式とは，建物内の一室を，変圧器室として電力会社へ提供（借室）する方式です。

[R2]

答 144

○

単相３線式では，３本の電線のうち，真ん中の中性線と上，または下の電圧線を利用すれば100Ｖ，そして，中性線以外の上と下の電圧線を利用すれば200Ｖの電力を供給することができます。

[R5]

答 145

○

事業用電気工作物のうち，自家用電気工作物の設置者は，保安規程を定め，使用の開始の前に経済産業大臣に届け出なければなりません（電気事業法42条１項）。

問 146

□□□

ＥＬＢ（アース・リーク・ブレーカー）は，地震発生時に設定値以上の揺れを検知したときに，ブレーカーやコンセントなどの電気を自動的に止める器具である。

重要度 **C**

問 147

□□□

照明設備の電線を被膜しているビニールは，熱や紫外線の影響によって経年劣化し，絶縁抵抗が弱まるため，定期的な抵抗測定により，配線を交換する必要がある。

答 146

✕

ＥＬＢ（アース・リーク・ブレーカー）は，漏電遮断器（漏電ブレーカー）のことで，**電気配線や電気製品のいたみや故障により，電気が漏れているのを素早く察知して回路を遮断し，感電や火災を防ぐ器具**です。本問の地震発生時に設定値以上の揺れを検知したときに，ブレーカーやコンセントなどの電気を自動的に止める器具は，感震ブレーカーです。

[H30]

答 147

〇

照明設備の電線を被膜しているビニールは，熱や紫外線の影響により経年劣化し，絶縁抵抗が弱まるため，**定期的な抵抗測定を行うことにより，配線を交換する必要**があります。照明設備の錆や劣化も，放置すると漏電したり，器具部品が落下する危険が生じます。

CH.
4

8

電気設備

Section 9 エレベーター・換気設備・ガス給湯設備・機械式駐車場

重要度 **A**

昇降機（エレベーター）設備

重要度 B

問 148

エレベーターの保守契約におけるＰＯＧ契約（パーツ・オイル＆グリース契約）は，契約範囲外の部品の取替えや機器の修理は別料金となるので，経年劣化により費用が増加することはない。

重要度 B

問 149

エレベーターの保守契約におけるフルメンテナンス契約は，部品の取替えや機器の修理を状況に合わせて行う内容で，月々の契約は割高となる。

重要度 A

問 150

建物の所有者又は管理者は，特定行政庁が定める時期に，昇降機定期点検報告書を提出しなければならない。

換気設備

重要度 C

問 151

換気設備には，給気ファン，排気ファン，給排気ダクト，ルーフファン，排気塔，設備用換気扇等がある。

重要度 A

問 152

自然換気は，室内と室外の温度差による対流や風圧等の自然条件を利用した方式である。

重要度 A

問 153

自然換気は，換気扇や送風機等を利用しない方式であるため，建物内外の自然条件によっては，安定した換気量や換気圧力を期待することはできない。

[H28]

答 148

✕

エレベーターの保守契約におけるＰＯＧ契約（パーツ・オイル・グリース契約）の場合，経年劣化によって発生した契約範囲外の部品の取替えや機器の修理は別料金となるので，費用が増加します。

[H28]

答 149

○

エレベーターの保守契約における**フルメンテナンス契約**は，部品の取替えや機器の修理を状況に合わせて行う内容で，大規模な修繕内容まで含まれるため，月々の契約は割高となります。

[H28]

答 150

○

建物の貸主（所有者）または管理者は，**昇降機（エレベーター）**を一級建築士等の一定の資格者に検査（点検）させ，その報告書（昇降機定期点検報告書）を，特定行政庁が定める時期（6か月〜1年に1回）に**特定行政庁に提出**しなければなりません（建築基準法12条3項）。

[H28]

答 151

○

換気設備は，**給気ファン・排気ファン・給排気ダクト・ルーフファン・排気塔・設備用換気扇**等で構成されます。

[R3]

答 152

○

自然換気方式とは，室内と室外の温度差による対流や風圧等，**自然条件を利用した換気方式**です。

[R1]

答 153

○

自然換気方式には，換気扇が不要なので，換気扇の騒音もなく，経済的ではありますが，**自然条件に依拠するため，安定した換気量や換気圧力は期待できません。**

問 154 □□□ 機械換気方式は，換気扇や送風機等を利用した強制的な換気方式であり，必要なときに換気ができるが，エネルギー源が必要となる。

問 155 □□□ 給気，排気ともに機械換気とする方式は，居室に用いられる熱交換型換気設備や機械室，電気室等に採用される。

問 156 □□□ 給気のみ機械換気とする方式は，室内が負圧になるため，他の部屋へ汚染空気が入らない。

問 157 □□□ 住宅では，台所，浴室，便所等からの排気は機械換気とし，給気は給気口から取り入れる第3種換気を採用することが多い。

問 158 □□□ 第3種機械換気は，室内が負圧になるため，他の部屋へ汚染空気が入らない方式である。

問 159 □□□ 第3種換気において給気の取入れが十分でないまま機械による排気を行うと，室内外の差圧が増大することによる障害が発生する。

[R5]

答 154

◯

機械換気方式は，換気扇や送風機等の機械を利用して強制的に換気する方式をいいます。自然換気に比べ，必要なときに安定した換気ができますが，電気などのエネルギー源が必要となり，費用負担が生じます。

- - - - - - - - - -

[R1]

答 155

◯

給気・排気ともに機械（ファン）を用いる方式を第１種（機械）換気といいます。第１種（機械）換気は，居室に用いられる熱交換型換気設備（セントラル換気方式の住宅等），機械室，電気室等に採用されます。

- - - - - - - - - -

[R3]

答 156

✕

給気のみを機械換気（ファン）とする方式は，第２種（機械）換気といいます。第２種（機械）換気では，室内が正圧（外部より気圧が高い）になり，他の部屋からの汚染空気が室内に入らないため，室内へ清浄な空気を供給する場合に採用されます。空気汚染を避けたい室内へ清浄な空気を積極的に供給したい等の理由で，製造工場や手術室等の用途が限定された建物において採用されます。

- - - - - - - - - -

[R5]

答 157

◯

一般的に住宅の台所，浴室，便所等においては，排気は換気扇による機械換気とし，給気は給気口から取り入れる自然換気とする第３種（機械）換気が多く採用されています。

- - - - - - - - - -

[H28]

答 158

◯

機械換気のうち第３種機械換気は，排気のみ機械を用いる方式です。室内が負圧（外部より気圧が低い状態）になるため，汚染された空気が同じ建物内の他の部屋へ流れ込まない方式です。

- - - - - - - - - -

[R5]

答 159

◯

第３種換気において給気の取入れが十分でないまま機械による排気を行うと，室内が負圧となり，室内外の差圧が増大することによりドアや窓の開閉が困難になったり，風切り音が発生する等の障害が発生したりすることがあります。

ガス・給湯設備

重要度 B

問 160

☐☐☐

ほとんどの都市ガスは空気より軽いのに対し，プロパンガス（ＬＰガス）は空気より重い。

重要度 A

問 161

☐☐☐

ガスメーター（マイコンメーター）には，ガスの使用量を計量する機能や，ガスの異常放出や地震等の異常を感知して，自動的にガスの供給を遮断する機能が備えられている。

重要度 B

問 162

☐☐☐

近年，ガス設備の配管材料として，屋外埋設管にポリエチレン管やポリエチレン被覆鋼管，屋内配管に塩化ビニル被覆鋼管が多く使われている。

重要度 A

問 163

☐☐☐

ガス給湯機に表示される号数は，１分間に現状の水温＋25℃のお湯をどれだけの量（リットル）を出すことができるかを表した数値である。

重要度 A

問 164

☐☐☐

給湯設備における飲用給湯方式は，建物の屋上や地下の機械室に熱源機と貯湯タンクを設け，建物各所へ配管して給湯する方式である。

重要度 A

問 165

☐☐☐

局所給湯方式は，給湯系統ごとに加熱装置を設けて給湯する方式で，近接した給湯器具に返湯管を設けない一管式配管で給湯する方式である。

答 160
[H30]
○

都市ガスは，６Ａという種類を除いておおむね**空気よりも軽い**のに対し，**プロパンガス（ＬＰガス）**は，**空気よりも重い**という性質があります。６Ａの「６」は発熱量「5,800 ～ 7,000kcal/m3」を，「Ａ」は燃焼速度が「遅い」ことを，それぞれ意味します。

答 161
[H30]
○

ガスメーター（マイコンメーター）には，ガスの使用量を計量する機能だけでなく，**ガスの異常放出や地震等の異常を感知して，自動的にガスの供給を遮断する機能**が備わっています。

答 162
[R4]
○

近年，ガス設備の配管材料として，**屋外埋設管にポリエチレン管やポリエチレン被覆鋼管，屋内配管に塩化ビニル被覆鋼管**が多く使われています。

答 163
[R3]
○

ガス給湯機の出湯能力を表す**号数**は，**１分間に現状の水温＋25℃のお湯をどれだけの量（リットル）を出すことができるか**を表した数値です。

答 164
[H29]
✕

給湯設備における**飲用給湯方式**とは，**給湯が必要な箇所それぞれに給湯器を設置する方式**で，台所流しへのガス瞬間湯沸器の設置が，その代表例です。本問は，**中央（セントラル）給湯方式**に関する記述です。

答 165
[R2]
○

局所給湯方式は，給湯系統ごとに**加熱装置（給湯器）を設けて給湯する方式**で，近接した給湯器具（風呂や台所流し等）に返湯管を設けない一管式配管で給湯する方式です。

問 166 家庭用燃料電池は，ヒートポンプの原理を利用し，大気から集めた熱を利用して湯を沸かす機器である。

□□□

問 167 プロパンガスのガス警報器は，床面の上方30cm以内の壁などに設置して，ガス漏れを検知して確実に鳴動する必要がある。

□□□

問 168 ガスの使用を開始する際には，住戸ごとに，管理業者が立会い，ガス会社による開栓作業が必要である。

□□□

機械式駐車場設備

問 169 機械式駐車場設備は，その構造や規模により，不活性ガス消火設備，泡消火設備，ハロゲン化物消火設備等の設置が義務付けられている。

□□□

[R2]

答 166

✕

家庭用燃料電池は、電気と同時に発生する熱を回収し、給湯に利用するシステムです。本問のヒートポンプの原理を利用し、大気から集めた熱を利用して湯を沸かす機器は、**ヒートポンプ給湯機**（エコキュート）です。

[R4]

答 167

〇

プロパンガスのガス警報器は、**床面の上方30cm以内の壁**などに設置して、ガス漏れを検知して確実に鳴動する必要があります。プロパンガスは空気より重く、ガスが漏れたときは低い所に溜まるので、床の近く（床面の上方30cm以内の壁）に設置します。

[H30]

答 168

✕

ガスの使用を開始する際には、住戸ごとに**ガス会社による開栓作業**が必要であり、その作業には、原則、ガス利用者（借主）**が立ち会わなければなりません**。管理業者が立会うのではありません。

[H28]

答 169

〇

機械式駐車場設備には、その構造や規模により、**不活性ガス消火設備・泡消火設備・ハロゲン化物消火設備**等の設置が義務付けられています。「不活性ガス消火設備」は、操作を誤ると人命にかかわるので、取扱いには特に注意しなければなりません。

CHAPTER

5

賃貸不動産経営への
支援業務

Section 1 賃貸用不動産の企画提案

重要度 **A**

賃貸用不動産活用に関する企画・提案

重要度 B

問 1 　賃貸住宅の経営は，オフィスビルや店舗ビルの賃貸経営に比べると，ローリスク・ローリターンであるといえる。

重要度 C

問 2 　10年間から20年間の比較的短期の事業期間を考えている土地所有者に対しては，コストを優先し，アパートを提案する。

賃貸住宅の企画・コンセプトの検討

重要度 C

問 3 　賃貸住宅における入居者像の「とりあえず賃貸派」は，家を持つことにはこだわらず，賃貸住宅で十分と考えているのが特徴である。

重要度 B

問 4 　ペット可能賃貸住宅を建設する場合，動物専用汚物流し（排泄物を処理する設備）や足洗い場を設置すれば，他の借主からの苦情が寄せられることはない。

[H29]

答 **1**

オフィスビルや店舗ビルの賃貸経営は，需給のバランスが崩れると，倉庫や作業所等の賃料レベルにまで賃料水準を下げなければならないケースも少なくないため，**ハイリスク・ハイリターン**といえます。これに対して，**賃貸住宅の賃貸経営**は，設定賃料を近隣相場よりも1～2割程度賃料を下げれば，入居者が見つかるのが一般的なため，**ローリスク・ローリターン**といえます。

[H29]

答 **2**

投資資金の回収を「**10年間から20年間**」という比較的短期で考えている土地所有者に対しては，コスト優先のプランとして**アパートやローコスト・マンションを提案**します。

[H30]

答 **3**

賃貸住宅における入居者像の設定における「**とりあえず賃貸派**」は，「**将来は持家を購入したいと考えているため，現在は倹約している**」という点が特徴です。本問は「**当然賃貸派**」についての記述です。

[H27]

答 **4**

ペット可能な賃貸住宅で最も問題となるのは，糞と鳴き声です。したがって，動物専用汚物流しや足洗い場を設置しても，**鳴き声等により他の借主からの苦情が寄せられる**ことがあります。

問 5 ☐☐☐

ペット可能な賃貸住宅においては，主にペット同士のトラブルを念頭に，共用部分で他のペットとの接触が最小限に抑えられている程度なら許可を与えることを基本ルールとしている。

問 6 ☐☐☐

音楽専用マンションなどの特定の趣味等にターゲットを絞った賃貸住宅を企画することは，供給するエリアでの需給バランスが合えば，その希少性から賃料を高く設定できる可能性が高い。

問 7 ☐☐☐

サービス付き高齢者向け住宅とは，賃貸住宅又は有料老人ホームにおいて，状況把握・生活相談サービス等を提供するものである。

問 8 ☐☐☐

シェアハウスとは，宿泊用に提供された個人宅の一部やマンションの空室等に宿泊するものである。

問 9 ☐☐☐

シェアハウスとは，複数の者がキッチン，浴室等の施設を共用する形態の住宅であるが，賃貸借契約や管理の面において通常の共同住宅と異なることはない。

[H30]

答 5

✕

ペット可能な賃貸住宅では，室内での飼育を中心にして，主に，「動物嫌いや動物アレルギーの他の居住者」とのトラブルを避けることを念頭に，共用部分でペットと「他の住民」との接触が最小限に抑えられる程度なら許可を与えることを基本ルールとしています。

[H27]

答 6

○

音楽専用マンションなどの特定の趣味等にターゲットを絞った賃貸住宅を企画することは，供給するエリアでの需給バランスが合えば，その希少性から賃料を高く設定できる可能性が高くなります。

[H30]

答 7

○

サービス付き高齢者向け住宅（いわゆる「サ高住」）とは，賃貸住宅または有料老人ホームにおいて，状況把握・生活相談サービス等を提供するものをいいます。

[H30]

答 8

✕

シェアハウスとは，1棟の建物について複数の者が借主となり，キッチン・浴室等の施設を共用する形態の住宅をいいます。本問は，住宅宿泊事業（民泊）に関する記述です。

[H29]

答 9

✕

シェアハウスとは，1棟の建物について複数の者が借主となり，キッチン・浴室等の施設を共用する形態の住宅をいいます。シェアハウスでは，契約期間等も各人で異なる等のため，契約関係が複雑になりがちです。また，キッチンや浴室等の共用スペースも管理対象となるため，通常の共同住宅に比べて管理に係る手間が格段に多くなりますので，契約関係や管理面において，通常の共同住宅とは異なる取扱いが要求されます。

重要度 B

問 10 □□□ シェアハウスの場合，管理業者が複数の借主の間に立って主導的な役割を果たす必要に迫られる場合があるので，通常の賃貸住宅より管理業務に要する時間が多くなる。

重要度 B

問 11 □□□ DIY型賃貸借とは，工事費用の負担者が誰であるかにかかわらず，借主の意向を反映して住宅の修繕を行うことができる賃貸借契約のことであり，空き家を活用するための仕組みとしても期待されている。

重要度 C

問 12 □□□ 宅配ロッカーは，最近のインターネット通販市場の成長の影響もあって，借主のニーズの高い設備となってきている。

[H27]

答 10
◯

シェアハウスの場合，管理業者の管理対象部分には，通常の共同住宅の廊下・階段・エントランス等のほかに，**キッチンや浴室等の共用スペースも含まれます**。そのため，管理業者は複数の借主の間に立って主導的な役割を果たす必要に迫られる場合もあるので，通常の賃貸住宅より管理業務に要する時間が多くなる傾向があります。

[H29]

答 11
◯

国土交通省は，工事費用の負担者が誰かにかかわらず，借主の意向を反映して住宅の修繕を行うことができる賃貸借契約やその物件を「ＤＩＹ型賃貸借」と定義し，その普及に努めています。また，ＤＩＹ型賃貸借は，空き家を活用するための仕組みとしても期待されています。

> **ＤＩＹ型賃貸借**とは，「改修費用の負担等が難しいので現状のままであれば貸したい」という**貸主のニーズ**や，「自分好みにカスタマイズしたい」という**借主のニーズ**に応える賃貸借方式のことです。

[H27]

答 12
◯

宅配ロッカーは，不在時に荷物の受渡しに利用されるものとして開発されたもので，通販やクリーニング等多機能ロッカーとしても使用できるため，特に単身者には大変便利な設備です。最近のインターネット通販市場の成長の影響もあって，特に借主のニーズの高い設備となってきています。

Section 2 事業計画の策定等

事業計画の策定

重要度 C

問 13

「事業計画」の策定においては，建築する建物の種類・規模・用途，必要資金の調達方法，事業収支計画の３点が重要な項目である。

資金調達と借入金

重要度 B

問 14

借入金の返済方法には，元利均等返済と元金均等返済の二つの方法があるが，不動産賃貸事業資金の融資には，元利均等返済が多く採用されている。

収入項目・支出項目

重要度 B

問 15

建物の延べ床面積に対する専有部分面積割合をレンタブル比といい，レンタブル比の値は，建物のグレードが高いものほど，あるいは規模が小さくなるほど，低くなる傾向にある。

減価償却費の考え方と計算

重要度 B

問 16

住宅の耐用年数は，鉄筋コンクリート造で47年，重量鉄骨造で34年，木造（サイディング張り）で22年とされており，定額法又は定率法によって償却する。

[R3]

答 13

〇

「事業計画」の策定においては、①**建築する建物の種類・規模・用途**、②**必要資金の調達方法**、③**事業収支計画**の３点が重要な項目です。

[H28]

答 14

〇

借入金の返済方法には、①**元利均等返済**（毎回の返済額が同じ額になる返済方法）と②**元金均等返済**（毎月の返済額のうち元金部分が一定になる返済方法。毎回の返済額はだんだん少なくなる）の２つの方法があります。不動産賃貸事業資金の融資には、毎回の返済額が変わらないので返済計画を立てやすい①**元利均等返済**が多く採用されています。

[H28]

答 15

〇

レンタブル比とは、建物の延べ床面積に占める「賃料収入を得ることができる**専用部分面積の割合**」をいいます。レンタブル比の値が大きいほど収益性（投資効率）は高くなりますが、建物のグレードが高いものほど、あるいは規模が小さくなるほど、低くなる傾向にあります。

[H28]

答 16

✕

現在、建物はすべて**定額法で償却**しなければなりません。なお、住宅の耐用年数は本問のとおり、**鉄筋コンクリート造は47年**、**重量鉄骨造は34年**、**木造（サイディング張り）は22年**とされています。

軽量鉄骨造は**19年**、木造(モルタル塗り)は**20年**です。

問 17

□□□

不動産所得の計算において，個人の場合，減価償却の方法は定額法を原則とするが，減価償却資産の償却方法の届出書を提出すれば，すべての減価償却資産につき，定率法によることも認められる。

答 17

✕

不動産所得の計算において，個人の場合，減価償却の方法は定額法が原則ですが，減価償却資産の償却方法の届出書を提出すれば，定率法によることも認められます。ただし，1998（平成10）年4月1日以後に取得した**建物**，2016（平成28）年4月1日以後に取得した**建物附属設備・構築物**については定額法で計算しなければならないため，すべての償却資産について定率法を選択できるわけではありません。

Section
3

会計・仕訳

重要度
B

企業会計原則

重要度 B

問 **18**

企業会計原則は，企業会計の実務の中に慣習として発達したものの中から，一般に公正妥当と認められたところを要約した基準である。

重要度 B

問 **19**

企業会計原則は，一般原則，損益計算書原則，貸借対照表原則の３つの原則により構成されている。

重要度 B

問 **20**

企業会計原則の一般原則のうち，明瞭性の原則とは，企業会計は，すべての取引につき，正規の簿記の原則に従って，明瞭かつ正確な会計帳簿を作成しなければならないことをいう。

重要度 B

問 **21**

収益又は費用をどの時点で認識するかについて，発生主義と現金主義の２つの考え方があり，取引を適正に会計処理するためには，発生主義が好ましいとされている。

[R4]

答 18

◯

企業会計原則は，企業会計の実務の中に慣習として発達したものの中から，一般に公正妥当と認められたところを要約した，すべての企業が従うべき企業会計の基準です。

[R4]

答 19

◯

企業会計原則は，①一般原則，②損益計算書原則，③貸借対照表原則の3つの原則により構成されています。損益計算書とは，会社のある一定期間の収益と費用の損益計算をまとめた財務諸表をいい，貸借対照表とは，ある時点（決算期等）における企業の資産状況を示す財務諸表をいいます。

[R4]

答 20

✕

明瞭性の原則とは，「企業会計は，財務諸表によって，利害関係者に対し必要な会計事実を明瞭に表示し，企業の状況に関する判断を誤らせないようにしなければならない」というものです。本問の記述は，「正規の簿記の原則」に関するものです。

[R4]

答 21

◯

収益または費用の発生をどの時点で認識するかについて，発生主義と現金主義の2つの考え方があります。発生主義は，「収益または費用の発生の事実（賃料の支払日や委託業務費の支払日の到来等）をもってその計上を行う」という考え方であり，現金主義は，「現金の入出金が生じた時点で収益または費用の計上を行う」という考え方です。取引を適正に会計処理するためには，発生主義が望ましいとされています。

仕訳と勘定科目

重要度 C

問 22 ☐☐☐ 家賃等管理口座に預入された金銭は，現金預金や管理手数料収入，修繕費などの勘定科目に，物件名や顧客名を入れた補助科目を付して仕分け（仕訳）を行うことにより，他の管理受託契約に基づく管理業務において受領する家賃等との分別管理とすることができる。

重要度 A

問 23 ☐☐☐ 賃貸住宅管理業者の会計処理として仕訳を行う際の勘定科目のうち，現金預金・預り家賃・未収入金は「資産」に区分され，借入金・預り金・未払金は「負債」に区分される。

答 22

○

管理業者は，管理受託契約毎に金銭の出入を区別した帳簿を作成する等により**勘定上も分別管理**する必要があります（賃貸住宅管理業法16条）。「現金預金」や「管理手数料収入」，「修繕費」などの勘定科目に，**物件名や顧客名を入れた補助科目を付して仕分け（仕訳）を行う**ことは，この勘定上の分別管理に該当するので，この仕訳により賃貸住宅管理業法で義務付けられている**勘定上の分別管理とすることができます**。

[予想]

答 23

✕

管理業者の会計処理における**資産**と**負債**に属する勘定科目とその分類は次の通りです。

分類	内容	勘定科目
資産	**収益獲得に貢献**する財産	**現金預金**・預け金・**未収入金**・前払金・固定資産（建物や土地）等
負債	財産を減らすもの，**支払わなければならない義務**	**預り家賃**・借入金・預り金・未払金・前受金等

「預り家賃」はいずれオーナー（賃貸人）に支払われ，管理業者の財産を減らすものと考えられるので，負債に区分されます。

収益と費用に属する勘定科目は次の通りです。

分類	内容	勘定科目
収益	金銭等が**増加**する要因	**管理手数料収入**・仲介手数料収入・更新事務手数料収入・**補修工事収入**等
費用	金銭等が**減少**する要因	**外注費**・清掃費・給与・消耗品費・水道光熱費・旅費交通費等

CH.
5

❸
会計・仕訳

重要度 A

問 24 □□□

賃貸住宅管理業者の仕訳の勘定科目を，その取引により生ずる増減により仕訳帳の「借方（左）」「貸方（右）」のどちらに記入するかは，次のように決められている。

借方	貸方
資産の増加 負債の減少 収益の増加（発生） 費用の減少	資産の減少 負債の増加 収益の減少 費用の増加（発生）

重要度 A

問 25 □□□

賃貸住宅Aの借主（入居者）から家賃10万円が，賃貸住宅管理業者の賃料等を管理する口座に振り込まれた。この場合，賃貸住宅管理業者の正しい仕訳は次の通りである。

単位：円

借方		貸方	
預り家賃（物件A）	100,000	現金預金（物件A）	100,000

[予想]

答 24

✗

仕訳帳の「借方（左）」、「貸方（右）」のどちらに記入するか
は、次のように決められています。

借方	貸方
資産の増加	資産の減少
負債の減少	負債の増加
収益の減少	収益の増加（発生）
費用の増加（発生）	費用の減少

収益の減少は「借方」、収益の増加（発生）は「貸方」に記入
し、費用の増加（発生）は「借方」、費用の減少は「貸方」に
記入します。

[予想]

答 25

✗

入居者から**家賃100,000円が管理業者の口座に入金された**こ
とにより、管理業者の**資産**である「現金預金」が**増加**したの
で、**資産の増加**として「借方」に「**現金預金（物件Ａ）
100,000**」と記入します。また、これは将来的にオーナーに
支払わなければならない「**預り家賃**」であるので管理業者にと
っては**負債**であり、**負債の増加**として「貸方」に「**預り家賃
（物件Ａ）100,000**」と記入します。したがって、本問の正
しい仕訳は次の通りです。

単位：円

借方		貸方	
現金預金（物件Ａ）	100,000	預り家賃（物件Ａ）	100,000

問 26 □□□ 賃貸住宅Aの借主（入居者）から家賃10万円が賃貸住宅管理業者の賃料等を管理する口座に振り込まれ，「預り家賃」として計上されている。「預り家賃」から1万円を管理業者の管理手数料として充当し，収益として計上した。この場合，賃貸住宅管理業者の正しい仕訳は次の通りである。

単位：円

借方		貸方	
管理手数料収入（物件A）	10,000	預り家賃（物件A）	10,000

問 27 □□□ 賃貸住宅Aの借主（入居者）から家賃が賃貸住宅管理業者の賃料等を管理する口座に振り込まれ，9万円が「預り家賃」として計上されている。その後，その「預り家賃」をオーナーの口座に振り込んだ。この場合，賃貸住宅管理業者の正しい仕訳は次の通りである。

単位：円

借方		貸方	
現金預金（物件A）	90,000	預り家賃（物件A）	90,000

答 26

✗

「預り家賃」から管理業者の管理手数料10,000円を充当することで，管理業者には「**管理手数料収入**」が**発生**するので，収益の増加（発生）として「貸方」に「**管理料手数料収入（物件A） 10,000**」と記入します。また，負債の減少として「借方」に「**預り家賃（物件A） 10,000**」と記入します。したがって，本問の正しい仕訳は次の通りです。

単位：円

借方		貸方	
預り家賃（物件A）	10,000	管理手数料収入（物件A）	10,000

答 27

✗

「預り家賃」をオーナーの口座に振り込むことで，管理業者の**資産**である「**現金預金**」が**減少**するので，資産の減少として「貸方」に「**現金預金（物件A） 90,000**」と記入します。これにより管理業者の**負債**である「**預り家賃**」が減少するので，負債の減少として「借方」に「**預り家賃（物件A） 90,000**」と記入します。したがって，本問の正しい仕訳は次の通りです。

単位：円

借方		貸方	
預り家賃（物件A）	90,000	現金預金（物件A）	90,000

CH.
5

❸
会
計
・
仕
訳

Section 4　賃貸不動産経営と保険

重要度 A

賃貸不動産経営における保険の必要性

賃貸不動産経営には様々なリスクが存在するが，保険に加入することでそのリスクを一定程度軽減・分散することができる。

保険とは，将来起こるかもしれない危険（事故）に対して備える相互扶助の精神から生まれた助け合いの制度である。

保険料は，保険会社が引き受けるリスクの度合いに比例するものでなければならず，例えば，木造建物であれば構造上の危険度は同じであるため，保険料率は全国一律で定められている。

保険について貸主や借主に適切なアドバイスができるようにしておくことは，賃貸管理に係る支援業務のひとつである。

[R4]

答 28

○

賃貸不動産の経営には，多くの危険が存在します。保険にリスクを転嫁することで，賃貸不動産の経営における危険を軽減・分散することができます。

[R3]

答 29

○

保険とは，将来起こる可能性のある危険に対し，予測される事故発生の確率に見合った一定の保険料を，加入者が公平に分担し，万一の事故に対して備える相互扶助の精神から生まれた助け合いの制度です。

[R4]

答 30

✕

保険料は，保険会社が引き受けるリスクの度合いに比例するものでなければなりません。例えば，同じ木造建物であっても，構造，地域等により火災の危険度は異なるため，保険料率を全国一律とすることは不公平となります。したがって，保険料率は，それぞれの危険度に応じて決定されます（公平の原則）。

[R1]

答 31

○

保険について理解を深めておき，貸主や借主などの関係者にある程度のアドバイスをすることができるよう準備しておくことも，賃貸不動産経営管理士にとって，賃貸不動産経営管理に対する支援業務の1つと考えられます。

問 32

近隣からの類焼による被害を受けても，失火者に重大な過失がある場合を除き，失火者には損害賠償責任を問えないため，類焼被害に対しては被害者自らが火災保険に加入して備えておく必要がある。

保険商品の分類

重要度 A

問 33

賃貸不動産の経営における危険を軽減・分散するための重要な方策の１つである火災保険は，保険業法上の「第二分野」に分類される損害保険の一種である。

重要度 A

問 34

保険商品の分類には，保険業法上，「第一分野」「第二分野」「第三分野」という分類方法があり，賃貸不動産の経営において，最も有用な保険は第二分野の損害保険である。

賃貸不動産経営と保険

重要度 A

問 35

地震保険は，地震，噴火又はこれらによる津波を原因とする建物や家財の損害を補償する保険であるが，特定の損害保険契約（火災保険）に付帯して加入するものとされており，単独での加入はできない。

重要度 A

問 36

建物の火災保険の保険金額が3,000万円の場合，地震保険金額の限度額は3,000万円×50％＝1,500万円であるが，火災保険の保険金額が１億1,000万円の場合の地震保険の限度額は１億1,000万円×50％＝5,500万円とはならず，5,000万円になる。

答 32 [R4]

〇

失火により賃貸不動産を損傷したとしても，**失火につき重大な過失がない限り，失火者は不法行為による損害賠償責任を負いません**（失火責任法）。したがって，近隣からの類焼による被害を受けても，失火者に重大な過失がない場合，失火者には損害賠償責任を問えませんので，**賃貸物件の所有者は，類焼被害に対して自らが火災保険に加入して備えておく必要があります。**

答 33 [R2]

〇

火災保険は，賃貸不動産の経営における**危険を軽減・分散するための重要な方策の１つ**です。また，保険商品は，保険業法上，①生命保険（第一分野），②損害保険（第二分野），③傷害保険・医療保険等（第三分野）に大別することができます。そして，火災保険は，②損害保険（第二分野）に分類されます。

答 34 [H29]

〇

保険は，①生命保険（第一分野），②損害保険（第二分野），③傷害・医療保険（第三分野）に大別することができます。このうち，賃貸不動産の経営においては，偶発的な事故によって生じた損害に対して保険金を支払う損害保険（第二分野）が有用です。

答 35 [R3]

〇

地震，噴火またはこれらによる津波を原因とする建物や家財の損害を補償するものを地震保険といいます。地震保険に加入する際には，主契約としての火災保険に付帯して加入する必要があり，単独での加入はできません。

答 36 [R4]

〇

地震保険は，住宅の火災保険に付帯して加入する保険です。地震保険の保険金額は，**主契約の火災保険金額の30％〜50％以内の範囲**で，**建物5,000万円，家財（生活用動産）1,000万円まで**とされています。したがって，建物の火災保険の保険金額が3,000万円の場合，地震保険金額の限度額は3,000万円×50％＝1,500万円ですが，火災保険の保険金額が１億1,000万円の場合の地震保険の限度額は１億1,000万円×50％＝5,500万円とはならず，建物の上限である5,000万円になります。

問 37

□□□

賃貸不動産の借主は，自己の家財に対する損害保険として，借家人賠償責任保険に単独で加入することができる。

問 38

□□□

天井からの漏水が，建物の劣化に起因せず，上階入居者の使用方法に原因があると判明した場合，上階入居者が付保する賃貸住宅居住者総合保険と，建物所有者が付保する施設所有者賠償保険を適用できる。

答 37

✗

賃貸不動産の借主が加入する借家人賠償責任保険は，火災・爆発・水ぬれ等の不測・突発的な事故によって，「貸主に対する損害賠償責任を負った場合の賠償金等を補償するもの」であって，自己の家財に対する損害保険ではありません。借家人賠償責任保険は，一般的に借主が加入する火災保険に特約でセットされていて，単独で加入することができません。

[R4]

答 38

✗

天井からの漏水が，建物の劣化に起因せず，上階入居者の使用方法に原因があると判明した場合，上階入居者（借主）が加入する「賃貸住宅居住者総合保険」を適用できます。しかし，建物所有者（貸主）が加入する「施設所有者賠償保険」は，賃貸物件が第三者に損害を与えた場合に，その第三者に損害賠償する場合の賠償金等を補償する保険なので，上階入居者の使用方法に原因がある場合は適用できません。

借主が加入する「賃貸住宅入居者総合保険」は火災・爆発・水漏れ等の不測，かつ，突発的な事故によって，貸主に対する法律上の損害賠償を負った場合の賠償金等を補償する保険です。

CH.
5

4 賃貸不動産経営と保険

Section 5　賃貸不動産管理と税金

固定資産税・都市計画税

重要度 A

問 39

固定資産税は，毎年1月1日現在の土地・建物の所有者に対して課される地方税である。

重要度 A

問 40

遊休土地にアパート等の居住用の家屋を建築した場合，その完成が令和6年1月15日であったときは，建物に関する令和6年の固定資産税は課税されない。

重要度 B

問 41

都市計画税は，毎年1月1日時点の市街化区域内にある土地・建物等の所有者に対して課される地方税であり，固定資産税と一括して納付する。

重要度 A

問 42

固定資産税及び都市計画税は，住宅用地について課税標準の軽減措置が講じられている。

[H28]

答 39 ○

固定資産税は，毎年1月1日（賦課期日）時点の土地・建物（固定資産）の所有者に対して，その固定資産が所在する市町村が課税する地方税（市町村税）です。

[R4]

答 40 ○

固定資産税は，毎年1月1日（賦課期日）時点の土地・建物（固定資産）の所有者に対し，その固定資産の所在する市町村が課税する税金です。したがって，本問のアパート等の居住用の家屋の取得が令和6年1月15日である場合，令和7年から固定資産税が課税されることになり，建物に関する令和6年の固定資産税は課税されません。

[H28]

答 41 ○

都市計画税は，毎年1月1日（賦課期日）時点の市街化区域内にある固定資産の所有者に対して，その固定資産が所在する市町村が課税する地方税（市町村税）であり，固定資産税と一括して納付します。

[H28]

答 42 ○

固定資産税および都市計画税は，住宅用地について，課税標準（税金を計算する際の算定基準）の軽減措置が講じられています。固定資産税の場合，小規模住宅用地の特例として，住宅用地について200㎡以下の部分については課税標準を$\frac{1}{6}$とし，200㎡を超える部分は$\frac{1}{3}$とします。

重要度 B

問 43 □□□

適切な管理がされていない空き家は，防災・衛生・景観等，周辺の生活環境の観点から，固定資産税が最大で6倍になる可能性がある。

重要度 B

問 44 □□□

固定資産税の徴収は，納税通知書を納税者に交付することによる「普通徴収」の方法であるから，課税標準や税額につき不服を申し立てることは一切できない。

印紙税

重要度 A

問 45 □□□

印紙税は，建物の売買契約書や賃貸借契約書について課されるが，業務上の契約書等に貼付された印紙税額に相当する金額は，所得税の計算上の必要経費となる。

消費税

重要度 A

問 46 □□□

不動産取引では，建物の購入代金や仲介手数料については消費税が課されるが，土地の購入代金や火災保険料については消費税が課されない。

重要度 A

問 47 □□□

不動産取引では，店舗の賃料や仲介手数料については消費税が課されるが，貸付期間が1か月以上の住宅の賃料については消費税が課されない。

[H28]

答 43

◯

空家対策特別措置法に規定される特定空き家等の所有者に対しては，賦課期日（1月1日）までに，市町村から勧告された住宅の撤去や修繕等の必要な措置が講じられない場合，固定資産税の「小規模住宅用地の特例（200㎡以下の住宅用地の固定資産税の課税標準を最大 $\frac{1}{6}$ とする特例）」の適用除外となり，適用除外となることで固定資産税が「最大で6倍」になる可能性があります。

[H28]

答 44

✕

固定資産税の徴収は，納税通知書を納税者に交付することによる普通徴収の方法で行います。そして，課税標準や税額について不服がある場合は，その固定資産が所在する市町村の長（東京23区内の場合，都知事）に対して申し立て，審査請求をすることができます。

[R2]

答 45

✕

不動産取引では，不動産の売買契約書等には，課税文書として印紙税が課されますが，建物の賃貸借契約書は非課税文書とされており，印紙税は課されません。業務上の契約書等に貼付された印紙税額に相当する金額は，所得税の計算上の必要経費として計上できます。後半は正しい記述です。

[R1]

答 46

◯

不動産取引では，「仲介手数料」や「建物の購入代金」については消費税が課されます。しかし，「土地の購入代金」や「火災保険料」については消費税が課されません。

[R2]

答 47

◯

不動産取引では，「事務所・店舗の仲介手数料（売買・賃貸）」，「貸付期間が1か月未満の住宅の賃料」については消費税が課されます。なお，「貸付期間が1か月以上の住宅の賃料」については，消費税は課されません。

⑤ 賃貸不動産管理と税金

問 48

☐☐☐

消費税に関して免税事業者が課税事業者（適格請求書発行事業者）になった場合には，令和5年10月1日から令和8年9月30日までの日の属する課税期間においては，納付税額を課税標準額に対する消費税額の2割とすることができる。

相続税（贈与税）

重要度 B

問 49

☐☐☐

被相続人の子がその相続に関して相続放棄の手続をとった場合，その放棄した者の子が代襲して相続人になることはできない。

重要度 B

問 50

☐☐☐

法定相続人が配偶者と兄弟姉妹の場合の法定相続分は，配偶者4分の3，兄弟姉妹4分の1（複数の場合は人数按分）となる。

重要度 A

問 51

☐☐☐

法定相続人が配偶者と子2人の場合の遺産に係る基礎控除額は，「3,000万円＋600万円×3人＝4,800万円」となる。

[R5]

答 48

○

2023（令和5）年10月1日から消費税の仕入額控除の方式として適格請求書等保存方式（インボイス）制度が導入されました。消費税に関して免税事業者が課税事業者（適格請求書発行事業者）になった場合には，令和5年10月1日から令和8年9月30日までの日の属する課税期間においては，納付税額を課税標準額に対する消費税額の2割とする経過措置が適用されています。

[R5]

答 49

○

代襲相続とは，被相続人が死亡した時に，本来相続人となるはずであった者が既に死亡等により相続権を失っていた場合に，その子などが代わって相続する制度をいいます。しかし，相続人がその相続に関して相続放棄の手続をとった場合，その放棄した者の子については，代襲相続は生じず，相続人になることはできません（民法887条2項，889条2項，939条）。

これに対して，欠格事由に該当する者や廃除された者の子については，代襲相続が生じ，相続人となることができます。

[H30]

答 50

○

配偶者と兄弟姉妹が法定相続人になる場合の法定相続分は，配偶者が $\frac{3}{4}$，兄弟姉妹が $\frac{1}{4}$（兄弟姉妹が複数いる場合は人数で按分）となります（900条3号）。

[R1]

答 51

○

相続税を計算するに当たり，遺産に係る基礎控除額は以下のようになります。

　　基礎控除額＝3,000万円＋600万円×法定相続人の数

したがって，法定相続人が配偶者と子2人の場合の遺産に係る基礎控除額は，3,000万円＋600万円×3人＝4,800万円となります。

問 52

相続税を算定するに当たって貸家建付地の評価額は，借地権割合70%，借家権割合30%の地域にある土地上に賃貸不動産を建設し，賃貸割合を100%とすると，更地の場合と比べて土地の評価額を21%軽減できる。

問 53

賃貸建物の相続税評価における現在の借家権割合は，全国一律30%である。

問 54

被相続人と同一生計親族が居住していた自宅の敷地に小規模宅地等の特例を適用する場合には，200㎡までの部分について評価額を50%減額することができる。

問 55

小規模宅地等についての相続税の課税価格の計算の特例により，被相続人の貸付事業用宅地等については，240㎡までの部分について80%減額することができる。

問 56

贈与税は，暦年課税の場合，1年間（1月1日から12月31日まで）に贈与を受けた財産の価格から基礎控除額の110万円を控除した額に税率を乗じて計算する。

[R2]

答 52

◯

相続税を計算する場合の**貸家建付地**（賃貸不動産を建てた自用地）の評価額は次の算式によって算出します。

　　貸家建付地の評価額＝自用地（更地）の評価額×（1－借地権割合×借家権割合×賃貸割合）

したがって、借地権割合70％、借家権割合30％、賃貸割合を100％とすると、70％×30％×100％＝21％となり、**更地の場合と比べて土地の評価額を21％軽減**できます。

[R1]

答 53

◯

相続税評価額の算定に当たって、**賃貸建物の相続税評価額から一定の割合（借家権割合）を控除**することになっていますが、借家権割合は、現在、**全国一律30％**です。

[R2]

答 54

✗

相続税を計算する場合、**小規模宅地等の特例**として、「被相続人と同一生計親族が居住していた自宅の敷地（特定居住用宅地等である小規模宅地）」については、一定の要件を満たす場合、**330㎡までの部分について評価額を80％減額**することができます。

[H30]

答 55

✗

相続税を計算する場合、**小規模宅地等の特例**として、「貸付事業用宅地等」については、一定の要件を満たす場合、**200㎡までの部分について評価額を50％減額**することができます。

[R2]

答 56

◯

贈与税の暦年課税とは、1月1日から12月31日までの1年間に受けた贈与に対して課税する制度です。暦年課税で、1年間に贈与を受けた財産の価格から**基礎控除額の110万円を控除**した額に税率を乗じて贈与税を計算します。

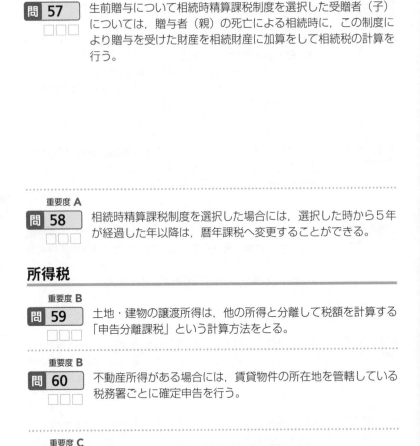

重要度 A

問 57

☐☐☐

生前贈与について相続時精算課税制度を選択した受贈者（子）については，贈与者（親）の死亡による相続時に，この制度により贈与を受けた財産を相続財産に加算をして相続税の計算を行う。

重要度 A

問 58

☐☐☐

相続時精算課税制度を選択した場合には，選択した時から5年が経過した年以降は，暦年課税へ変更することができる。

所得税

重要度 B

問 59

☐☐☐

土地・建物の譲渡所得は，他の所得と分離して税額を計算する「申告分離課税」という計算方法をとる。

重要度 B

問 60

☐☐☐

不動産所得がある場合には，賃貸物件の所在地を管轄している税務署ごとに確定申告を行う。

重要度 C

問 61

☐☐☐

賃貸住宅と自宅とを併用する不動産を売却する場合，譲渡所得について事業用の特例と居住用の特例を組合せて採用することはできない。

[H30]

答 57

〇

①贈与税の基礎控除（110万円）と②相続時精算課税制度のうち，②を選択した受贈者（子）については，贈与を受けた財産は，贈与財産ではなく，相続財産の前払いとみなされます。その後，親を相続した時に当初贈与を受けた財産は，相続した財産に加算されて相続税が計算されることになります。

① **相続時精算課税を選択した受贈者**が，2024（令和6）年1月1日以後に贈与により取得した財産のその年分の贈与については，**贈与税の課税価格から基礎控除額110万円を控除することができます。**
② **相続時精算課税を選択**した場合，**相続財産に加算**されるのは，「相続時の評価額」ではなく，「**贈与時の評価額（110万円控除後の評価額）**」になります。

[R1]

答 58

✕

相続時精算課税制度を選択した場合，その選択した年以降の贈与には，すべて相続時精算課税制度が適用され，暦年課税に変更することはできません。

[H28]

答 59

〇

土地・建物の譲渡所得は，他の所得と分離して税額を計算する申告分離課税として計算されます。

[H30]

答 60

✕

不動産所得がある場合，賃貸物件の「所在地」ではなく，その所有者の住所地を管轄している税務署に確定申告を行う必要があります。

[R4]

答 61

✕

個人が賃貸住宅と自宅とを併用する不動産の譲渡をする場合，貸家（事業用）とその敷地部分の譲渡については「特定の事業用資産の買換え特例」の適用を受けることができ，自宅（居住用）部分とその敷地部分の譲渡については，「居住用財産を譲渡した場合の3,000万円控除の特例」の適用を受けることが認められていますので，この2つの特例を組合わせて採用することもできます。

問 62 相続人が取得した空き家やその敷地を売却した場合，所得税に関し，居住用財産を譲渡した場合の3,000万円控除の適用を受けることができる。

□□□

問 63 不動産の貸付けを事業的規模で行っている場合，当該貸付けによる所得は不動産所得ではなく，事業所得として課税されることになる。

□□□

 問 64 サラリーマン等給与所得者は会社の年末調整により税額が確定するので，通常は確定申告をする必要はないが，不動産所得がある場合には，確定申告により計算・納付をしなければならない。

□□□

問 65 不動産所得の収入に計上すべき金額は，その年の1月1日から12月31日までの間に実際に受領した金額とすることが原則であり，未収賃料等を収入金額に含める必要はない。

答 62

○

相続により取得した被相続人の居住用財産（空き家やその敷地）を売却した場合で，一定の要件を満たすときは，**譲渡所得の金額から最高で3,000万円までを控除**することができます（被相続人の居住用財産（空き家）に係る譲渡所得の特別控除の特例）。

[R2]

答 63

✕

不動産所得とは，**不動産（土地・建物）や不動産の上に存する権利（借地権等）の貸付による所得**をいいます。不動産貸付業による所得は事業所得ではなく，**その規模にかかわらず不動産所得**となります。

[R3]

答 64

○

不動産を賃貸すると，不動産所得が発生します。そして，所得税は，**不動産所得と他の所得（給与所得等）を合算して確定申告により計算**します。サラリーマン等給与所得者は会社の年末調整により税額が確定するので，通常は確定申告をする必要はありませんが，**不動産所得が生じている場合には，確定申告による計算・納付が必要**となります。

[R3]

答 65

✕

不動産所得を計算する場合の**収入金額**は，賃貸借契約においてその年の**1月1日〜12月31日**までの間に受領すべき金額として確定した金額です。会計処理を行うにあたっては，入居者の滞納による未収賃料についても，すでに確定した金額として収入金額に含めなければなりません（発生主義）。

CH.
5

5 賃貸不動産管理と税金

問 66 □□□ 賃貸借契約書に「保証金は退去時にその10%を償却するものとする」との記載がある場合，貸主は，償却額を契約初年度の収入金額に含めなければならない。

問 67 □□□ 不動産所得の金額の計算上，賃貸人の負担する事業税は，必要経費として認められる。

問 68 □□□ 不動産所得の金額の計算上，消費税（税込で経理処理をしている場合）は，必要経費として認められる。

問 69 □□□ 事業用資産の修理等のための支出が修繕費か資本的支出か明らかでない場合，その金額が60万円未満であるときか，その金額が修理等をした資産の前年末取得価額のおおむね10%相当額以下であるときのいずれかに該当すれば，修繕費と認められる。

問 70 □□□ 所得税，住民税及び事業税は，いずれも不動産所得の計算上，必要経費に含めることができない。

[H27]

答 66

〇

返還を要しない敷金・保証金は，返還しないことが確定した時に，収入として計上しなければなりません。賃貸借契約書に「保証金は退去時にその10％を償却するものとする」との記載がある場合，保証金のうちの10％は，契約締結時に返還しないことが確定しています。したがって，貸主は，その10％の償却額を，契約初年度の収入金額に含めなければなりません。

金銭の名目が敷金であっても返還しないことが確定している金銭については，返還しないことが確定した時点で，収入金額として計上しなければなりません。

[H29]

答 67

〇

貸主の負担する事業税は，必要経費として認められます。不動産貸付事業に関連する支出だからです。

[H29]

答 68

〇

消費税（税込で経理処理をしている場合）は，必要経費として認められます。不動産貸付事業に関連する支出だからです。

[R2]

答 69

〇

事業用資産の修理等のための支出が修繕費（通常の維持管理や原状回復のための支出）か資本的支出（資産の価値を高め，またはその耐久性を増すこととなると認められる部分に対応する支出）かが明らかでない場合，次のいずれかに該当していれば，修繕費と認められます。
　① その金額が60万円未満である場合
　② その金額が修理等をした資産の前年末取得価額のおおむね10％相当額以下である場合
修繕費の場合は，支出年に一括して必要経費として計上できますが，資本的支出の場合は，耐用年数に応じて，減価償却費として，毎年必要経費として計上します。

[H27]

答 70

✕

事業税は，必要経費として認められますが，事業に関連しない支出である所得税，住民税は必要経費とは認められません。

問 71

☐☐☐

不動産所得の金額の計算上，賃貸人の自宅に係る固定資産税・都市計画税は，必要経費として認められる。

問 72

☐☐☐

回収不能の未収賃料は，個人貸主にあっては，損失が生じた日の属する年分の不動産所得の金額の計算上，必要経費に算入されるのが原則である。

問 73

☐☐☐

滞納期間が長い未収賃料は，回収不能と判断されて必要経費に算入される。

問 74

☐☐☐

不動産賃貸業を営む個人A（税込で経理処理をしている）は，令和6年4月30日にエアコン（耐用年数6年）を税込97,200円で取得した。この場合，令和6年度の不動産所得計算上の必要経費として97,200円を計上できる。

[H29]

答 71

✕

賃貸不動産（土地・建物）に課税される固定資産税・都市計画税は，必要経費として認められますが，**自宅に課税される**固定資産税・都市計画税は，**必要経費として認められません**。事業に関連しない支出（家事費）だからです。

[H29]

答 72

○

賃料の回収不能（貸倒れ）による損失の金額について，貸主が個人である場合，原則として，その損失が生じた日の属する年分の不動産所得の金額の計算上，必要経費（貸倒損失）に算入します。

[H29]

答 73

✕

回収不能の未収賃料は，滞納期間が短期・長期にかかわらず，**滞納状況であるだけでは必要経費にはなりません**。必要経費とするためには，客観的な貸倒れ状況が認識できる事実（例えば，破産や債務免除等）が必要です。

CH.
5

⑤ 賃貸不動産管理と税金

[H27]

答 74

○

エアコン等の器具備品についての減価償却費は，税法上定められた方法で金額を計算し，その耐用年数にわたってそれぞれの年の必要経費として算定します。ただし，個人の場合，購入代金が10万円未満の少額の減価償却費については，全額を支払った年（業務の用に供した年分）の必要経費として計上することが認められています。本問のエアコンの価格は，97,200円で「10万円未満」なので，減価償却費としての計算は不要で，令和6年度の不動産所得計算上の必要経費として，全額計上することができます。

法人の場合は，**取得金額が10万円未満の少額の減価償却資産**については，全額をその業務の用に供した年分の必要経費とするかどうかは**任意**です。

問 75

不動産所得の損失額のうち賃貸建物を取得するための借入金利息がある場合であっても，その損失を他の所得と損益通算することはできない。

問 76

不動産の貸付が事業的規模であること，正規の簿記の原則により取引を記帳していること，及び電子申告要件等一定の要件を満たす場合には，青色申告による控除額は65万円である。

問 77

青色申告者の不動産所得が赤字になり，損益通算をしても純損失が生じたときは，翌年以降も青色申告者であることを条件として，翌年以後3年間にわたり，純損失の繰越控除が認められる。

住民税

問 78

住民税は，所得税法上の所得をもとに住所地の市区町村が課税し，徴収方法には，普通徴収と特別徴収がある。

答 75

×

所得税の計算上，不動産所得などについて生じた損失を，**他の
所得と相殺することを損益通算**といいます。そして，不動産所
得の損失額のうち賃貸建物を取得するための借入金に伴って生
じた利息という損失は，他の所得と損益通算することができま
す。

> これに対して，不動産所得の損失額として，**土地・借地権を取得する
> ための借入金利息**がある場合には，**損益通算できません**。

答 76

〇

青色申告をすると，**不動産所得から10万円を控除**することが
できます。さらに，①**事業的規模**（5棟または10室以上）によ
り不動産の貸付を行っている，②**正規の簿記の原則**（複式簿
記）により取引を記帳している，③確定申告書に**貸借対照表・
損益計算書**等を添付して，申告期限内に申告をすること等の要
件を満たすことにより，**不動産所得より55万円を控除**するこ
とができます。さらに①e-Tax（国税電子申告・納税システ
ム）による申告，または②その年分の事業に係る仕訳帳・総勘
定元帳について電子帳簿保存をしていることにより**65万円を
控除**することができます。

答 77

×

青色申告者の不動産所得が赤字になり，**損益通算をしても純損
失が生じたとき**は，翌年以後**3年間**にわたり，**純損失の繰越控
除**が認められます。この特典を受けるためには，純損失が生じ
た年に青色申告をしていればよく，**翌年以降も青色申告者であ
ることは条件とされていません**。

答 78

〇

住民税は，所得税法上の所得をもとに**住所地の市区町村（長）**
が課税し，徴収方法には，普通徴収（送付された納税通知書に
基づき自ら納付書で納付する方法）と特別徴収（給料から天引
きされる方法）があります（地方税法5条2項1号，319条1
項）。

重要度 C

問 79

□□□

総合課税の税率は，所得税法上，5％から45％の超過累進税率であるのに対し，地方税法上，住民税の税率は一律10％の比例税率である。

答 79

所得税の税率は課税所得に応じて5％〜45％まで超過累進税率であるのに対して，住民税の税率は一律10％の比例税率です。

> 総合課税とは，所得の合計をもとに税額を計算して確定申告により税金を納める方式で，不動産所得（賃料収入）や給与所得等を合算します。

Section

6

不動産賃貸経営法人

重要度
C

重要度 A

問 80

□□□

資産管理会社を設立すると，不動産賃貸収入は会社の所得となり，個人の所得が法人を通じて分散し，超過累進税率の緩和を図ることができる一方で，資産管理会社の側では，社会保険に加入するなどのコストがかかる。

重要度 B

問 81

□□□

不動産賃貸経営を法人化すれば，個人の所得に対して課される所得税の税率は，法人に課される法人税の税率より高いため，所得の多寡を問わず，確実にメリットがあるといえる。

重要度 B

問 82

□□□

不動産所有者が自ら設立した資産管理会社に対して支払った管理料が不相当に高額である場合には，税務調査により，管理料の一部につき，必要経費計上が否認されることがある。

答 80

○

個人貸主（個人経営）の場合は，超過累進税率が適用されるため所得が増えれば税率も上がりますが，資産管理会社を設立すれば，収入を会社に移転させることにより，**個人であるオーナーと会社の2か所に所得を分散させ**，超過累進税率の緩和を図ることができる場合もあります。

「**超過累進課税**」とは，課税の対象額が一定額を超えた場合，**超えた金額に対してのみ高い税率を適用する制度**のことです。

[H29]

答 81

✕

一般的に，所得が700万円程度までは，**個人に対する所得税の税率の方が低い**ため，個人として事業を行った方が有利ですが，800万円を超えると**法人税の税率の方が低くなる**ため，法人化した方が有利となります。したがって，「所得の多寡を問わず，不動産賃貸経営を法人化すれば確実にメリットがある」とはいえません。

[H29]

答 82

○

不動産所有者が自ら設立した**資産管理会社に対して支払った管理料が不相当に高額**である場合には，その高額すぎる部分については，「**同族会社の行為または計算の否認規定**」を根拠に，税務調査において，必要経費計上が否認されることがあります。

「**同族会社の行為または計算の否認規定**」とは，法人税の負担を不当に減少させる結果となると認められる行為または計算が行われた場合に，これを**正常な行為または計算に引き直す**ことをいいます。

CH. 5

6 不動産賃貸経営法人

Section 7 賃貸管理と不動産証券化業務

不動産証券化の仕組み

問 83

不動産証券化とは，不動産の権利を証券に結びつけることを前提にして，不動産投資と不動産事業の管理運営をマネジメントする仕組みである。

問 84

平成10年に特定目的会社による特定資産の流動化に関する法律（現在の「資産の流動化に関する法律」）が制定され，ＳＰＣが証券を発行して投資家から不動産への投資資金を集め，不動産を購入して賃料収入を取得し，賃料収入を投資家に配分できるようになった。

問 85

流動化型（資産流動化型）の証券化は，お金を集めてから投資対象が決まるタイプであり，はじめに投資資金がある場合に行われる不動産証券化の仕組みである。

問 86

投資家からみて，デットによる投資は，利息の支払や元本の償還においてエクイティに優先して安全性が高いことから，リターンの割合は低くなる。

[R2]

答 83

○

不動産証券化とは，不動産の権利を証券に結びつけることを前提にして，不動産投資と不動産事業の管理運営をマネジメントする仕組みです。

> 不動産証券化の仕組みでは，活動の実態を有しないペーパーカンパニーが器（ビークル）として，中心的役割を果たします。

[H28]

答 84

✕

資産流動化法の制定によって，特定目的会社（ＳＰＣ）が証券を発行して，投資家から不動産への投資資金を集め，不動産を購入して賃料収入を取得し，賃料収入を投資家に配当できるようになりました。つまり，賃料収入は，直接配分されるのではなく，配当として支払われます。

[R5]

答 85

✕

流動化型（資産流動化型）の証券化は，投資対象が先に決まり，その後に資金を集めるタイプであり，「はじめに不動産ありき」の不動産証券化の仕組みとなります。

> お金を集めてから投資対象が決まるタイプは**「ファンド型」**であり，**「はじめに金ありき」**の不動産証券化の仕組みとなります。

[R5]

答 86

○

投資家からみて，デット（一定の期限までに返済しなければならない金融機関等からの借入れや社債による資金）による投資は，利息の支払や元本の償還においてエクイティ（組合出資や優先出資証券等を通じて払い込まれる資金）に優先するものであり，利益が固定され，安全性は高いのですが，リターンの割合は低くなります。

アセットマネジメントとプロパティマネジメント

重要度 **A**

問 87
プロパティマネジメントが実際の賃貸管理・運営を行うことであるのに対して，アセットマネジメントは，資金運用の計画・実施を行うことである。

不動産証券化における役割分担

重要度 **A**

問 88
アセットマネージャーは，プロパティマネージャーの指示のもとに，アセットマネジメント業務を担当する。

重要度 **A**

問 89
所有者の交代に際し，旧所有者から新所有者に貸主の地位が円滑に引き継がれるように尽力することは，重要なアセットマネジメント業務である。

重要度 **A**

問 90
プロパティマネージャーは，自らの業務に合理性があることについて，説明責任を負担しており，説明責任を果たすための客観的な根拠を準備しておかなければならない。

重要度 **A**

問 91
プロパティマネジメント会社は，アセットマネージャーから選定され，その委託を受けてプロパティマネジメント業務を担当する。

[R2]

答 87

○

プロパティマネジメントは，実際の賃貸管理・運営を行うことです。これに対してアセットマネジメントは，資金運用の計画の決定・実施，実施の管理を行うことです。

[R4]

答 88

✕

プロパティマネージャーは，アセットマネージャーの指示のもとに，プロパティマネジメント業務を担当します。

[H29]

答 89

✕

証券化された物件では，投資目的が達成される度に権利は譲渡されるので，物件の所有者が頻繁に交代します。そして，所有者の交代に際し，旧所有者から新所有者に貸主の地位が円滑に引き継がれるように尽力することは，重要なプロパティマネジメント業務の1つです。

[R4]

答 90

○

投資家は，投資目的が達成されたとき，資金を回収するので，しばしば入れ替わります。プロパティマネージャー（プロパティマネジメント会社）は，入れ替わる投資家に対し自らの業務に合理性があることについて説明責任を負担しており，説明責任を果たすための客観的な根拠を常に準備しておかなければなりません。

[H29]

答 91

○

プロパティマネジメント会社は，アセットマネージャーから選定され，その委託を受け，プロパティマネジメント業務を行います。つまり，プロパティマネジメント会社は，①実際に実地で不動産の管理運営を行い，②キャッシュフローを安定させ，③不動産投資の採算性を確保するためのプロパティマネジメント業務を行う専門家です。

CH.
5

❼ 賃貸管理と不動産証券化業務

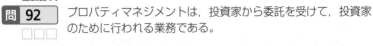

問 92　プロパティマネジメントは，投資家から委託を受けて，投資家のために行われる業務である。

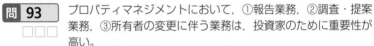

問 93　プロパティマネジメントにおいて，①報告業務，②調査・提案業務，③所有者の変更に伴う業務は，投資家のために重要性が高い。

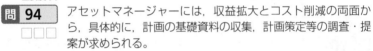

問 94　アセットマネージャーには，収益拡大とコスト削減の両面から，具体的に，計画の基礎資料の収集，計画策定等の調査・提案が求められる。

問 95　プロパティマネジメントにおいては，現存する建物の価値を維持すればよく，長期的な観点から建物の価値を高める改修を行う提案は必要とされていない。

プロパティマネジメント会社は，アセットマネージャーから選定され，その委託を受け，プロパティマネジメント業務を行います。そして，**プロパティマネジメント業務**は，不動産証券化業務全体から広く見ると「投資家から委託を受けて投資家のために行われるもの」ともいえます。

> **プロパティマネジメント会社**は，「**アセットマネージャーから委託**」を受けて**プロパティマネジメント業務**を行いますが，プロパティマネジメント会社が行う**プロパティマネジメント業務**は，広い意味で「**投資家から委託を受けて行う**」ものであるともいえます。

プロパティマネジメントは，「投資家から委託を受けて投資家のために行われる業務」であるという観点から，特に①報告業務，②調査・提案業務，③所有者の変更に伴う業務が重要視されます。

CH.
5

7

賃貸管理と不動産証券化業務

プロパティマネージャーには，収益拡大とコスト削減の両面から，具体的に，中・長期的な改修・修繕計画の基礎資料の収集，計画策定等の調査・提案が求められます。アセットマネージャーではありません。

プロパティマネジメントにおいては，現存する建物の価値を維持することに加え，さらに**管理の質を高め，長期的な観点から建物の価値を高める改修**を行うことについて積極的な計画，提案を行うことは必要とされています。

重要度 A

問 96
☐☐☐
中・長期的な改修・修繕の計画を策定し，実施する業務である
コンストラクションマネジメントは，プロパティマネジメント
業務においても，取り入れられつつある。

・・・

重要度 A

問 97
☐☐☐
プロパティマネジメントにおける賃貸借に関する提案業務に
は，借主の維持を意味するテナントリテンション（tenant
retention）に関する内容は含まれない。

・・・

重要度 A

問 98
☐☐☐
プロパティマネジメントにおいては，賃料等を徴収し，預託金
を受領し，必要な経費を支出し，アセットマネージャーとの間
で経理処理を行い，これらを取りまとめて報告書を作成する。

・・・

重要度 B

問 99
☐☐☐
不動産証券化において，プロパティマネージャーは投資一任の
業務や投資法人の資産運用業務など投資運用を行うので，投資
運用業の登録が必要である。

答 96

○

プロパティマネジメント業務には，中・長期的な改修・修繕の計画を策定して実施するコンストラクションマネジメント（CM）も取り入れられはじめています。

「**コンストラクションマネジメント**」とは，元来米国で用いられている建設生産・管理システムで，工事の専門家ではない一般企業の発注者に代わり，専門家(コンストラクションマネージャー)が発注者の側に立って，技術的中立性を保ちながら，設計・発注・工事の各段階での品質・コスト・スケジュール等をマネジメントする業務を行う方式をいいます。

[R1]

答 97

×

テナントリテンション（tenant retention）とは，借主との賃貸借契約の維持を図ることをいい，借主を引き留め，維持することも，賃貸管理業務の重要な業務であり，**賃貸借に関する提案業務に含まれています**。

[R1]

答 98

○

プロパティマネジメントにおいては，賃料等を徴収し，預託金を受領し，必要な経費を支出し，アセットマネージャーとの間で精算を行い，これらを取りまとめて報告書を作成します。

[R2]

答 99

×

不動産証券化において，**アセットマネージャー**は，投資一任の業務や投資法人の資産運用業務など投資運用を行うので，投資運用業の登録が必要となります。

金融商品取引法(金商法)は，その取り扱う内容によって，金融商品取引業を①第一種金融商品取引業，②第二種金融商品取引業，③投資助言・代理業，④**投資運用業**の４つに分類していますが，いずれの事業を行う場合でも金商法上の登録が必要となります。アセットマネージャーの行う業務は④に該当します。

重要度 A

問 100
□□□

ＤＣＦ法の収益費用項目のうち，運営費用の中には，対象不動産の管理業務に係る経費となるＰＭフィーが含まれている。

ノンリコースローン

重要度 B

問 101
□□□

ノンリコースローンの場合には，特定の事業や資産以外は，当該ローン債権実現のための引き当て（責任財産）とはならない。

答 100

○

不動産鑑定評価基準では，改正によるＤＣＦ法の適用過程の明確化において，収益費用項目の統一化が図られており，ＰＭフィー（対象不動産の管理業務に係る経費）は，運営費用として計上されるようになりました。

答 101

○

ノンリコースローンとは，債務者の総財産には取立てが及ばない，特定の事業や資産（責任財産）から生ずるキャッシュフローのみを返済原資とする借入れをいいます。不動産証券化における借入による資金調達には，ノンリコースローンが用いられます。

◎執筆者
中西 伸太郎（TAC 専任講師）

◎装幀／Nakaguro Graph（黒瀬 章夫）

みんなが欲しかった！ 賃貸不動産経営管理士シリーズ

2024年度版 みんなが欲しかった！
賃貸不動産経営管理士の一問一答問題集

2024年 5 月25日 初 版 第 1 刷発行
2024年10月21日　　　　 第 2 刷発行

編 著 者	Ｔ Ａ Ｃ 株 式 会 社	
	（賃貸不動産経営管理士講座）	
発 行 者	多 田 敏 男	
発 行 所	Ｔ Ａ Ｃ株式会社 出版事業部	
	（ＴＡＣ出版）	

〒101-8383 東京都千代田区神田三崎町3-2-18
電話 03（5276）9492（営業）
FAX 03（5276）9674
https://shuppan.tac-school.co.jp/

組 版	朝日メディアインターナショナル株式会社
印 刷	株式会社 ワ コ ー
製 本	東 京 美 術 紙 工 協 業 組 合

© TAC 2024　　　 Printed in Japan　　　 ISBN 978-4-300-10934-2
N.D.C. 673

賃貸不動産経営管理士

無駄なことは省き、効率よく合格をつかみ取る!

TAC オリジナルテキスト使用

本試験出題傾向対応

初学者・受験経験者対象 5〜8月開講

総合本科生 全26回

Input・Outputともに「基礎」と「直前」の2段階で構成され、無理なく合格レベルに導いていく安心万全コースです。

基礎INPUT	基礎OUTPUT	直前INPUT	直前OUTPUT	直前OUTPUT
基本講義 全17回	**基礎答練** 全2回	**直前30論点 集中講義** 全3回	**直前答練** 全3回	**全国 公開模試** 全1回

▶ 開講日

教室講座	渋谷校	5/ 8(水)10:00〜 6/19(水)14:00〜 池袋校	6/24(月)19:00〜 7/ 4(木)19:00〜 8/ 5(月)19:00〜★ 新宿校	7/31(水)13:30〜 8/ 7(水)10:00〜
ビデオブース講座	順次視聴開始
Web通信講座	順次教材発送 順次配信開始

通常受講料
(教材費・消費税込)
¥110,000

カリキュラム等の詳細はこちら

★途中回までビデオブース・Web受講し、上記日程で教室講座へ合流します。
　詳細はホームページの日程表をご覧ください。

初学者・独学者・受験経験者・宅建士受験生対象 9・10月開講　　8/1申込受付開始

速修本科生 全13回

短期間に必要最小限のInput学習とOutput学習をすることによって、効率的に合格を目指す短期集中コースです。

基礎INPUT	直前OUTPUT	直前OUTPUT
速修講義 全9回	**直前答練** 全3回	**全国 公開模試** 全1回

通常受講料
(教材費・消費税込)
¥55,000

カリキュラム等の詳細はこちら

速修本科生は、2024年8月1日申込受付開始です。

さらに便利に！ 3つのデジタルサービス！

1 デジタル教材

動作環境や詳細等はコチラから！

対象コース 各本科生、直前完全パック、直前30論点集中講義　**対象教材** 基本テキスト、直前30論点レジュメ

PCはもちろん、スマホ、タブレットなどで教材を見ることができ、いつでもどこでも学習が可能になります。また、デジタル教材ならではの便利な機能が満載です！

検索機能

調べたいワードをすばやく検索できます。検索結果の一覧から、瞬時に確認したいページに遷移できるので、重要キーワードを軸とした横断学習にも効果を発揮します。また、ワードでの検索だけでなく、目次機能を実装しており、目次から瞬時に確認したい項目を開くこともできます。

アノテーション機能

しおりやマーカー機能に加え、メモ書きや矢印等の図形も書き込めます。マーカー、図形の書き込み、しおりなどはブックマーク機能で一覧表示が可能になっており、一目から瞬時に該当のページに遷移することもできます。

※動作環境や利用方法につきましては、TAC賃貸不動産経営管理士講座ホームページをご覧ください。
※申込コースによりご提供教材は異なります。受講コースに付属しない教材のデジタル教材は閲覧できません。

2 Webトレーニング

対象コース 各本科生

トレーニング（過去問題集）をTAC WEB SCHOOL上で解くことができます。もちろんスマホ・タブレット端末にも対応しています。通勤・通学中や休憩時間などの隙間時間に過去問を解いて効率的に学習しましょう。

3 Web答練・Web模試

対象コース 各本科生、直前完全パック、直前答練パック

基礎答練、直前答練、全国公開模試の問題をTAC WEB SCHOOLマイページ上で解答することが可能です。欠席時や自宅学習時の答案提出の利便性がアップ！もちろん、成績判定も行います。

※ご利用方法はTAC WEB SCHOOLマイページにてご案内いたします。
※マークシートとWeb提出どちらか一方のみご提出可能です。両方で提出された場合は、どちらか一方のみを成績処理いたします。
※答練・模試の成績表は、マイページ上にPDFファイルでUPいたします。郵送サービス実施しておりません。成績表閲覧方法等の詳細はお申込み後にご提供する「受講ガイド」をご覧ください。

選べる学習メディア

- 教室講座
- ビデオブース講座
- Web通信講座

Web講義フォロー標準装備

2023年 合格者の声

北村倫伸さん　　総合本科生

Webでしたが講師は私個人に語りかけるように話してくださり、質問には即座に回答いただけるなど、受講生に寄り添う温かい講義をしていただきました。大きな目標に対する大切な羅針盤のような存在でありました。

割引制度

2024年合格目標 TAC賃貸管理士入門総合本科生、総合本科生、速修本科生

割引対象コース

◆ 再受講割引制度　　◆ 受験経験者割引制度
◆ 宅建業従業者割引制度

各種割引の割引対象者・割引ご利用のために必要なもの・その他各種注意事項についてはTAC賃貸不動産経営管理士講座ホームページをご覧ください。

賃貸不動産経営管理士

直前対策シリーズ

ポイント整理やアウトプット対策など、直前期の総仕上げに最適!

直前完全パック 全7回

Web講義フォロー 標準装備!

教室講座
渋谷校・新宿校・池袋校 9月・10月開講

ビデオブース講座
9月より視聴可能予定

Web通信講座
9月配信開始予定

カリキュラム
- ●直前30論点集中講義3回
- ●直前答練3回
- ●全国公開模試1回

通常受講料 **¥33,000**（教材費・消費税込）

(注)全国公開模試を別途お申込みいただく必要はございません。

直前答練パック 全4回

Web講義フォロー 標準装備!

教室講座
渋谷校・新宿校・池袋校 10・11月開講

ビデオブース講座
10月より視聴可能予定

Web通信講座
10月配信開始予定

カリキュラム
- ●直前答練3回
- ●全国公開模試1回

通常受講料 **¥20,900**（教材費・消費税込）

(注)全国公開模試を別途お申込みいただく必要はございません。

直前30論点集中講義 全3回

Web講義フォロー 標準装備!

教室講座
渋谷校・新宿校・池袋校 9月・10月開講

ビデオブース講座
9月より視聴可能予定

Web通信講座
9月配信開始予定

デジタル教材サービス対象

通常受講料 **¥14,300**（教材費・消費税込）

全国公開模試　11月上旬 会場実施or自宅受験

全国規模の模試で本試験を疑似体験!

Point1	本試験を徹底分析したTAC渾身の予想問題で予行練習!
Point2	**Web解説講義で復習を徹底サポート!** 解答解説冊子の他にWeb解説講義を無料配信いたします。間違えた箇所をしっかりと復習することで弱点補強&実力アップにつながります。
Point3	**オンライン提出できる「Web模試」サービスでより受験しやすく!** 自宅受験（Web模試）の方は、全国公開模試の問題をTAC WEB SCHOOLマイページ上で解答することができます。マークシートを郵送する手間が省け、より受験しやすくなりました。

2023年 合格者の声

松本正剛さん　総合本科生

試験という独特の雰囲気の中、本試験と同じような環境で受けられるのは絶大なアドバンテージを与えてくれるものでした。また試験後に何度も見直して最後には自分のものにするという意識をもって臨みました。

※日程・受講料等の詳細は、2024年8月以降、TAC賃貸不動産経営管理士講座ホームページをご覧ください。

書籍の正誤に関するご確認とお問合せについて

書籍の記載内容に誤りではないかと思われる箇所がございましたら、以下の手順にてご確認とお問合せをしてくださいますよう、お願い申し上げます。

なお、正誤のお問合せ以外の**書籍内容に関する解説および受験指導などは、一切行っておりません。**
そのようなお問合せにつきましては、お答えいたしかねますので、あらかじめご了承ください。

1 「Cyber Book Store」にて正誤表を確認する

TAC出版書籍販売サイト「Cyber Book Store」の
トップページ内「正誤表」コーナーにて、正誤表をご確認ください。

CYBER TAC出版書籍販売サイト
BOOK STORE

URL:https://bookstore.tac-school.co.jp/

2 1の正誤表がない、あるいは正誤表に該当箇所の記載がない ⇒ 下記①、②のどちらかの方法で文書にて問合せをする

★ご注意ください★

お電話でのお問合せは、お受けいたしません。

①、②のどちらの方法でも、お問合せの際には、「お名前」とともに、
「対象の書籍名(○級・第○回対策も含む)およびその版数(第○版・○○年度版など)」
「お問合せ該当箇所の頁数と行数」
「誤りと思われる記載」
「正しいとお考えになる記載とその根拠」
を明記してください。

なお、回答までに1週間前後を要する場合もございます。あらかじめご了承ください。

① ウェブページ「Cyber Book Store」内の「お問合せフォーム」より問合せをする

【お問合せフォームアドレス】

https://bookstore.tac-school.co.jp/inquiry/

② メールにより問合せをする

【メール宛先 TAC出版】

syuppan-h@tac-school.co.jp

※土日祝日はお問合せ対応をおこなっておりません。
※正誤のお問合せ対応は、該当書籍の改訂版刊行月末日までといたします。

乱丁・落丁による交換は、該当書籍の改訂版刊行月末日までといたします。なお、書籍の在庫状況等により、お受けできない場合もございます。
また、各種本試験の実施の延期、中止を理由とした本書の返品はお受けいたしません。返金もいたしかねますので、あらかじめご了承くださいますようお願い申し上げます。

(2022年7月現在)